LE

DANUBE ALLEMAND

ET

L'ALLEMAGNE DU SUD

PROPRIÉTÉ DES ÉDITEURS

LE DANUBE ALLEMAND ET L'ALLEMAGNE DU SUD.

INSPRUCK.

LE
DANUBE ALLEMAND

ET

L'ALLEMAGNE DU SUD

VOYAGE

DANS LA FORÊT-NOIRE, LA BAVIÈRE, L'AUTRICHE, LA BOHÈME
LA HONGRIE, L'ISTRIE, LA VÉNÉTIE ET LE TYROL

PAR

HIPPOLYTE DURAND

PROFESSEUR AU LYCÉE DE VERSAILLES

TOURS

A^d MAME ET Cie, IMPRIMEURS-LIBRAIRES

M DCCC LXIII

A

EUGÈNE POITOU

CONSEILLER A LA COUR IMPÉRIALE D'ANGERS

LIVRE I

DU RHIN AU DANUBE

CHAPITRE I

STRASBOURG ET LE RHIN

La France à vol d'oiseau. — Les Vosges. — La ville et le dôme de Strasbourg. — Gutenberg et la statue de David d'Angers. — L'Allemagne en 1660 et en 1860. — Croquis de Bade.

Il y a vingt ans, le touriste datait sa chronique de la cour des Messageries. Entre Paris et la frontière, il y avait place pour une longue odyssée. On ne croyait pas perdre son temps, si l'on donnait quelques jours aux lieux historiques, aux sites intéressants échelonnés sur la route. C'était une préface au voyage. Nous l'avons supprimée. La rapidité de nos voies nouvelles a eu pour effet de reculer, si je puis dire, la ligne de l'horizon. Tel qui naguère eût pris gaiement le coche pour aller dîner à Meaux et coucher à Reims, reproche au chemin de fer sa lenteur, et ne se croit vraiment parti que s'il a passé les Vosges et franchi le Rhin.

Nos pères se contentaient à moins. Où est le temps où la Fontaine donnait ce conseil :

> Voulez-vous voyager ?
> Que ce soit aux rives prochaines !

Lui-même le mit en pratique. Ses plus grands voyages furent de Reims à Paris, et de Paris à Versailles. Un jour pourtant il se mit en route pour le Limousin. Savez-vous où fut sa première étape ? A Clamart, près Meudon. Il y séjourna trois jours, et y dicta ses premières impressions. Elles étaient pour sa femme : « Quel plaisir de voyager ! lui dit-il, on rencontre toujours quelque chose de remarquable. »

Autre temps, autres mœurs. Suivons la cohue des voyageurs affairés. Laissons-nous lancer comme une flèche jusqu'à la frontière. Meaux, Château-Thierry, Épernay, Nancy, patries des grands hommes ou des bons vins, villes fameuses et quelques-unes charmantes, que vous manque-t-il pour qu'on s'arrête ? D'être de l'autre côté du Rhin. Vous êtes à nos portes, vous êtes françaises : deux grandes raisons d'être dédaignées.

Meaux rappelle un si grand nom, sa cathédrale

renferme une tombe si auguste[1], qu'il en coûte de passer outre. Trouverai-je dans toute l'Allemagne une cendre plus illustre?

Château-Thierry, sans parler de son joli site, a la statue et la maison de la Fontaine. Je me console de ne les point voir; j'ai la Fontaine lui-même dans ma poche, je veux dire ses fables contenues en un petit volume. C'est une jolie édition dont les caractères se détachent nettement entre des marges blanches; pas de notes; je hais que la pensée d'un autre se place entre mon auteur et moi. Seulement quelques vignettes plaisantes par leur naïveté; elles sont du vieux temps. Je m'en divertissais étant écolier, ce qui fait que je m'en amuse encore. Amuseront-elles mes fils? J'en doute : les enfants dédaignent les jouets de leurs pères. A ceux qui me plaignent ou me blâment de partir seul (comme si l'on était jamais seul), je montre ce petit volume : voilà mon compagnon de voyage. En est-il de plus aimable? La Fontaine, n'en doutez pas, destinait ses fables aux voyageurs amis des vers. Son livre se prend et se quitte dix fois dans l'heure. Il amuse, il émeut, il moralise; tout cela dans le même instant. Pas de longs sermons, ni de longs ébats : trois mots pour toucher, autant pour faire

---

[1] Le tombeau de Bossuet, récemment découvert dans la cathédrale.

rire; c'est un charme. Satirique, il abonde en malices excellentes, quoique tempérées de bonhomie. Peintre de la nature, il a des vers qui font longtemps rêver. C'est un Français du temps de Virgile et d'Horace. Je l'emmène en Allemagne. On dit qu'il y est peu goûté; tant pis. Je jugerais volontiers du goût d'un homme par l'estime que la Fontaine lui inspire.

C'est plaisir de traverser la Champagne. Comme la Bourgogne, cette province est pleine de noms réjouissants. O privilége des pays vignobles! le taciturne y devient bavard, le morose se déride. On songe aux fêtes de famille, aux toasts échangés, aux amis dont on a pressé la main et choqué le verre. La contrée me paraît charmante. Qui donc m'avait décrié la Champagne? Les champs sont tapissés de pampres. Nous cheminons au milieu. Je me penche pour humer l'air, et, quoique si loin des vendanges, je crois sentir déjà une odeur de pressoir. Épernay se cache dans les vignes comme un Silène antique. Châlons se signale de loin par ses dômes et ses fabriques. Saluez le temple du Bacchus champenois. Je lui ferais volontiers un hommage (les voyageurs ont toujours soif). Mais je suis seul, et de boire sans trinquer cette liqueur d'ambre, cela me semble impie. Nous repartons à toute vapeur. Encore une étape, et nous sommes en Lorraine.

Ici la nature change. Adieu les coteaux et les vignes. J'aime les bois, les prairies, les herbages, les enclos de haies vives, les ruisseaux qui murmurent, les troupeaux qui s'abreuvent et que le bruit de notre passage disperse et fait bondir.

Cette Lorraine est une magnifique contrée. Quelle abondance! Si, comme le voulait Sully, « labourage et pâturage sont les deux mamelles de la France », la France n'a pas de plus féconde nourrice. Nous ne passons pas loin de Vaucouleurs, et, en traversant ces campagnes habitées par Jeanne d'Arc, je me rappelle les adieux qu'elle leur dit dans le drame de Schiller :

« Adieu, montagnes, prairies adorées, vallées calmes et profondes, adieu! Jeanne ne doit plus parcourir vos sentiers, Jeanne vous dit un éternel adieu.

« Jardins que j'arrosais, arbres que j'ai plantés, couvrez-vous toujours d'une riante verdure. Adieu, grottes et sources fraîches, et toi, aimable écho, voix de la vallée qui tant de fois répondis à mes chants, Jeanne s'en va pour ne plus revenir.

« O lieux, témoins de toutes les joies de mon cœur, je vous laisse pour toujours derrière moi. Dispersez-vous, mes brebis, dans la plaine, troupeau désormais sans pasteur. Un autre troupeau m'attend là-bas, aux champs du meurtre et du danger. Ainsi l'ordonne la voix de l'Esprit parvenue jusqu'à moi : Va, m'a-t-il dit, sois mon témoin sur la terre.

« Un rude airain couvrira tes membres, l'acier pressera ta poitrine délicate. Nul amour terrestre ne touchera ton cœur de flammes coupables et de grossiers désirs. Jamais la couronne des fiancées ne parera ton front. Jamais un doux enfant ne s'épanouira comme une fleur sur ton sein. Mais je te donnerai la renommée guerrière, et nulle femme sur la terre n'égalera ta gloire [1]. »

Bar-le-Duc, Nancy, Lunéville, passent devant nous. Nancy avec ses beaux palais garde un air de grandeur. C'était le Versailles du bon roi Stanislas, dont le nom y est encore adoré. Lunéville conserve une date glorieuse. Au commencement de ce siècle, l'Autriche y signa le traité qui consacrait les conquêtes de la république et de Bonaparte.

Bientôt après, nous nous enfonçons sous terre. Les Vosges nous passent sur la tête. Il fait nuit noire. Par instants, un rayon tombé je ne sais d'où perce les ténèbres, nous éblouit; puis tout rentre dans l'ombre, et l'on se croirait dans ces escaliers tortueux des donjons que l'on gravit parmi des alternatives de nuit et de lumière.

---

[1] Schiller, *Jeanne d'Arc*, prologue, scène IV.

Les tunnels des Vosges comptent parmi les beaux travaux de ce genre. Tandis que l'architecture languit et n'enfante que de lourdes inventions et de médiocres copies, l'art des ingénieurs crée des types originaux. Il perce les montagnes, comble les vallées, suspend sur leur axe ces voûtes de cristal et de fer dont la hardiesse fait valoir l'élégance. Voilà la véritable architecture de ce siècle, née de besoins nouveaux et nouvelle comme eux. Nos gares, nos viaducs, nos tunnels, resteront dans l'histoire de l'art comme les créations de ce temps. Ils viendront après le temple grec, après l'église gothique, après le palais de la renaissance, les premiers, mais à un long intervalle; car, élevés en vue de l'utile, le beau n'est en eux qu'accessoire. Dans ces puissantes constructions de nos jours, comme dans celles de l'Égypte et de Rome, on admire plutôt la force qui dompte la matière que la beauté qui la divinise.

Trois routes pénètrent par le même point au cœur des Vosges : la voie de terre, la voie ferrée et le canal. Toutes trois se disputent l'étroit passage que la mine et la sape ont conquis sur le rocher : les parois de la tranchée ont gardé sur leurs blocs énormes la trace du combat de l'ouvrier. On dirait ces murailles attribuées à la main des cyclopes. Tantôt les trois routes se rencontrent et cheminent côte à côte. Tantôt, acculées, resserrées, sans issue possible dans ces gorges rétrécies, j'ai ouï dire qu'elles s'escaladent l'une l'autre et se superposent sur trois étages d'arcades, en sorte que le piéton favorablement placé peut se donner ce curieux spectacle : sur sa tête, dans le lit d'un fleuve suspendu, une barque marinière voguant au fil de l'eau; sous ses pieds, des wagons qui s'enfuient dans la poussière et la fumée; à ses côtés, l'âne de la fermière ou les chevaux du roulier qui cheminent en paix sur la route.

Le voyageur qui traverse pour la première fois l'Alsace est surpris d'y rencontrer déjà l'Allemagne. Ses plaines, ses montagnes, ses cultures, ses populations saines, laborieuses, robustes, au teint clair, aux cheveux blonds, à l'air calme, loyal, un peu indolent; dans les champs, ces moissonneurs ou ces faneurs couverts de vestes écarlates qui s'en retournent en chantant, assis sur les javelles, dans de grands chariots traînés par un agile attelage: tout, et surtout l'idiome tudesque et guttural qu'on y parle, conserve à l'Alsace son cachet primitif de terre allemande. Strasbourg, sa capitale, a tous les traits d'une cité germanique.

Peu de cafés, et peu de cabarets; mais, comme à Vienne et comme à Munich, de grandes brasseries où la bière coule à flots, où le jambon s'étale à côté de la choucroute, où viennent souper, danser, s'enfumer chaque soir un peuple de soldats et d'ouvriers; des murs chamarrés de lettres gothiques; les noms du martyrologe allemand s'étalant sur les boutiques : dix Wilhelm pour un Guillaume; les actes et les proclamations de l'autorité traduits dans les deux langues; des affiches bilatérales offrant à l'étranger l'alternative du thème ou de la version; dans les églises, un sermon allemand après le sermon français; dans les quartiers populaires, l'allemand ou un patois qui lui ressemble, faisant tous les frais du dialogue : tel est Strasbourg.

L'habitant a le teint blond, l'allure reposée. On dit qu'il réunit dans une heureuse mesure l'impatience française et le flegme germanique. Il est de bon accueil. L'hospitalité est une vertu allemande qui n'a pas dégénéré sur le sol devenu français.

La ville est curieuse par ses vieilles maisons. Il faut franchir le Rhin pour trouver ailleurs ces pignons hauts et pointus, ces toits dont la longue et roide pente usurpe la moitié de la hauteur totale de l'édifice, ces vieilles cheminées qui enfument le voisinage, et où nichent pendant la saison chaude des couples de cigognes, et ce triple rang de lucarnes échelonnées sur le toit, par où l'œil pénètre dans de spacieux greniers où sèche une opulente lessive. A Strasbourg, les greniers sont la partie principale. C'est eux qu'une bonne ménagère visite d'abord. Une Parisienne transplantée en Alsace me racontait ses tribulations. Elle visitait une maison, et à toutes ses critiques même réponse.

— Les chambres sont petites.
— Il est vrai; mais les greniers!
— L'escalier, obscur.
— Les greniers!
— Pas de cave.
— Les greniers!

Bref, elle loua très-cher de médiocres chambres et de très-beaux greniers. Comment se plaindre? Elle comptait douze lucarnes alignées sur la rue.

A peine arrivé, je me mis en quête de la cathédrale; j'errai quelque temps dans le dédale de ruelles qui l'enlace; j'y arrivai enfin. Quel grand spectacle! Le premier qui, décrivant un temple gothique, a dit que c'était un poëme en pierre, avait d'un seul mot exprimé toute sa pensée. Ce mot, on l'a trop répété, souvent à faux, et c'est dommage; il vaut une description. Ces temples élevés par nos pères, qu'est-ce autre chose que des poëmes où des générations ont travaillé? N'ont-ils pas mis dans ces pierres, comme le poëte dans ses chants, leurs croyances, leurs rêves, leurs espérances, et jusqu'à leurs doutes et leurs ironies? Regardez ces mille sculptures:

ici sont des anges aux ailes déployées, des saints aux longs voiles, des christs couronnés d'épines, des trinités glorieuses, des martyrs qui meurent en confessant leur Dieu. Quelle ferveur, quelle pureté, quelle inspiration! Tournez les yeux ailleurs : voici des figures grotesques, des diables, des sylles, des goules, des moines aux postures bizarres, parfois obscènes. Quelle bouffonnerie! quelle licence! quel étrange contraste!

Erwin de Steinbach, le principal auteur du dôme de Strasbourg, a mis de tout cela dans son œuvre. Mais ce qui saisit d'abord, c'est la grandeur et la magnificence. Il faut voir cette façade et ce triple portail dont les ogives apparaissent à travers une riche dentelle de marbre. Il faut voir cette flèche immense monter dans les airs et dérouler sa spirale qui semble une banderole emportée par les vents. Il faut, du haut de sa cime aiguë, contempler le panorama qui se découvre des Vosges à la forêt Noire.

« Oh! quel magnifique spectacle, ici, dans les hauteurs, sur ces vénérables pierres que la main puissante d'un maître a dressées jusqu'au sein des nues !

« Jadis brutes et sans honneur, elles gisaient enfouies dans les entrailles de la vallée, ces mêmes roches qui maintenant se balancent si gracieusement dans les airs.

« Avec quel art s'arrondissent les arches! avec quelle légèreté s'élancent les sveltes tourelles, sous leur riante et solide ceinture de feuilles! O mon clocher, que tu es beau !

« Connaissez-vous le maître hardi qui a conçu ce chef-d'œuvre? Il se nommait Erwin de Steinbach : c'est lui, c'est Erwin qui l'a achevé.

« C'est au pied de cette colline qu'il vint obscurément au monde; accueilli par l'hospitalité allemande, il bâtit dans le ciel cette tente de pierre.

« Et des siècles déjà se sont écoulés depuis que la haute merveille, objet de l'admiration et de l'étonnement des générations successives, les regarde passer avec l'inaltérable sérénité de la grandeur et de la force.

« Elle envoie un sourire aux charmantes campagnes de Baden, un sourire à la sombre couronne de la forêt Noire, un sourire aussi aux prés fleuris de l'Alsace, à toute la verte et profonde vallée du Rhin [1]. »

Le dôme de Strasbourg n'est pas du goût de tout le monde. Là où le poëte admire les jeux d'une imagination hardie, d'autres pleurent la décadence de l'art. Un homme qui a épuisé pour

---

[1] Daniel Hirtz, ap. N. Martin, *Poëtes contemporains en Allemagne.*

les monuments de l'art allemand toutes les formules d'une admiration un peu banale, ne pardonne pas à la cathédrale d'Erwin d'être venue hors du siècle classique de l'architecture ogivale. Il la relègue dans la classe « de ces monuments amphibies à propos desquels on fait chaque jour tant de belles phrases dénuées de sens, » et il renvoie ses admirateurs à l'école de ceux « qui ont appris l'architecture dans les romans de nos poëtes [1]. »

Il est vrai que l'intérieur offre un chœur byzantin avec des nefs gothiques. Mais il faut savoir si ce chœur détruit l'impression produite par les hautes ogives, ou si sa nudité austère, l'obscurité de ses voûtes, ne la rendent pas plus saisissante. Je conçois qu'on s'irrite contre ces autels à fronton grec, à colonnes corinthiennes, que les architectes du XVII° siècle élevèrent entre les piliers des vieilles basiliques. Je conçois qu'on critique amèrement ce dôme d'Aix-la-Chapelle si étrangement défiguré par les ornements prétentieux du siècle de Louis XV. Il y a là mélange discordant, antipathie de styles, destruction absolue de l'œuvre primitive. Rien de pareil à Strasbourg. Dans le chœur byzantin, comme sous les arceaux gothiques, règnent une grandeur, une solennité imposantes; que faut-il de plus? Les lignes, le

---

[1] Hippolyte Fortoul, *De l'Art en Allemagne,* t. II.

style, manquent d'unité. Qu'importe, si l'effet est le même, si l'impression qui se fait sentir suffit à remplir le cœur? « Quand une lecture vous élève l'esprit, disait Labruyère aux puristes de son temps, qu'elle vous inspire des sentiments nobles et généreux, ne cherchez pas une autre règle pour juger de l'ouvrage : il est bon et fait de main d'ouvrier. » J'appliquerais volontiers la maxime aux œuvres d'architecture.

Le dôme renferme le pilier des anges et l'horloge. Le pilier des anges est une colonne autour de laquelle se balance une légion de beaux anges. On l'attribue à la fille d'Erwin, artiste excellente comme son père. Le vieux maître est sculpté en face. Penché sur un balcon, il regarde avec attendrissement le travail de sa fille. L'invention de l'horloge remonte au XVIe siècle. L'auteur s'appelait Isaac Habrech. Il y consuma sa vie. Elle occupe toute une chapelle; c'est à elle seule un monument. Les quatre divisions de l'heure sont figurées par les quatre âges de la vie. Au quart, l'enfant se présente; à la demie, le jeune homme; l'homme mûr, aux trois quarts; enfin, arrive le vieillard, appuyé sur son bâton : la mort le suit de près et frappe les coups de l'heure. Tout rentre dans le silence, et l'heure suivante ramène la même évolution, symbole de la vie éphémère et fugitive. Au coup de midi, un grand coq de cuivre bat des ailes, et d'une voix un peu enrouée entonne un triple cocorico. L'image du Christ apparaît; les douze apôtres défilent lentement devant lui. Chacun s'incline en passant, et le divin Maître les bénit. Il bénit aussi les fidèles.

Nos pères aimaient ces ingénieuses machines. Ils s'amusaient de ce petit drame philosophique et religieux joué par des personnages inanimés. Aux connaissances qui leur manquaient, les ouvriers de ce temps suppléaient par la patience et l'industrie. Les figurines de Strasbourg sont leur ouvrage, et leur font honneur. Quant aux rouages qui les meuvent, ils ont été refaits en entier et singulièrement perfectionnés par M. Schwilgué. M. Schwilgué est, si je ne me trompe, un enfant de Strasbourg qui a passé la moitié de sa vie à ranimer la vieille horloge, immobile depuis un siècle. Il en a fait plus qu'un jouet curieux, plus qu'un chef-d'œuvre de mécanique amusante. L'horloge sert de calendrier perpétuel; elle fait marcher un planétaire qui marque avec une précision astronomique et pour de longues périodes d'années la marche des corps célestes, les phases de la lune, les éclipses, le temps apparent et le temps sidéral, et tout ce que l'œil de l'astronome sait lire dans les cieux. Tandis que le coq chante, que les enfants battent des mains à l'apparition du Christ et de son cortége, les sphères d'azur et d'or, images des corps célestes, accomplissent leurs silencieuses évolutions selon la loi des nombres qui les gouverne.

En s'éloignant de la cathédrale par la rue qui lui fait face, on rencontre, à peu de distance, une place de médiocre étendue, mais d'un caractère original. Elle le doit à un vieux logis construit dans le goût de la renaissance. Une statue de Mercure semble dire qu'il appartenait à quelque riche marchand du XVIe siècle, peut-être même à la prévôté des marchands; aujourd'hui c'est un hôtel. Au centre de la place, s'élève fort à propos la statue de Gutenberg, inventeur de l'imprimerie, et, par cette invention, l'un des plus utiles auxiliaires de la renaissance.

Gutenberg n'est pas né à Strasbourg, mais c'est à Strasbourg qu'il conçut, tout jeune encore, la première idée de son invention; c'est à Strasbourg qu'il passa dix années de sa vie uniquement occupé de réaliser sa pensée; enfin ce furent trois bourgeois de Strasbourg (leurs noms étaient Riff, Heilmann et Dryzehn) qui les premiers crurent en son génie. Leur foi fut assez robuste pour ne s'éteindre qu'avec la vie.

Après leur mort, Gutenberg alla se fixer dans Mayence, sa ville natale, où deux hommes s'associèrent à lui, Fust et Schœffer. Le principe de l'imprimerie était découvert. Il restait à trouver un métal ou un alliage propre à la fonte des caractères. Le plomb, trop mou, cédait à l'effort des presses; le fer, trop dur, perçait le papier; le bois était tout ensemble trop dur et trop faible. Schœffer, chimiste habile pour son temps, résolut le problème par une heureuse application de l'antimoine.

Alors commença pour Gutenberg une succession de dégoûts sans nom et d'injustices sans égales. Fust, par d'odieux artifices, le dépouilla, l'expulsa de Mayence, le condamna à une vie errante et misérable; et tandis que l'invention prospère et va bientôt remplir le monde, l'inventeur expire, tardivement arraché, par l'archevêque de Mayence, à une détresse profonde. Peut-être son nom, disgracié comme lui, aurait péri, si Jean Schœffer, fils de l'associé Schœffer, dans un élan de justice qu'on peut dire providentiel, n'eût écrit ces mots sur un livre sorti de ses presses en 1505.

« C'est à Mayence que l'art admirable de la
« typographie a été inventé par l'ingénieux Jean
« Gutenberg, l'an 1450, et postérieurement
« amélioré et propagé pour la postérité par les
« travaux de Fust et de Schœffer [1]. »

J'ai entendu des Allemands s'étonner, s'irriter,

---

[1] Louis Figuier, *Découvertes modernes de la science.*

comme d'une usurpation, en voyant la statue de Gutenberg à Strasbourg. Je leur ai répondu par le récit qu'on vient de lire. En recevant et en protégeant le père de l'imprimerie, Strasbourg s'est acquis le droit de posséder son image. Les honneurs qu'on lui a rendus à Mayence et à Francfort ne sont qu'une expiation réclamée par l'équité et tardivement accomplie.

La statue de Gutenberg est en bronze, et cette matière convient à la sévère figure du héros. C'est une des belles œuvres de David d'Angers. Les défauts du maître s'y retrouvent à côté de ses grandes qualités. Si la conception est forte, originale, éloquente, la forme et les contours ne sont pas exempts de sécheresse et de dureté. C'est le propre de David. Donnez à ce profond penseur un peu de cet atticisme qui fait le charme des œuvres de Pradier, et je ne sais si la France n'aura pas un rival de Michel-Ange et de Phidias.

L'école de l'empire, détrônée par David d'Angers, négligeait la pensée, pour se livrer presque tout entière à la pratique du métier. Des formes correctes, des lignes élégantes, une beauté froide, conçue selon les règles d'une tradition exclusive, tel était son idéal. C'était le règne de la mythologie à outrance et de la sculpture académique. David fit une révolution. Indulgent pour le choix des lignes, en tant qu'elles ne servent qu'à l'élégance, dédaigneux du plaisir des yeux, c'est l'âme seule qu'il veut exprimer. Excellant à rendre la beauté morale, qui n'est jamais au-dessus de son génie, il néglige la beauté physique, il oublie cet axiome incontestable, qu'en statuaire l'idéal réside dans l'accord de l'une et de l'autre, dans l'équilibre de la forme et de la pensée.

David n'a pas fait, comme le sculpteur Thorwaldsen à Mayence, un Gutenberg gras et fleuri, un beau garçon de Saxe ou de Bavière.

On se figure autrement ce courageux lutteur qui, de rien (il était pauvre), créa la plus grande puissance du monde. Dans le bronze de David, sur la face de son héros, on lit les misères, les tourments de l'inventeur. Ce maigre visage, cette grande barbe qui pend sur sa poitrine, ces sourcils épais, ces yeux creux, ce long corps vêtu de la robe fourrée du xve siècle, tout s'accorde pour me montrer le Gutenberg que je conçois, ardent, opiniâtre, persécuté.

David l'a représenté dans son triomphe, au moment où la première feuille imprimée paraît au jour. Triomphe plein de gravité, sans transport, on dirait presque sans joie, tant il est tardif et chèrement payé. Pieux triomphe; sur la page que présente Gutenberg on lit ces seuls mots de la Genèse : Et la lumière fut ! Ainsi il demandait aux saintes Écritures de consacrer son œuvre; il voulait que la première pensée sortie de ses presses fût tirée du livre par excellence, de celui où plus d'une fois sans doute il était allé retremper son âme aux heures tourmentées de sa vie. Tels étaient ces hommes antiques. Vaillants esprits et cœurs humbles, ils nourrissaient en eux une foi invincible.

« Et la lumière fut! » Gutenberg avait raison d'inscrire cette parole; pieuse, elle n'est pas moins prophétique : l'effet en dure encore. Avec l'imprimerie, une grande lumière sortit des ténèbres du moyen âge pour prêter à la pensée humaine un éclat inconnu. D'Allemagne elle se répandit sur le monde, semblable à la lumière du jour, comme elle mêlée d'ombres, comme elle sujette à se troubler et à s'obscurcir, mais, en dépit de ces éclipses, immortelle comme elle!

Strasbourg est surtout une ville militaire; elle est la principale défense de notre frontière alsacienne. *Servat et observat :* Elle garde et regarde, comme dit l'inscription d'une de ses portes. Ses fortifications remontent au temps de Vauban. Sa fonderie de canons, ses parcs d'artillerie, son arsenal, sont curieux à visiter. Le plus grand homme qui soit né dans ses murs — Gutenberg étant né à Mayence — est un guerrier illustre; Kléber n'était pas seulement un intrépide soldat, c'était un noble cœur et une vaste intelligence. La défense de Mayence fut son premier fait d'armes. Il s'illustra ensuite dans les tristes guerres de la Vendée; c'est lui qui commandait les quatre mille républicains qui, à Torfou, tinrent tête à vingt mille Vendéens. A Cholet, il remporta une victoire décisive. Il eût arrêté l'effusion du sang et pacifié la Vendée sans les violences du comité de salut public. Kléber flétrit énergiquement les hommes de la Terreur et fut proscrit. Sous le Directoire, on le retrouve, toujours héroïque et victorieux, aux armées du Rhin et de Belgique. Puis Bonaparte l'emmène avec lui en Égypte : c'est lui qui sur le champ de bataille embrassa le jeune vainqueur, en s'écriant : « Mon général, vous êtes grand comme le monde! » De son côté, Bonaparte disait de son lieutenant : « Rien n'est beau comme Kléber un jour de bataille. C'est le dieu Mars! » C'est à lui qu'il confia l'armée lors de son brusque retour en France. Nos affaires étaient désespérées. L'amiral anglais, maître de la mer, avait refusé de ratifier la convention conclue avec les Turcs : il exigeait que le général et les soldats se rendissent prisonniers. Kléber, dans un ordre du jour à ses soldats, publia ces prétentions et y ajouta ces simples mots : « Soldats! on ne répond à de telles insolences que par des victoires : préparez-vous à combattre. »

Vainqueurs à Héliopolis, nous reconquîmes en moins d'un mois toute la haute Égypte. Kléber travaillait à organiser sa conquête quand le poignard d'un fanatique mit fin à ses jours, le 14 juin de l'année 1800. Sa statue s'élève sur une place publique de sa ville natale.

Le Rhin ne coule pas à Strasbourg : c'est dommage; il ferait un beau miroir à cette grande cité. Il en est éloigné d'environ quatre kilomètres. Son cours n'est pas aussi pittoresque qu'entre les rives de Mayence et de Coblentz. Ce n'est pas non plus ce beau ruisseau d'azur qui se joue autour de Bâle comme une coquette ceinture. C'est un fleuve large et sévère, roulant des eaux profondes dans des rives plates et de verdoyantes prairies. Ce n'est pas là que le poëte ira cueillir la fleur enchantée des ballades, ni prêter l'oreille aux chansons de Lorely, la fée des eaux. Il s'y plaira pourtant, et debout sous les grands peupliers, l'œil tourné vers l'orient, par delà le grand fleuve qui murmure à ses pieds, il contemplera avec émotion les plaines bornées de montagnes qui couvrent l'autre rive. Cette rive, c'est l'Allemagne, l'Allemagne de Goethe, de Mozart, de Leibnitz et d'Albert Durer. C'est la terre de la musique, de la rêverie, de l'amour naïf, de l'idylle, des vertus et du bonheur domestiques. Cette terre a vu naître et le vieux Faust et la jeune Marguerite, et Louise et Dorothée, et tant d'êtres mélancoliques et charmants créés par la poésie. Ce n'est pas la nature qui donne au Rhin de Strasbourg sa beauté. Le site a peu d'attraits. On y vient voir et saluer l'esprit d'un peuple, comme s'il allait apparaître sur l'autre rive sous les traits que l'imagination lui prête. Passons-le donc ce Rhin, le premier des fleuves allemands. Le Danube est plus grand, mais le Rhin est plus national; il réveille plus d'amour et de passion au cœur de la nation qu'il abreuve. Amour du beau, amour de la gloire, amour de la patrie, tout en vient. On dirait qu'il est la source d'où l'Allemagne tire sa force et son génie.

Un magnifique pont de fer relie aujourd'hui les deux rives. Dieu sait ce qu'il en a coûté à la diplomatie pour poser ce trait d'union : jalousies commerciales, jalousies politiques, que d'obstacles s'élevèrent! On finit pourtant par s'entendre. Nos ingénieurs reçurent la tâche la plus difficile; c'est eux qui établirent dans ce vaste lit les piles qui supportent toute la masse. Le reste fut confié aux ingénieurs badois. Ils en ont fait un très-bel ouvrage. Chaque extrémité du pont est ornée d'un portique monumental en style gothique, chaque arche de clochetons et de tourelles. Cette porte de l'Allemagne est solennelle comme elle, et comme elle un peu pesante. L'aigle impériale regarde fièrement la rive française, dont elle semble garder l'approche. A l'autre bout, le griffon badois, d'un air moins belliqueux, fait avec bonhomie la même faction, et, comme dit Commines, « tous deux, se tournant le dos, ne risquent pas de se mordre. »

La politique a exigé que le pont du Rhin pût être à volonté interrompu. On a imaginé d'établir aux deux extrémités deux ponts mobiles tournant autour de la rive comme point fixe, et qui, selon l'évolution qu'on leur fait faire, interceptent ou livrent le passage. De cette façon le pont principal devient alternativement île ou terre ferme, et chaque nation a dans sa poche la clef du fleuve. Chacun des ponts tournants pèse trois cent cinquante mille kilogrammes ; deux hommes suffisent pour les faire mouvoir. C'est un miracle de la mécanique.

Ces précautions n'ont pas empêché les folliculaires allemands de pousser le cri d'alarme. Le Rhin est supprimé, *caveant consules!* L'un d'eux accusait amèrement le duc de Bade de sacrifier à des intérêts locaux la sécurité du continent. Deux jours après, pour lui répondre, une gazette badoise annonçait gravement à ses lecteurs que la garnison de Kehl venait d'être doublée. Cette garnison, on peut l'ignorer, se compose de quarante hommes. Aux fêtes de l'inauguration, la rive française fut pavoisée des bannières allemandes, courtoisement associées aux nôtres. Sur la rive allemande, nos couleurs brillaient par leur absence. Telle est à notre égard la susceptibilité ombrageuse et farouche de nos voisins : on reconnaît la nation que raillait Schiller, « toujours la main sur son épée, un bruit de feuilles l'effrayant. »

Au XVII° siècle, dans le temps des grandes guerres de Louis XIV, alors que notre or ou nos armes gagnaient à notre alliance bon nombre de princes allemands, il courut au delà du Rhin une caricature devenue populaire. Du milieu d'un nuage on voyait sortir une main — la main de Louis XIV — laquelle tenait à chaque doigt une marionnette portant le costume des princes de l'Empire. Au-dessous cette légende :

In te vivimus, movemur, et sumus.

« C'est de toi que nous tenons l'être, le mouvement et la vie.. »

L'Allemagne de 1860 se pique de plus d'indépendance. Le reproche de servilité, c'est elle aujourd'hui qui le renvoie à l'Europe. Peu de temps après la guerre d'Italie, il parut à Munich, dans un journal de caricatures, un dessin portant ce titre : *Un Congrès*. L'Aristophane bavarois avait représenté les princes de l'Europe — Allemagne exceptée — dans l'accoutrement de musiciens ambulants. Ils sont menés par un vainqueur (vous le nommerez sans peine) dont la moustache noire paraît faire sur eux l'effet du sourcil de Jupiter.

Kehl, tête de pont du côté de l'Allemagne, est une petite ville de quinze cents habitants, cinq ou six fois prise par nos troupes. Vauban y construisit un fort qui indigna violemment l'Allemagne. Il fut rasé en 1815. C'est dans ce lieu que Beaumarchais imprima sa grande édition des œuvres de Voltaire. Bade est à quelques milles de là.

Bade — en allemand *Baden* — est la perle de la forêt Noire; nul autre lieu ne rime plus naturellement avec Éden.

Le site est charmant. On dirait que tout y fut combiné par une main savante dans l'art de plaire. Figurez-vous une jolie ville, mi-partie sur la montagne, mi-partie dans le vallon; des collines dont le cercle riant l'entoure; sur les pentes et sur les hauteurs, des forêts de sapins égayées par de sinueux sentiers et de lointaines perspectives; un ruisseau d'idylle où se mirent des maisons blanches comme des villas, riches comme des palais; aux environs, des ruines, des rochers, des châteaux, où conduisent de charmantes promenades; partout des chemins plantés d'arbres, des routes entretenues comme des allées; en un mot, une

BADE.

LE DANUBE ALLEMAND ET L'ALLEMAGNE DU SUD.

nature de vignette et d'album, pleine de gentillesse et de coquetterie, au sein de laquelle on se sent plus amolli qu'ému, plus disposé à jouir qu'à penser, dans d'excellentes dispositions pour passer quelques jours d'insouciance et de *far niente*. Là vous n'aurez que d'agréables idées incapables d'agiter le cœur et d'absorber l'esprit. Poëte, vous ferez des sonnets ou des madrigaux; musicien, des romances; peintre, des aquarelles. Le pays tout entier n'est qu'une grande aquarelle aux contours adoucis, aux couleurs demi-voilées; quelque chose d'indécis et de flottant, dont l'attrait est infini.

Bade — son nom l'indique — est un lieu de bains. Cent mille étrangers y viennent chaque année prendre les eaux.

« D'eau, je n'en ai point vu lorsque j'y suis allé,
Mais qu'on n'en puisse voir je n'en mets rien en gage.
Je crois même entre nous que l'eau du voisinage
A, quand on l'examine, un petit goût salé. »

Un grand portique de marbre est élevé pour les baigneurs; la maison de *Conversation* est voisine : c'est le nom allemand du casino. Un parc princier l'entoure. Tout le jour un excellent orchestre fait entendre sous les fenêtres une délicieuse musique. Mais il s'agit bien de musique! Entendez-vous d'ici le cliquetis des pièces d'or et la voix nasillarde des croupiers? Il n'y a pas pour les joueurs d'harmonie comparable, et Bade est le rendez-vous des joueurs. Ici la roulette est souveraine; elle tient toute la journée sa cour. Les courtisans sont nombreux. Il y en a de toutes les nations, de tous les âges, de toutes les humeurs. L'Europe et l'Amérique sont représentées autour de ces grands tapis verts jonchés d'or. L'observateur peut surprendre comme en un miroir le caractère de chaque peuple. L'esprit national perce jusque dans nos vices. L'Anglais joue avec une prudence habile et un cœur maître de soi. Dépouillé, il se retire les dents serrées, et déguise son dépit sous une morgue hautaine. Le Russe témoigne au jeu l'emportement sauvage qui paraît dans toutes ses passions. L'Allemand n'y perd rien de son flegme: il semble croire, avec le proverbe, que la fortune vient en dormant. L'Italien, l'Espagnol, tous les Méridionaux ont de bruyants transports de joie ou de désespoir. Le Français joue avec une étourderie babillarde et une aisance impertinente. Sur cent joueurs de pays différents, s'il en est un qui dans la perte ou le gain garde le même sourire, déploie la même verve, et se venge du destin par un bon mot, dites hardiment: C'est un Français. La comédie du *Joueur* n'était possible qu'en France. Partout ailleurs le jeu tourne au drame.

CHAPITRE II

BALE ET FRIBOURG (EN BRISGAU)

Bale. — Le tombeau d'Érasme. — Le musée. — Holbein, peintre de portraits et peintre d'enseignes. — La danse des morts. — Fribourg (en Brisgau). — Le Munster. — Le Schlossberg.

De Strasbourg à Bâle le Rhin dessine une ligne sinueuse qui sépare l'Allemagne de la France; sur trois points de cette ligne, ou qui en sont voisins, s'élèvent trois des plus belles cathédrales du monde, ornements grandioses de cette façade de l'Allemagne : ayant visité Strasbourg, j'ai voulu visiter aussi Bâle et Fribourg, comme un amateur qui, avant d'entrer dans une église, en examine curieusement les trois portails.

Bâle est une grande ville, animée vers le centre, déserte à ses extrémités. La première chose qui frappe est son exquise propreté. Ses grandes maisons blanches et roses semblent peintes de la veille: une mouche y fait tache; les toits font saillie sur la rue; les fenêtres sont dès le matin fermées de jalousies bariolées. Les belles Bâloises se tiennent derrière, l'œil aux aguets. Un miroir soutenu par une longue tige et penché sur la rue leur raconte tout ce qui s'y passe. Parfois, en cheminant, vous entendez sur votre tête des éclats de rire et des voix : ils partent de ces mystérieux abris où se cachent, comme en Orient, la malice et la curiosité des femmes.

Des portes de chêne brunes et luisantes ferment ces logis. Elles sont garnies de poignées de cuivre, de serrures, de gonds soigneusement polis chaque matin par la main des ménagères ; c'est leur orgueil d'y faire reluire le soleil. Quelques maisons portent encore de vieilles armoiries, souvenirs de ces temps où Bâle, dans toute sa prospérité, siége d'un concile, logeait un peuple de cardinaux et d'évêques.

Sur la place du marché s'élève l'hôtel de ville, curieux édifice, restauré avec art et qui fait très-bonne figure parmi les vieilles maisons du voisinage. Ses portes en ogive sont fermées par de grandes grilles travaillées dans un goût original. Bâle est très-riche en ferrailles précieuses ; on ferait un musée de celles qui décorent les édifices publics ou particuliers.

Sur la façade on remarque, entre autres raretés, une grande horloge, azur et or, qui amusa fort un illustre voyageur du XVIe siècle.

« Les vins y sont fort bons », disait Montaigne

de la ville de Bâle ; « mais les Bâlois ont cela que leur horloge dans la ville, non pas aux faubourgs, sonne toujours les heures une heure avant le temps. S'il sonne dix heures, ce n'est à dire que neuf : parce, disent-ils, qu'autrefois une telle faute de leur horloge fortuite, préserva leur ville d'une entreprise qu'on y avoit faicte. »

Selon une tradition plus irrévérencieuse, l'horloge aurait été dérangée par expédient, au temps du concile, pour hâter les Pères trop paresseux à s'y rendre.

Elle marcha avec cette différence jusqu'à la fin du dernier siècle. Un jour les sénateurs décidèrent fort secrètement que l'aiguille serait chaque matin retardée de quelques secondes. Au bout de peu de mois l'heure réelle eût été insensiblement rendue. Le peuple s'en aperçut, fit une émeute, faillit briser l'horloge, et les magistrats renoncèrent à leur projet. C'est une des conséquences inconnues de la révolution française d'avoir corrigé l'horloge de Bâle.

La cathédrale est un gracieux monument bâti en pierre rouge des environs du Rhin, laquelle a pris avec le temps une teinte d'acajou très-agréable. Par malheur, les Allemands modernes ont la manie de couvrir leurs églises en tuiles vernissées et coloriées, assorties en losanges. On dirait une tapisserie grossière en mosaïque.

L'extérieur n'a rien de saisissant. Deux tours carrées de médiocre hauteur s'élèvent par étage, et s'ornent d'une galerie brodée à jour comme une ceinture. Chaque tour se termine par une flèche courte, mais décorée de dentelures fines et légères. Un fronton aigu se déploie d'une tour à l'autre : voilà toute la façade. Cela plaît, non par la grandeur, qu'il n'y faut pas chercher, mais par la justesse des proportions, l'élégance des lignes, et — rare mérite chez les gothiques — par un ensemble d'une harmonie parfaite.

L'intérieur fait succéder aux ogives de la façade le plein cintre byzantin. La nudité de ses voûtes étonne. Pas d'ornements, pas d'images, pas d'autels : on dirait un temple abandonné ou un temple protestant. C'est, en effet, le culte réformé qui a mis cette rigidité froide. Quelques beaux vitraux modernes, un orgue somptueux, une chaire ou plutôt une dentelle de pierre, de vieilles tombes, ne suffisent pas pour animer cette solitude.

J'ai parlé des tombes : la plus illustre n'est pas celle de cette impératrice, femme de Rodolphe de Hapsbourg, dont les Bâlois sont fiers; ce ne sont pas ces tombes de princes et d'évêques dont les armes gravées sur le marbre attestent le haut rang. Sous les mêmes dalles est enterré un homme qui, sans être prince, fut recherché des princes, régna par la pensée dans un siècle où la pensée tenait

CLOITRE DE LA CATHÉDRALE DE BALE.

LE DANUBE ALLEMAND ET L'ALLEMAGNE DU SUD.

le sceptre, cultiva l'amitié des papes et celle de Luther, et dut à son génie, mélange heureux de finesse et de bon sens, de hardiesse tempérée de prudence, une des plus belles carrières qu'aucun homme ait parcourues. Je veux parler d'Érasme. Né à Rotterdam en 1467, Érasme se fit de bonne heure connaître par un goût exquis au service d'une pensée ingénieuse, brillante, et qui tirait sa force d'une raison solide. En peu de temps son nom devint populaire. L'amitié de Thomas Morus et la faveur de Henri VIII l'appelaient en Angleterre; mais il ne s'y fixa pas. Il fallait à ce libre esprit un séjour moins dangereux que le palais d'un despote. Après plusieurs essais, c'est à Bâle qu'il vient se fixer : Bâle république indépendante, que gouverne un sénat modéré, ville de paix où règne le recueillement nécessaire à l'étude.

Un autre grand homme habitait Bâle dans le même temps qu'Érasme : c'est le peintre Hans Holbein, le jeune. L'amitié les unit en dépit de la diversité des humeurs; car le peintre était aussi immodéré dans son goût pour le plaisir que l'écrivain fut réservé en toutes choses. De là des reproches et des censures que le premier dut plus d'une fois essuyer. Un jour entre autres; Érasme lui avait envoyé un exemplaire de son *Éloge de la Folie :* Holbein rendit le livre chargé aux marges de dessins représentant les divers types de folie décrits par l'auteur. Érasme le renvoya ouvert à une certaine page. On y voyait un gros Hollandais ivrogne et jovial à côté de sa bouteille. Au-dessous on lisait en grosses lettres, tracé de la main d'Érasme, le nom de Hans Holbein.

Cet exemplaire est conservé au musée de Bâle; mais on ne peut plus le feuilleter. Il y a quelques années, un de ces visiteurs dont l'enthousiasme ressemble à du vandalisme, en arracha deux feuillets. Depuis lors le précieux volume a été renfermé sous une vitrine.

Érasme vécut longtemps heureux à Bâle; les dissensions religieuses vinrent l'en chasser : où ne pénétraient-elles pas alors? Il se retira devant elles; mais une lettre écrite à cette époque témoigne de la violence imposée à ses goûts :

« Il y a quinze ans que j'ai des relations avec cette ville; il y en a huit environ que je l'habite sans discontinuer, à mon grand avantage et satisfaction. J'y ai trouvé, dans la personne de Jean Frobenius, l'ami le plus sincère que pût m'accorder la bonté divine. Cette ville était donc pour moi une patrie adoptive. Je ne crois pas non plus avoir été pour elle un hôte incommode et gênant. C'est l'idée que j'exprime dans un quatrain, au moment de m'embarquer :

> Bâle, adieu! j'ai vécu chez toi
> Dans une longue et douce joie.
> Dieu te le rende, et ne t'envoie
> Nul hôte plus fâcheux que moi [1].

Il y revint, mais pour y mourir.

« La crise mortelle le surprit au milieu de ses projets. Il ne la crut pas d'abord mortelle; car pour lui toute maladie depuis quelques années avait dû paraître la dernière, et l'habitude de l'extrême danger lui en avait donné l'insouciance. Il continua donc d'écrire malgré d'horribles souffrances, et dans les courts instants où le mal semblait céder, il fit un commentaire sur la *perpétuité de l'Église* et un travail de révision sur Origène. Mais les forces l'ayant quitté tout à fait, il fallut bien qu'il se laissât arracher sa plume et qu'il s'avouât vaincu. Il le fit, si cela se peut dire, avec

---

[1] Erasmi epistolæ. — Ante annos quindecim cœpi cum ea civitate habere commercium, denique annos ferme octo perpetuoque illius hospitio sum usus, commodo sane bonoque. Ibi Johannes Frobenius obtigerat, amicus quo sinceriorem ne optare quidem a superis poteram. Proinde civitatem illam propemodum adoptaram in patriæ locum, nec ego, nisi fallor, illi fui gravis aut incommodus hospes, id quod navim ingressurus tetrasticho sum testatus:

> Jam, Basilea, vale, qua non urbs altera multis
> Annis exhibuit gratius hospitium.
> Hinc precor omnia læta tibi, simul illud, Erasmo
> Hospes uti ne unquam tristior adveniat.

une grâce touchante, conservant jusqu'à la fin cette douce et bienveillante ironie qui était le tour naturel de ses pensées. Peu de jours avant sa mort, ses amis étant venus le voir : « Eh bien ! « leur dit-il en souriant, où sont donc vos habits « déchirés ? où sont les cendres dont vous deviez « couvrir vos têtes ? » Sur le soir du 15 juillet 1536, l'agonie commença. Pendant cette lutte, la dernière de toutes les luttes de l'homme, on l'entendit à plusieurs reprises prononcer en latin et en allemand ces paroles.... : « Mon Dieu, délivrez-moi ! « mon Dieu, mettez fin à mes maux ! » Ce furent ses derniers gémissements, il rendit l'âme vers minuit.

« Toute la ville, le consul, le sénat, les professeurs de l'Académie assistèrent à ses funérailles. Son corps fut porté par les étudiants, et déposé dans la cathédrale près du chœur. Bâle a conservé pour Érasme le souvenir d'une mère pour son enfant d'adoption. On y montre la maison où il est mort, son anneau, son cachet, son couteau, son testament écrit de sa propre main dans lequel il lègue ses biens aux pauvres vieux et infirmes, aux jeunes filles en âge d'être mariées et dont la pauvreté pourrait mettre en danger la pudeur, aux adolescents de belle espérance, etc... [1]. »

---

[1] Nisard, *Études sur la Renaissance*, p. 132.

Il existe un autre souvenir d'Érasme, c'est un cloître attenant à la cathédrale. Ses murs, bien conservés, sont revêtus, comme au XVIᵉ siècle, de marbres de tombes et d'inscriptions funèbres. Érasme affectionnait ce lieu, et s'y promenait presque chaque jour après son repas. Son génie, quoiqu'il n'eût rien d'austère, ne haïssait pas les pensées graves. On sait qu'il avait choisi pour emblème un *Terme*, symbole païen d'une pensée chrétienne. Parmi ses nombreux traités on compte une *Préparation à la mort*. Je ne sais si elle ne fut pas composée dans l'enceinte du cloître.

Son épitaphe, composée dans un goût qui n'était pas le sien, témoigne par son emphase même de l'admiration qu'il inspirait. C'est un échantillon assez curieux du style funéraire sous les cicéroniens de la renaissance.

CHRISTO SERVATORI S.

Des. Erasmo Roterodamo,
viro omnibus modis maximo, cujus incomparabilem
in omni disciplinarum genere eruditionem pari conjunctam prudentiæ posteri et admirabuntur et prædicabunt, Bonifacius Amerbachius, Hier. Frobenius, Nic.
episcopus, hæredes et nuncu-

pati supremæ suæ volunta-
tis vindices, patrono optimo
non memoriæ quam immorta-
lem sibi editis lucubrationi-
bus comparavit, iis tantisper
dum orbis terrarum stabit,
superfuturo ac eruditis ubique gentium collocuturo, sed
corporis mortalis quo recon-
ditum sit, ergo hoc saxum
posuere. Mortuus est IIII
eid. Jul. jam septuagenarius.
Ann. a Christo nato
M D XXXVI

TRADUCTION.

A Désiré Érasme de Rotterdam, homme éminent en toutes choses, dont l'incomparable savoir dans tous les genres de connaissances, associé à une égale sagesse, obtiendra l'admiration et l'éloge de la postérité, Boniface Amerbach, Jérôme Frobenius, Nicolas, évêque, ses héritiers et les exécuteurs de ses volontés dernières; à leur excellent maître, non par souci de sa mémoire, que tant de beaux ouvrages font immortelle, qui vivra par eux autant que le monde et fera l'éternel entretien des siècles à venir, mais pour marquer la place de sa sépulture, ils ont élevé cette pierre. Il est mort le 11 juillet, âgé de 70 ans, l'an du Christ 1536.

Que penserait Érasme de cette période? Hormis la louange pour laquelle il avait un faible, elle le fâcherait. Ce fin et judicieux esprit méritait mieux. Tacite a dit d'un sage : « Il garda, science difficile, la mesure dans la sagesse. » Ce fut la devise d'Érasme, ce devrait être l'inscription de sa tombe.

La terrasse de la cathédrale, suspendue sur des rochers escarpés, offre un panorama magnifique. Un horizon de montagnes, verdoyantes du côté de l'Allemagne, bleuâtres ou neigeuses du côté de la Suisse ; deux villes, étalées au bord d'un fleuve : voilà tout le tableau. Mais quel fleuve que le Rhin à Bâle! On ne peut se figurer la douceur infinie de son flot bleu frangé d'argent et comme pénétré de lumière. C'est la teinte savonneuse et transparente de ces torrents des montagnes encore voisins du glacier. Mais les torrents, entraînés sur une pente rapide, dans un lit rocailleux, n'ont ni la fraîcheur, ni la grâce, ni la mollesse délicieuse du Rhin coulant à pleins bords, sans lenteur et sans hâte, entre ses larges rives. Il arrive à droite, du sein d'un bouquet d'arbres, décrit une courbe, mouille le pied des maisons inclinées sur sa face, dérive en murmurant sous les arches du pont, et disparaît, dans un détour, derrière de grands peupliers dont le feuillage laisse apercevoir au loin un miroitement d'azur. Çà et là une barque effilée glisse sur le fleuve, dirigée par deux mariniers debout dont la longue ramé adroitement manœuvrée semble à peine effleurer l'eau. Ailleurs, un câble est jeté d'une rive à l'autre ; une barque, au moyen d'une poulie engagée dans le câble, circule entre les deux bords : le flot qui frappe obliquement ses flancs suffit à la faire avancer sans office de rames ni de voilure.

Le musée de Bâle est un bâtiment de construction récente, chef-d'œuvre de pesanteur et de difformité. Ses architectes ne sont certainement pas les fils de ceux qui élevèrent la gracieuse façade du Munster ; tel quel, il contient une belle collection de tableaux de Holbein.

Il y a plusieurs hommes dans Holbein. Il y a le disciple naïf des vieux maîtres allemands, dont il suivit la tradition dans l'atelier de son père. A cet ordre appartient, dans le musée de Bâle, un volet d'autel à quatre compartiments, où la passion du Christ, traitée en huit scènes, est peinte avec une verve et un éclat admirables. C'est encore la vieille Allemagne de Wohlgemuth, et c'est déjà la jeune Italie de Titien et de Véronèse. Mais son chef-d'œuvre dans le genre religieux n'est pas à Bâle ; c'est la Madone du musée de Dresde. Qu'il est solennel et religieux ! Il enchante, il pénètre, même à côté de cette Vierge de Raphael à qui il dispute les honneurs de la galerie.

Holbein est, quand il lui plaît, un puissant réaliste. Il reproduit la nature avec une énergie qui va jusqu'à l'horreur. C'est le réaliste qui a peint, sous le nom de *Christ au tombeau*, ce cadavre en corruption dont la vue est horrible à soutenir. Non, ce visage inerte, ces chairs déjà vertes de pourriture, ce n'est pas le divin crucifié. L'âme, l'âme d'un Dieu ne reviendra pas animer ce corps, et le troisième jour luira sans briser pour lui la pierre du tombeau. Le musée du Louvre possède de Philippe de Champagne un Christ que j'aime à me rappeler devant celui de Holbein. C'est aussi une saisissante image de la mort : mais quelle différence ! De ces deux réalités, l'une produit une impression de dégoût et d'horreur telle, qu'on oublie la majesté du sujet ; l'autre inspire un sentiment de tristesse et de pitié comme devant un corps souffrant que l'âme habite encore. C'est que le maître français n'a poussé l'imitation de la nature que jusqu'au point où sa foi arrêtait son art ; peintre, il a respecté ce qu'il vénérait comme chrétien. Holbein m'expose un hideux cadavre ; Philippe de Champagne me fait adorer le mystère de la vie victorieuse de la mort ; comme lui, j'ai foi dans la résurrection de ce Dieu endormi, et en baisant ses pieds sacrés je suis tout près de m'écrier : « O mort, où donc est ta victoire ? »

C'est dans ses portraits que Holbein a déployé le plus de génie. La Vierge de Dresde est une magnifique exception. Le fond de son œuvre se compose de portraits. Bâle en possède un petit nombre d'exquis. Il faut voir comment cet homme, tout à l'heure enfoncé dans la réalité, s'élève sans effort au plus pur idéal.

Voici Laïs la Corinthienne, Laïs la courtisane. Mais ce sujet n'est qu'un jeu. Sous ce nom impur, par une fantaisie commune aux hommes de la renaissance, Holbein a peint une des plus gracieuses jeunes filles de son temps, Mlle Offenbourg, célèbre à Bâle par sa beauté. Autour du plus gracieux visage, une chevelure blonde comme l'or est enfermée dans une résille d'or. L'enfant est debout; elle promène sans le poser son virginal regard, et, rêveuse, semble écouter dans l'air les chansons qu'elle entend dans son cœur. On croit voir l'amante de Faust, Marguerite avant sa chute,

Un ange de candeur et de grâce allemande.

La même douceur, la même mélancolie, presque la même grâce féminine, brillent dans un portrait d'homme. C'est une petite toile, large de quelques pouces, de celles dont le président de Brosse disait qu'elles sont « délicieuses à voler, si l'on n'était honnête homme. » Mais quel charmant ouvrage ! Il représente un jurisconsulte, ami d'Erasme, Boniface Amerbach. Je ne connais pas d'expression plus suave sur des lèvres tracées par le pinceau.

C'est la tendresse et la mélancolie d'une âme fondues dans un sourire.

A côté se trouve Érasme [1]. Il est représenté écrivant. Les peintres et les sculpteurs ont souvent échoué quand ils ont voulu saisir les grands écrivains dans le feu de la composition. Ils n'ont guère fait que d'emphatiques figures. Voyez à Rouen le Pierre Corneille de David d'Angers. Comment Holbein a-t-il réussi? Par la mesure, par le choix, par la sobriété de sa composition. La figure d'Érasme est d'un homme maître de l'idée, et qui l'exprime sans effort : sa plume suit sa main, et sa main suit sa pensée. Les paupières abaissées cachent le regard: pas un pli sur la face. On ne sait d'où vient l'expression dans une toile qui en est pleine. C'est fait de rien, comme disent les peintres. Mais ce rien-là, c'est l'âme.

Holbein, peintre d'enseigne! par quelle aventure? Est-ce caprice ou gageure? Je croirais plutôt que c'est détresse, un jour que ce méchant garçon (nous connaissons son humeur) allait, faute d'argent, rester en gage au cabaret. Elle est sur bois, à double face, propre à être suspendue sur une tringle de fer, au-devant d'un logis. Il la

---

[1] Il y a trois ou quatre portraits d'Érasme par Holbein, à Bâle. Celui que j'ai en vue est un petit profil très-connu. Le semblable est au musée du Louvre (salon carré).

fit à dix-huit ans, pour un maître d'école. Apparemment les maîtres d'école de ce pays-là faisaient pour leur métier usage d'enseigne. Pourquoi non ? chacun a son enseigne ici-bas. Un auteur fait une préface : enseigne ; un candidat, une visite : enseigne. Tout est enseigne. Celui-ci la cache, celui-là l'expose.

L'enseigne d'Holbein représente une grande salle nue, froide, maussade, une classe enfin. On voit de longs bancs usés et lustrés, de petites tables noires, et des vitres sales juste assez grandes pour laisser s'envoler l'attention des écoliers. Plumes, cahiers, tout l'appareil des écoles s'étale sur les pupitres. Des écoliers travaillent avec une ardeur invraisemblable. Mais quoi ! en peinture il faut sacrifier à l'idéal. Le magister est au milieu. L'excellent homme ! Quel air docte sous le bonnet de laine rouge qui couvre ses larges oreilles ! On ne fait plus de pareils bonnets, ni pour de telles oreilles ! Il épelle avec un petit enfant assis sur ses genoux : mais l'enfant marque quelque inquiétude, il a vu des verges dans la main du maître. Hélas ! le commencement de la lecture ressemble au commencement de la sagesse : *Initium sapientiæ timor Domini*.

Une inscription en vieil allemand accompagne le dessin. Nos maîtres de pension modernes peuvent avoir inventé le prospectus ; en voici un qui a trois siècles de date, et qui vaut bien les leurs. Ils se flattent d'avoir résolu les premiers le problème de l'instruction facile et à bon marché, voici un confrère du xvi° siècle qu'ils ne connaissaient pas. Il s'exprime dans un langage dont une traduction ne peut rendre ni la naïveté, ni les archaïsmes.

« Qui veut apprendre à lire et à écrire en allemand par le plus court moyen qui se puisse imaginer, au point que celui-là qui ne savait A ni B arrive bien vite à comprendre, et puisse lire et écrire lui-même ses dettes ? Et s'il en est d'assez ânes pour ne pas apprendre d'eux-mêmes, je veux leur donner des leçons gratis, et ne prendrai rien pour ma peine, manant ou bourgeois, dame ou damoiselle..., etc...»

Ma passion pour Holbein n'ira pas jusqu'à faire de cette enseigne un chef-d'œuvre. Dailleurs le tableau a cruellement souffert des injures de l'air, sans compter celles des écoliers. Mais tel quel, il m'a paru piquant, peu connu, et, à ce titre, capable d'intéresser.

Holbein eut ses heures de philosophie, comme il eut ses heures d'inspiration religieuse. Une grande peste avait désolé la ville de Bâle. Le sénat, pour tirer du fléau une leçon durable et perpétuer les enseignements de la mort, décréta qu'on peindrait sur les murs du cimetière une danse des morts; l'exécution en fut confiée à Holbein.

La danse macabre est une invention du moyen âge, la plus étrange que la mort ait inspirée. Les anciens (je parle des Grecs et des Romains), ni dans leurs mœurs, ni dans leur philosophie, ni dans leurs arts, ne connurent la mort sous le hideux aspect du squelette. La dépouille humaine telle qu'elle sortait du bûcher, pour eux c'était un peu de cendre, « poids léger dans une urne légère », comme dit l'Electre de Sophocle.

Dans une tragédie d'Euripide (on peut la nommer sans pédanterie, la musique de Gluck l'ayant traduite pour tout le monde), dans *Alceste*, la Mort apparaît sur la scène; mais elle n'a ni sombre cortége, ni sombre parure, ni rien qui inspire l'effroi. C'est un dieu auguste et serein comme les autres, c'est « le prêtre des morts, dont son glaive tranche la chevelure » : ainsi la nomme le poëte.

Où donc est l'horreur de la mort dans ces vers de Ménandre?

« L'homme aimé des dieux meurt jeune... Le plus heureux c'est celui qui, ayant contemplé en paix les grands spectacles de la nature, l'universel soleil, les étoiles, l'eau, les nuages, le feu, s'en retourne promptement là d'où il est venu; qu'il vive cent ans, qu'il vive un jour, rien de plus beau ne frappera ses yeux. »

La sculpture, comme la poésie, nous montrerait une Mort calme, souriante, presque belle, sous la forme d'un génie qui tantôt a replié ses ailes et rassemble, aux sons de la flûte, le pâle troupeau des ombres, tantôt prend son essor et va dormir sur le sein de la Nuit, sa mère, près du Sommeil, dont il est le frère.

Quoi d'étonnant? A côté de la religion officielle de la Grèce et de Rome, qui montrait à l'homme un Tartare et les peines réservées aux coupables, il y avait une philosophie plus puissante qui, prenant ses disciples parmi tout ce qu'il y avait de grand, de noble, de riche, leur apprenait à rire de ces fables, bonnes pour le vulgaire. Permis au pauvre artisan, sans culture et sans lettres, de se rouler dans son manteau et d'attendre sur sa dure couche, dans toutes les horreurs de l'effroi, l'hôte terrible qui devait lui ouvrir les portes de l'Élysée ou du Tartare : — le riche, disciple d'Épicure, demeurait impassible et joyeux dans ses habits de fête. Qu'avait-il à regretter d'une vie dont il avait épuisé les délices ? que redoutait-il d'une éternité à laquelle il ne croyait pas? Il attendait donc l'arrivée du fantôme, comme don Juan la statue du commandeur, avec des fleurs sur la tête, l'ironie à la bouche et la coupe à la main.

A Rome même, au temps de la décadence, s'il prenait fantaisie à un Trimalcion, pour réveiller la curiosité blasée de ses convives, de faire danser sur la table une marionnette d'argent en forme de squelette, quelle conclusion, quelle moralité tiraient-ils de cette funèbre bouffonnerie? Qu'il faut jouir et, pendant que l'heure est propice, vider la coupe des voluptés!

« O misère, ô pitié, ô néant de l'homme! ainsi serons-nous tous après la mort. Vivons donc, et goûtons la volupté présente [1]. »

L'avénement de la Mort sous sa forme terrible et populaire date du moyen âge. Le christianisme, en restaurant le dogme des châtiments éternels, avait rendu au trépas sa moralité. L'imagination du moyen âge alla outre: elle s'inspira des tableaux qu'offrait au peuple la vue des charniers où les os des morts étaient entassés, et mit en scène le hideux squelette; elle fit mener par lui le branle de la vie. Du XIVe au XVIe siècle c'est le règne de la danse macabre. Tous les arts lui paient tribut. Le peintre en couvre les murs des cimetières et des églises; le poëte en explique les scènes, et compose les paroles de ce drame sans fin; le musicien écrit des mélodies pour le *rebec* de l'acteur chargé du rôle de la Mort dans les représentations populaires; le graveur en multiplie les estampes; le ciseleur la déroule en longues spirales autour des coupes, des épées, des armures.

Dans toutes ces représentations du même sujet,

---

[1] Pétrone, *Satyricon*.

l'idée qui domine, c'est l'égalité des rangs devant la mort:

> La dance macabre s'appelle
> Que chacun à dancer apprend;
> A homme et femme est naturelle:
> Mort n'épargne petit ne grand.

De là le grand succès de cette œuvre, dans une société comme celle du moyen âge, où l'instinct de l'égalité démocratique n'était pas étouffé par l'oppression féodale. Comment ne pas applaudir avec passion à un spectacle où les grands, dépouillés de leur orgueil, étaient confondus, comme le dernier des misérables, dans l'innombrable troupeau des morts?

Holbein n'a rien eu à créer, ayant tout reçu de ses devanciers. Par où il les surpasse, c'est par l'énergie du dessin, la richesse de la composition, et surtout par l'incroyable variété d'expressions qu'il prête à la Mort. Faire vivre un squelette, donner à un crâne décharné les traits de la pitié, de la colère, de l'ironie, du courage, de l'amour même, voilà ce qu'a fait Holbein. La fresque a péri, mais les dessins sont conservés au musée de Bâle. En outre, il a fait pour les libraires *les Simulachres de la Mort*. C'est une série de vignettes rassemblées en un petit volume très-répandu [1].

[1] *Les Simulachres de la Mort*, 1re édition, Lyon, 1538. —

Il a, dans les trente à quarante sujets qui composent ce dernier recueil, épuisé, pour ainsi dire, le drame infini de la Mort. La Mort attend l'homme et le saisit à la sortie de ce paradis où Dieu n'avait pas fait de place pour elle, et depuis ce moment elle ne lâche plus sa proie. Pape, empereur, roi, reine, princes, nobles, bourgeois et manants, chacun la voit aux heures solennelles de sa vie. Elle sonne la charge devant les pas du guerrier, ou bien elle l'étreint avec violence, et d'un ossement ramassé sur le sol, arme redoutable entre ses mains, elle le perce de part en part. Elle franchit les degrés de la chaire, et, debout derrière le prédicateur, glace sur ses lèvres les phrases de l'homélie. Elle joue de la viole d'amour à côté des amants, et répond en ricanant à leur serment d'une éternelle tendresse. Elle précède le prêtre chargé du viatique, et agite avec la sonnette sacrée le glas de la victime. Debout avec l'aurore, elle accompagne le pauvre laboureur, et fouette à côté de lui son maigre attelage.

> A la sueur de ton visaige,
> Tu gagneras ta pauvre vie,
> Après long travail et usaige
> Voici la mort qui te convie.

6⁰ édition, Bâle, 1554; chaque gravure est accompagnée d'un quatrain en latin, traduit en français. La Bibliothèque impériale (département des estampes) en possède une précieuse édition. M. Fortoul en a publié une précédée d'une étude critique.

LE DANUBE ALLEMAND ET L'ALLEMAGNE DU SUD.

L'ASTROLOGUE DE HOLBEIN

Elle arrache l'enfant des genoux de sa mère, qui le rappelle en pleurant et regarde sa place vide au repas de famille. C'est elle qui dans la tempête secoue le mât du vaisseau et plonge l'équipage dans l'abîme. L'astrologue interroge les signes d'une sphère cabalistique; elle entre, un crâne à la main, et avec son affreux sourire :

> Tu dis par amphibologie
> Ce qu'aux autres doit advenir ;
> Dy moy donc par astrologie
> Quand tu debvras à moy venir?

Un chemin de fer parti de Bâle descend la vallée du Rhin, côtoie le fleuve, puis s'en éloigne pour aller chercher Fribourg, situé sur la droite à plusieurs milles de la rive.

Fribourg, capitale du Brisgau, n'a que sa cathédrale; mais après Cologne, c'est la plus belle de l'Allemagne. Sa façade pèche par le défaut de développement : on y regrette ce triple portique qui dans la plupart de nos églises fait une si belle entrée à la maison de Dieu. Son portail unique et rétréci est précédé d'un porche qu'étranglent de massifs contre-forts. Mais le porche, quand on y pénètre, présente une innombrable collection de statues. J'y ai distingué (car il faut choisir dans cette multitude un peu confuse) le groupe des Vierges folles et celui des Vierges sages, et principalement les Sciences libérales, avec les attributs qui les distinguent.

Toutes ces images sont expressives, animées, gracieuses, vêtues de draperies légères, presque élégantes. Outre le charme de naïveté, il y a vraiment un charme de beauté. Leur visage est empreint de cette mélancolie rêveuse que l'art du moyen âge exprime sur toutes ses statues. Elles ont pour piédestal une rangée de colonnettes dont le chapiteau épanouit ses fleurs sous leurs pieds.

Le porche contient un autre grand morceau de sculpture; c'est une Résurrection des morts en bas-relief. Ce sujet se rencontre fréquemment dans les monuments religieux de la même époque, et presque toujours il est placé au-dessus de la porte, à la base de l'ogive, comme pour frapper inévitablement les yeux des fidèles à leur entrée dans l'église. En effet, lorsque l'an mille, si redouté des peuples, se fut écoulé sans amener la fin du monde et sans que la trompette de l'ange eût retenti, la croyance au jugement dernier s'altéra; les hommes passèrent, comme toujours, de la terreur à l'audace; de la superstition naquit l'incrédulité. Pour rétablir la foi ébranlée sur ce point où la morale n'est pas moins engagée que la doctrine, les prédicateurs dans leurs discours, les artistes dans leurs ouvrages, selon l'inspiration des évêques, s'appliquèrent à remettre sous les yeux du peuple la vérité terrible qu'il négligeait.

C'est affaire aux archéologues et aux architectes de donner le plan des cathédrales, d'en démontrer l'unité, s'ils le peuvent, et d'en décrire, selon la science, l'ensemble et les détails. Telle n'est pas ma tâche; quand j'ai joui, dans une basilique, de la hauteur des voûtes, de la grandeur des nefs, de leur solennité mystérieuse, des longues perspectives d'ombre et de lumière sous les piliers gothiques, c'est mon plaisir d'errer au hasard, et, parmi tant de reliques de la piété et des arts, de choisir celles dont la forme ou la rareté fait le plus d'impression sur l'âme.

Que ne voit-on pas, en ce genre, dans le Munster de Fribourg? Il y a une chapelle de Saint-Martin dont l'autel en bois sculpté est une merveille à défier le génie des Flamands. On dirait qu'un souffle a tout fait éclore, et qu'un souffle va tout détruire. Du tabernacle s'élance une flèche aérienne dont les dentelures et les aiguilles semblent monter aux voûtes et s'y suspendre par leur propre légèreté; au-dessous s'élève une curieuse statue. C'est une Vierge glorieuse vêtue d'un manteau de reine dont les plis, soutenus par une légion d'anges, s'étendent, s'agrandissent à l'infini, comme une tente mystique ou comme de grandes ailes sous lesquelles rois, pontifes, nations entières viennent s'agenouiller et s'abriter.

Il y a un maître-autel gothique tout étincelant d'or avec des peintures plus précieuses que l'or; il y a, comme à Bâle, une chaire d'un travail sans prix : l'artiste s'y est représenté lui-même, la tête à la fenêtre, écoutant le sermon du prêtre. Il y a un Christ au tombeau dont les naïves sculptures mériteraient une description. Il y a de splendides vitraux, qui, le soir à la nuit tombante, semblent luire de leur propre lumière, et, quand les nefs sont rentrées dans l'ombre, les enveloppent d'une muraille enchantée.

Mais le plus rare est « un christ byzantin, d'environ cinq pieds de haut, rapporté de Palestine par un évêque de Fribourg. Le christ et la croix sont en cuivre doré rehaussé de pierres brillantes. Le christ, façonné d'un style barbare mais puissant, est vêtu d'une tunique richement ouvragée : un gros rubis non taillé figure la plaie du côté [1]. »

En face, est la propre statue de l'évêque. Il est debout, la mitre en tête. Une barbe de pierre pend sur sa poitrine; sa crosse est près de lui, et sur sa cuisse son épée de chevalier; une chape pontificale couvre à moitié sa cuirasse; un lion héraldique rugit sous ses pieds; ses mains sont jointes,

---

[1] V. Hugo, *Le Rhin*

et il regarde avec ferveur le christ de l'autel.
Je ne dirai pas comme M. Victor Hugo : C'est
très-beau. Mais assurément c'est très-naïf, très-
curieux, très-religieux.

La cathédrale de Fribourg a le bonheur d'avoir
un culte digne d'elle. Le service divin s'y célèbre
avec magnificence; des voix de jeunes garçons et
de jeunes filles forment un agréable accord. Une
musique grave, comme il convient au saint lieu,
harmonieuse comme toute musique allemande,
accompagne les chœurs; ces mélodies sont bien
des cantiques, et ces voix, des voix qui prient. En
Allemagne, l'opéra n'entre pas dans l'église. Un
dimanche, la nef était remplie de cette pieuse
population du Brisgau et de la forêt Noire, une
des plus religieuses de l'Allemagne. Au lieu du
livre où la plupart n'auraient pu lire, leurs mains
dévidaient un chapelet, et, aux instants solennels
du sacrifice, on voyait tous ces fronts flétris par
le hâle, fatigués par le travail, mais éclairés par
la foi, se courber sur les dalles usées par les genoux de leurs pères.

La flèche de Fribourg est peut-être ce que l'art
gothique a créé de plus parfait en ce genre; pour
la bien voir, il faut monter au Schlossberg. Le
Schlossberg est une petite montagne qui domine
le Munster et la ville. Un sentier agréable y
conduit. Il monte en lacet parmi des vignes.

des cerisiers et des sapins assez étonnés de se voir ensemble. Les ducs de Zæhringen, seigneurs de la contrée, avaient placé leur château sur ces hauteurs; il n'en reste plus que des ruines cachées sous le lierre. A la place, on a construit une sorte de kiosque ou de belvédère, lourdement assis sur une terrasse en maçonnerie; c'est le rendez-vous des soldats et des bourgeois. Au centre du pavillon est une table de métal, dont la surface circulaire indique, par des lignes tracées, la direction des principales villes de l'Europe. Ce joujou m'a semblé très-apprécié de la garnison. Il était, quand je le vis, entouré d'un cercle de soldats qui s'enquéraient avec une curiosité enfantine de Rome et de Paris. Ces deux noms faisaient oublier les autres.

Du Schlossberg, la vue s'étend sur la plaine du Brisgau et sur le cercle onduleux des montagnes noires. Au pied, est groupée la ville de Fribourg, dont on compterait sans peine les maisons et les rues. Le Munster s'élève du sein de cette masse confuse, avec une forêt de piliers, de contre-forts, de pieds-butants, d'arcades, de clochetons et de tourelles : mais sa flèche attire le regard et l'enchante. C'est de là qu'on juge pleinement sa hardiesse, sa légèreté, l'élégance de sa construction, la justesse de ses parties, toutes dans un accord et dans une proportion parfaite. C'est de là qu'on voit l'air circuler librement à travers les vastes ogives de sa base, et, sur chaque pan de sa tour octogone, des étoiles, des roses, mille fleurs percées à jour se détacher en lumière sur l'azur éblouissant du ciel.

Je redescendis à Fribourg avec un groupe d'étudiants endimanchés qui s'en retournaient en chantant vers la ville ; leur costume n'avait de particulier qu'une toque de velours brodé d'argent ou d'or, et un ruban de soie en sautoir, dont la couleur varie selon la nationalité de l'étudiant : les uns sont bleus, les autres rouges, les autres tricolores ; ceux-ci semés de fleurs, ceux-là de croix blanches, selon que l'étudiant est de Suisse, ou de Souabe, ou du duché de Bade. Je comparais ces jeunes élégants, si pimpants dans leur frac noir, portant, comme des pages, leur joli bonnet sur l'oreille, aux écoliers de la même ville, tels que les dépeignait il y a longtemps le premier recteur de l'université de Fribourg :

« Ils sont malpropres, ne se mouchent pas, tachent les livres sur lesquels ils étudient, ont les mains pleines de pailles sales et marquent avec ces pailles les endroits qui leur plaisent. Ajoutez à cela ceux qui vendent leurs livres, ou les mettent en gage chez les Juifs, chez les hôteliers, chez les usuriers [1]. »

[1] Hummel, cité par Saint-Marc Girardin.

L'écolier de la rue du Fouare à Paris n'est pas beaucoup mieux traité des contemporains. « Ses cheveux, dit Jean d'Antville, sont en désordre : jamais il ne se peigne. Ses habits sont en lambeaux frangés par le temps. » De plus, sa misère est grande. Son repas se compose de pois chiches ou d'oignons cuits dans l'eau. Il en fut ainsi pendant plusieurs siècles.

Les étudiants de Fribourg me conduiraient assez naturellement à parler des universités allemandes. C'est un sujet curieux et instructif. Je me propose de le traiter en détail quand je décrirai l'Allemagne du Nord. C'est là sa vraie place. Les universités de Heidelberg et de Berlin sont les centres intellectuels de l'Allemagne. C'est là qu'il faut aller juger le système d'enseignement de ce pays.

CHAPITRE III

LA FORÊT NOIRE ET LES SOURCES DU DANUBE

Route de Fribourg à Donaueschingen. — Mœurs et paysages de la forêt Noire. — Le Val-d'Enfer. — La danse du coq. — Les mariages. — Le Romancier de la forêt Noire. — Donaueschingen. — Le parc de Furstenberg. — La source du Danube. — Cours et destinées du Danube.

Le lendemain, vers midi, j'arrêtai au passage le stellwagen de la forêt Noire. On appelle ainsi une grande berline jaune, moitié diligence, moitié omnibus, attelée de quatre chevaux de bonne apparence, desquels le poil luisant et la panse rebondie me faisaient involontairement songer à la maigre échine de nos chevaux de poste. L'attelage est mené par un postillon badois équipé, comme tous ses confrères, d'un chapeau ciré galonné d'argent, d'une trompe de chasse, et principalement d'une veste de drap jaune dont la nuance éclatante ferait chez nous les délices du carnaval.

Nous sortons de Fribourg par une vieille porte

féodale, débris de ses anciens remparts. La munificence des échevins l'a décorée d'une grande fresque qu'on dirait peinte par un réaliste de l'école de Courbet. On y voit un véhicule semblable au nôtre, avec un postillon de même couleur, modérant le galop de quatre rapides coursiers. Que n'en puis-je dire autant des nôtres! Mais la lenteur de leur allure m'explique leur embonpoint. Ils marchent en bêtes dont les santés sont précieuses. Le cocher les regarde faire; de temps en temps il secoue mollement les rênes et prononce un *lebenhaft!* (vivement!) d'un ton qui en détruit l'effet. Son fouet n'existe que pour l'ornement. C'est un attribut aussi inoffensif dans ses mains que les foudres mythologiques dans les mains d'une allégorie. Il faut s'accommoder de cette façon d'aller; en Allemagne on n'en connaît pas d'autre. Le Français qui passe le Rhin fera bien de laisser sur l'autre rive ses habitudes d'impatience et de vivacité.

Qu'importe après tout? Le ciel est beau, l'air tiède, le paysage intéressant. Nous avons quitté la plaine de Fribourg pour nous engager dans les montagnes. La route suit une large vallée très-agréable à voir. Partout des blés mûrs, ou des prairies tardives et nouvellement fauchées. Les cerisiers et les noyers donnent de l'ombre. Les premiers n'ont plus de fruits, les autres n'en ont pas encore. Quelques sapins annoncent la montagne. Un ruisseau qui nous suit prend des airs de torrent, et ses légères cascades abreuvent les troupeaux rassemblés sur ses bords.

Ce site porte dans la contrée le nom de *Paradis*. Un Anglais, notre compagnon de route, s'en indignait. Il avait, sur la foi du titre, rêvé tout autre chose. Décidé à s'extasier, il ne trouvait qu'à jouir. « Beau paradis ! » répétait-il en grommelant. Et pourquoi non ? Ces lieux ont la fraîcheur, l'harmonie, la grâce. Ils respirent une sérénité délicieuse. Tout y présente une image d'abondance et de prospérité. Que faut-il plus ? Une pervenche humide arrachait des larmes à Rousseau. Bernardin de Saint-Pierre, dans une tige de fraisier, admirait un monde. La nature ne se révèle qu'aux âmes tendres, et qui savent la goûter avec simplicité. Aux cerveaux exaltés il faut des machines d'opéra et des feux de Bengale.

Ce paradis a pour issue une gorge étroite. La route s'y enfonce brusquement, et au même instant tout est changé : plus de moissons, plus de vergers, rien que des sapins sur des rocs d'où pendent leurs racines dénudées. On avait le ciel sur la tête, et autour de soi le velours des prairies. On n'a plus qu'une grande ombre projetée par les escarpements de la montagne. Une roche haute, isolée, taillée à pic, pointue comme un cône, se dresse sur le passage. La route en échancre la base. C'est le *Saut-du-Cerf*. Il a sa légende; vieille légende et qui court le monde. On la retrouve dans les Pyrénées, dans les Alpes, partout où se répètent les mêmes jeux de la nature. Un cerf poussé par la meute s'élance du haut du rocher. Un chasseur emporté par son cheval suit la même route; miraculeusement préservé, il fonde aux lieux de sa chute une chapelle ou un monastère. Tel est le fonds commun; c'est là-dessus que l'imagination des peuples travaille, donnant au récit sa couleur plus riante ou plus sombre.

La gorge tout entière s'appelle le *Val-d'Enfer*.

En 1700, Villars, poursuivi par les Impériaux, n'osa s'y engager. « Je ne suis pas, dit-il, assez diable pour cela. » Il suffirait, en effet, d'une poignée d'hommes, maîtres des hauteurs, pour y écraser une armée; les meilleurs régiments périraient sous les balles et les quartiers de roc lancés par des mains invisibles. Ce que n'avait point osé Villars, plus diable que lui, Moreau l'exécuta. La belle retraite qui a rendu son nom célèbre s'opéra par le Val-d'Enfer. Les vieillards en ont conservé le souvenir. L'approche de nos colonnes répandit une grande alarme dans la montagne. Les armées de la république n'étaient pas en bonne odeur auprès des peuples ni des rois.

« On creusa, on bêcha dans toutes les caves;

LE DANUBE ALLEMAND ET L'ALLEMAGNE DU SUD.

LE VAL-D'ENFER DANS LA FORÊT NOIRE.

on y enfouit tout ce qu'on avait d'argent et d'objets précieux. Les jeunes filles y portèrent leurs colliers de grenat avec leurs amulettes et leurs anneaux d'argent; plus de parures, on aurait dit un deuil général. Troupeaux de bœufs et de moutons furent conduits à la vallée d'Egel, dans un défilé impraticable. A chaque fois qu'on parlait de l'approche de l'ennemi, garçons et jeunes filles se regardaient avec tristesse ; parmi les premiers on en voyait beaucoup qui saisissaient alors la poignée du couteau que portent toujours dans la poche de leur culotte les paysans de la forêt Noire.

« Les Juifs étaient les plus malheureux de tous. On a beau dépouiller le paysan, on ne peut après tout lui enlever son champ et sa charrue; mais les Juifs avaient toute leur fortune en biens meubles, en argent, en marchandises; ils tremblaient donc d'une double et triple frayeur. Le rabbin juif, qui n'était pas un sot, s'avisa d'un expédient fort adroit. Il fit placer devant sa maison un grand tonneau de vin rouge, et sur une table des bouteilles pleines pour régaler les hôtes qu'on attendait sans les avoir invités. La ruse réussit; les Français d'ailleurs avaient hâte d'avancer.

« Ils arrivèrent enfin, et tout se passa mieux qu'on ne l'avait espéré. Tous les gens du village étaient debout, et se tenaient groupés les uns près des autres sur leur passage. La cavalerie se présenta d'abord. Tous chevauchaient pêle-mêle, sans ordre, à la débandade. Chacun n'avait guère souci que de lui-même, et cependant on reconnaissait qu'ils marchaient ensemble. Après la cavalerie, l'infanterie ; puis vinrent les voitures de fourrage et les chariots de blessés : spectacle lamentable ! Personne en ce moment ne se demanda si c'étaient là des amis ou des ennemis. C'étaient des hommes malheureux et souffrants, il était du devoir de chacun de leur venir en aide [1]. »

Le Val-d'Enfer est un accident dans la forêt Noire. Rien de plus gracieux que ces montagnes; partout des pentes de gazon, partout des pelouses dont le vert tapis se déroule de vallées en vallées et ondule sur les pentes inférieures de la montagne. En bas, des ruisseaux sinueux cheminent au soleil et font tourner d'honnêtes moulins occupés à moudre le blé de la contrée. D'où vient donc le nom de forêt Noire? Des forêts de sapins qui couronnent les hauteurs. De loin leurs masses sombres paraissent impénétrables; mais à chaque pas elles s'éclaircissent et s'égaient. Tel est pourtant le pouvoir d'un nom! Des voyageurs s'y sont laissés prendre. Ils ont vu la nature à travers le crêpe noir de leurs préventions. Comment recon-

---

[1] Berthold Auerbach, *Scènes de village de la forêt Noire*.

naître les lieux que j'ai décrits dans le tableau qu'on va lire?

« Vus de haut, les lacs ont l'air d'être noirs; on dirait une onde infernale. Une multitude de pins sont rongés par une sorte de lichen ou de mousse blanchâtre qui pend sur leurs rameaux. Ordinairement elle couvre l'arbre de la tête aux pieds, ainsi que le voile des parricides. Le moindre souffle agite ces longs fils, et il vous semble alors contempler un trophée barbare de chevelures humaines. Çà et là aussi on aperçoit au milieu des herbes de larges champignons rouges qu'on prendrait pour des taches sanglantes[1]. »

Qui se trompe ici? qui a tort de ma pastorale ou de ce sinistre drame? En est-il d'un paysage comme d'un nuage dont les formes confuses obéissent aux yeux? Sommes-nous les dupes de ce fantôme paré des seules couleurs de notre imagination et que nous appelons la nature? Je ne sais, mais vision pour vision, j'aime mieux la mienne. Je ne lui dois que d'agréables impressions. Le sentiment de la solitude n'a rien de pénible au sein de ces populations rustiques, sur cette terre vraiment allemande.

L'Allemagne! elle n'est plus sur les bords du

---

[1] Alfred Michiels, *Études sur l'Allemagne.*

Rhin, bien moins encore à Bade. Là trop d'étrangers lui enlèvent son caractère original, ses vieilles mœurs, sa rudesse mêlée de bonhomie. Il faut l'aller chercher dans ce coin perdu des montagnes, sur une route peu fréquentée des touristes. Nous avons déposé notre unique Anglais à l'issue du Val-d'Enfer. Je suis seul étranger dans la voiture. C'est moi que le postillon consulte, c'est moi que les marmots de village examinent avec curiosité. De tous côtés à mes oreilles résonne le guttural *ia mein Herr,* et je n'appartiens plus que par le souvenir au pays où, comme dit Dante,

. . . . . . il dolce sì suona.

Les habitants de ces montagnes paraissent heureux, tranquilles, modérés dans le travail comme dans le plaisir. Le contentement de soi et d'autrui luit sur leurs honnêtes figures. Leur gaieté est aimable et communicative. Elle n'est pas bruyante comme en Prusse, où il y a du soldat jusque sous la veste du paysan; ni pesante comme dans les villes de Bavière et d'Autriche, où l'esprit s'engourdit dans l'atmosphère épaisse des brasseries. Ici l'on vit en plein air, et même entre les murs enfumés des auberges circule un peu de l'air pur de la montagne.

Le dimanche, après l'office, on se réunit autour

des pipes et des pots, le long des tables, sous les cerisiers dont la liqueur emplit les verres. Ou bien l'on se rend dans des granges décorées de feuillages, et filles et garçons, promis et promises, dansent au son d'une flûte ou d'un violon dont la justesse et l'harmonie font sentir qu'on est sur la terre sacrée de la musique. C'est là que doivent aller les amateurs du costume et de la couleur locale. Les paysans font bonne figure sous leurs grands chapeaux noirs, mais le reste de leur costume est sombre. J'aime mieux la veste écarlate, la chemise brodée et les guêtres brunes de nos montagnards de la vallée d'Ossau, dans les Pyrénées. Les femmes ont une jupe d'étoffe bariolée, le corsage est de velours. Elles sont coiffées d'un large ruban de soie tout pailleté d'argent ou d'or. C'est leur coquetterie. Je ne sais comment serait reçue dans ces montagnes une loi somptuaire. Le type a de la beauté. On rencontre — chose unique en Allemagne — autant de brunes que de blondes.

Chez les hommes, surtout dans l'enfance, le blond domine. Sur vingt marmots vous verrez dix têtes rousses, le reste jaunes : c'est comme une moisson mûre. Les jeunes filles ont d'opulentes chevelures. Elles les divisent en deux tresses, qu'elles entrelacent de rubans et de perles et laissent pendre sur leurs épaules. Elles s'en vont ainsi se brunir au soleil comme les Italiennes. Cette coiffure est aussi celle des matrones et des vieilles : je leur en demande pardon, mais l'effet est différent.

Dans quelques vallées, elles portent un odieux chapeau de cuir, haut et cylindrique comme les nôtres. Ajoutez qu'il est d'un beau jaune. C'est la couleur nationale, dans le duché de Bade. On dirait une mascarade coiffée d'étuis à chapeaux. L'occupation des femmes est de conduire les troupeaux à la pâture. Tout en cheminant derrière leurs vaches, elles tressent avec de la paille des chapeaux légers et gracieux qu'on porte beaucoup en Allemagne. Quelques-unes vont dans les bourgs apprendre à fabriquer des horloges de bois et des jouets d'enfants. C'est la principale industrie dans la montagne.

Revenons aux danses. Il en est une assez curieuse, et particulière au pays. C'est la *danse du coq*.

Un poteau est planté au milieu d'une grange ou d'un champ; un coq y est attaché. Au sommet, sur une planchette horizontale, est un verre rempli d'eau. On s'assemble, on valse autour du prisonnier, puis un couple se détache et s'approche du poteau. La danseuse met un genou en terre; sur l'autre elle étend ses deux mains croisées, en offrant la paume ouverte. Le danseur monte sur ce marchepied, en équilibre sur une seule jambe. Il s'agit de vider le verre sans tomber, sans s'appuyer, sans répandre une seule goutte. Sinon la danseuse reçoit la rosée, et quelle honte pour le maladroit, quelles huées des spectateurs, quelle confusion de la jeune fille qui voit ses beaux ajustements gâtés! Parfois après mille efforts le danseur a trouvé son aplomb, il lève le bras, touche au verre, il va boire, nul ne respire : tout à coup le coq se met à chanter, l'homme tombe, et l'on rit de sa disgrâce. Le triomphe des habiles est de saisir le verre, de sauter à terre, et de l'offrir à sa compagne de jeu, qui y trempe les lèvres. Le coq et un bouquet de fleurs appartiennent au vainqueur.

Le mariage est accompagné de cérémonies qui forment une sorte de drame rustique avec prologue, épisode et dénoûment.

Le dimanche avant la noce, le fiancé accompagné d'un ami, chacun un ruban rouge au bras et un nœud de ruban au chapeau, s'en va dans le village et, de maison en maison, partout dans les mêmes termes, le fiancé répète son invitation.

« Vous êtes prié à la noce, tel jour, dans telle auberge. Venez-y sans faute, à l'occasion nous vous rendrons la pareille. N'oubliez pas de venir. »

Là-dessus, dans chaque maison, la ménagère ouvre le buffet, en tire du pain et un couteau, et présente le tout en disant : « Coupez du pain. » Le fiancé coupe une tranche de pain et l'emporte. La même invitation est transmise par écrit aux villages voisins. La parenté est nombreuse dans ces montagnes, et toute la vallée, à vrai dire, ne renferme qu'une vaste famille. Aussi, comme les frais de la noce ruineraient les époux, il est d'usage que chaque invité paie son écot. Quelques hôtes seulement à qui l'on veut faire honneur sont *engagés*. L'*engagement* consiste à être pris au collet et mené comme de force au banquet.

Les fiancés se rendent séparément à l'église. Les deux cortéges se rencontrent à une dizaine de pas de l'entrée. Là ils s'arrêtent et s'observent quelque temps. Aucun n'est censé vouloir faire le premier pas, ni montrer d'impatience à conclure l'hymen. A la fin un homme du cortége, d'ordinaire un ancien, la meilleure tête, le Nestor du village, s'avance et dépose son bâton sur le milieu de la route. — On me racontait qu'un jour un vieux soldat invalide se présenta appuyé sur un jeune gars, et au lieu de bâton déposa sa jambe de bois. — C'est le signal : au même instant les deux familles se rejoignent, le fiancé donne le bras à sa fiancée, et le cortége entre dans l'église.

Le repas de noce est entremêlé de danses autour des tables. Avant de goûter à rien, les mariés s'en vont bras dessus bras dessous, tenant l'un une bouteille, et l'autre un verre. Ils font le tour de la salle et versent à boire à tout le monde. Au dessert, la mariée offre à chaque convive un bouquet de fleurs rustiques. Elle reçoit en échange une pièce d'argent: pauvre, c'est sa dot; riche, elle en fait don à l'ouvrière qui fit sa robe de noces. La fête se termine, comme elle a commencé, par des sérénades, des danses et des chansons [1].

Le montagnard de la forêt Noire n'est pas chasseur comme celui du Tyrol. Il n'a ni glaciers ni précipices où l'entraîne la poursuite du chamois. Il risque autrement sa vie. Tous les ans au printemps, il fait le flottage des bois.

Quand le sapin a été abattu, on le laisse rouler de pente en pente jusque dans la vallée. Il y rencontre un torrent qui doit le conduire dans la plaine. De nombreux troncs dépouillés de branches flottent autour des barrages qui les retiennent. On les attache en radeaux. Ils forment une longue ligne mince et sinueuse. Les conducteurs sont debout, appuyés sur une grossière machine qui sert de gouvernail. Le jour venu, quand la fonte des neiges a gonflé les eaux, toutes les écluses sont ouvertes. Le torrent se précipite, s'accroît, soulève le train flottant, l'emporte comme une paille, le heurte aux rives, le déchire, le submerge, et le ramène à la surface avec son intrépide conducteur, que ne

---

[1] Berthold Auerbach, *Scènes de village de la forêt Noire.* — Lallemant, *Paysans badois.*

troublent pas ces cascades d'écume et cette tempête. Dès l'enfance, l'habitude les aguerrit au danger; ils y goûtent une joie sauvage, et la témoignent par des chants bizarres. Des enfants échappés à leurs mères, cachés dans le creux de la rive, attendent le train qui passe, s'y élancent, s'y cramponnent, et suivent hardiment leur père dans le périlleux voyage.

La plupart sont bûcherons. Ils habitent de grands logis grossièrement construits et bien éloignés de l'élégance des chalets suisses. La montagne en fournit tous les matériaux. Le bûcheron avec sa cognée en est l'artisan. Un sapin est abattu, le tronc à peine équarri sert de maîtresse poutre; les branches forment les poutrelles, les cloisons, les volets, la porte. Des éclats du bois on fait encore de minces planchettes qui servent, en guise de tuiles, à couvrir le toit. Un coin de terre semé de blé porte le pain de la famille. A l'entour il y a place pour des légumes et quelques arbres fruitiers. Le cerisier pousse partout dans ces montagnes ; quelques vallées chauffées du soleil ont des vignes qui donnent un vin clairet. Le houblon fait le reste. On vit donc à l'aise dans ces contrées. Le soir, à la nuit tombante, on voit le montagnard, avec son grand chapeau noir, sa cognée sur l'épaule, son bâton à la main, retourner tranquillement au logis. Une ménagère accorte, des enfants roux et barbouillés, un bon repas, l'attendent. La soupe, le lard et les choux, mets domestiques, fument sur la table. Le père, de son couteau de poche long comme une dague, coupe des tranches d'un pain brun auquel, selon l'usage allemand, un mélange d'herbes aromatiques donne une âpre saveur.

La bière mousse dans les tasses; au dessert la gourde pleine de kirsch fait rire et babiller toute la famille. On dit la prière en commun, et chacun s'en va coucher content. Que leur manque-t-il?

Je le demandais (car il y a des lieux communs qui vous obsèdent) à un jeune docteur de l'université de Fribourg qui se rendait, comme moi, à Donaueschingen; mais, au lieu de me répondre:
« Ah! Monsieur, me dit-il, vous êtes heureux. Votre nation compte dans le monde. Un mot de vos journaux trouble ou rassure l'Europe. Vous avez les soldats les plus braves et les meilleurs généraux. Rien ne se fait sans vous, et vous faites beaucoup de choses sans l'Europe et malgré l'Europe. Un homme célèbre chez vous est célèbre dans le monde. Heureux qui naît au sein d'un grand peuple, dans une patrie puissante. Cela seul donne à l'homme tout son prix. »

Il parla longtemps ainsi. Avait-il raison? Je ne sais : mais pouvais-je m'empêcher de le croire?

« — Vous changeriez donc volontiers de patrie?

— Non. La nationalité ne se dépouille pas comme un vêtement. J'envie le Français et l'Anglais; mais mon cœur reste allemand. Je suis comme l'enfant du pauvre : il porte impatiemment son sort, mais il chérit sa mère. D'ailleurs qui sait le secret de l'avenir? L'Allemagne unie serait la première patrie du monde. Et pour l'unir, que faut-il? Un grand homme. Il trouverait la matière prête et les peuples dociles. Dieu nous le donnera-t-il? »

Ces pensées agitent plus d'un cœur en Allemagne, surtout au sein des villes; mais bien du temps se passera avant qu'elles germent dans les campagnes.

Rien de pareil n'occupe, j'en réponds, l'esprit des paysans qui peuplent ces vallées. Que leur fait la carte du monde? La sérénité de leur cœur, la paix de leur existence se peint sur leurs visages. L'un d'eux est resté dans ma mémoire comme le type parfait, non sans grandeur, de ces honnêtes natures.

C'était un grand vieillard; il avait le front chauve, les traits accentués, la barbe blanche, la peau brûlée par le hâle. Je songeais, en le voyant, à ces têtes d'apôtres dessinées par les maîtres italiens. Les bras croisés, les jambes étendues, les yeux à moitié clos et la bouche souriante, du seuil de sa porte il nous regardait passer. Il fumait une longue pipe, dont il tirait de grandes bouffées.

Ce sage — une telle barbe ne peut croître qu'au menton d'un sage — avait un air de contentement intérieur, de satisfaction physique et morale qui faisait envie.

« Je suis *content* de moi comme de l'univers », voilà ce qu'il semblait dire. Interrogé sur ce qu'il faisait, il eût répondu comme ce paysan de Westphalie : « Je me régale de mes pensées. » Mot charmant, et d'un homme dont les soucis sont aussi légers que la fumée de sa pipe.

Sa pipe! il faut la voir. Ce n'est pas ce je ne sais quoi de court, de noir et de grossier qui pend à la bouche de nos ouvriers et de nos soldats. La bonne pipe allemande, avec son grand fourneau de porcelaine peinte, est, — j'en suis le témoin impartial — une chose propre, luisante, respectable. Elle a sa poésie et son histoire. C'est elle dont un conteur allemand a présenté l'idéal en ces termes:

« Jean-Georges avait la plus belle pipe de tout le village. C'était une tête d'Ulm veinée dont les brunes marbrures offraient les plus bizarres figures. L'imagination pouvait s'y donner carrière. Le couvercle d'argent avait la forme d'un casque si blanc et si poli, qu'on pouvait s'y mirer. Les côtés inférieurs étaient garnis d'argent. Une double chaînette d'argent servait, en guise de cordon, à rattacher un tuyau assez court au long bout courbé et flexible qu'on tenait à la bouche. »

M. Berthold Auerbach, l'auteur de ce morceau, est le peintre le plus fidèle de la forêt Noire. Il en a reproduit la nature et les mœurs avec un charme séduisant. Ses récits, simples et naturels, ont le mérite d'enfermer presque toujours sous une forme heureuse d'excellentes leçons morales. Il instruit sans efforts, et il plaît sans prétentions. Son style a la bonhomie de ses héros. Il a une sobriété et avec cela une touche fine et légère que n'ont pas beaucoup de plumes allemandes. Un vif sentiment de la nature donne à quelques-uns de ses contes la beauté poétique de l'idylle. C'est, avec moins de puissance, le même talent qui éclate dans l'auteur de *la Mare au Diable* et du *Champi*. Mais ce que M. Auerbach a de plus exquis, ce qui vient non de son art, mais de son cœur, c'est le sentiment; le sentiment, non la passion. Ses scènes attendrissent et ne troublent pas. Grand mérite, à mon sens, chez qui se propose surtout un but moral. Quoique médiocre inventeur, il a pu, grâce à ce don, créer deux ou trois types qu'on n'oublie pas.

Tel est ce pauvre lourdaud qu'on appelle en allemand *Tolpatsch,* et le maître d'école de Lauterbach, et Jean-Georges et Catherine, et d'autres qui font le charme de son livre. M. Auerbach n'est pas inconnu en France. Il y a longtemps qu'un excellent juge des choses du goût, M. Saint-René Taillandier, l'a signalé avec l'autorité qui lui appartient et la sympathie chaleureuse qui lui est naturelle. Un traducteur anonyme a donné en français cinq ou six nouvelles [1]. Ce n'est pas assez. La meilleure partie de la tâche reste à faire. Souhaitons qu'une telle œuvre tente un ami des lettres allemandes. Je voudrais, s'il m'est permis d'exprimer un vœu, que le futur interprète eût d'abord visité la forêt Noire. La connaissance des lieux donnerait à son travail une vivacité singulière. Plus d'une fois, en traduisant, il lui arriverait de se demander s'il écrit ses souvenirs ou les souvenirs de l'auteur.

Le versant oriental des montagnes de la forêt Noire n'est pas aussi pittoresque que l'autre. La charrue a fait de nombreuses conquêtes sur le désert; elle a renversé sa couronne d'arbres séculaires. Les villages et les populations ont toujours le même air d'aisance et de contentement. De Fribourg jusqu'à Donaueschingen je n'ai vu qu'un seul mendiant. C'était un pauvre diable estropié qui se traînait sur deux béquilles en marmottant sa complainte. Le postillon, usant de bonhomie allemande, ralentit ses chevaux, et permit au malheureux de ramasser quelques kreutzers.

Il y a sous la veste jaune de ce postillon un bon diable et un gai compère. Je monte à pied avec lui

---

[1] Librairie Hachette, *Bibliothèque des Chemins de fer*.

les échelles de la montagne, et quand mon oreille s'est façonnée à son langage, j'apprends de sa bouche d'utiles renseignements. Il me paraît jouer dans la montagne une manière de personnage. A chaque relais, les buveurs attablés dans l'auberge se le disputent; de sa part, il les connaît tous, les provoque ou leur tient tête : Eh! Johann! Eh! Peter! Eh! Wilhelm! — On lui répond : les mains s'étreignent, les vidrecomes s'entre-choquent, le pot de bière circule à la ronde; vingt fois il retourne vide et revient vingt fois couronné de mousse jusqu'aux bords.

Mon voyage s'achève au milieu de ces scènes dignes du pinceau de Téniers. Le soleil va quitter l'horizon, et nous descendons rapidement vers la plaine. Avant de l'atteindre, la montagne nous offrit un spectacle inattendu. Par-dessus les derniers mamelons de la forêt Noire, bien loin vers le sud; éblouissante de blancheur, sublime de hauteur et de majesté, apparut la chaîne des glaciers alpestres.

> Vois ces vierges là-bas, plus blanches que les cygnes,
> Assises dans l'azur, sur les gradins des cieux!

Leurs bases plongeaient dans l'ombre, leurs cimes étincelaient; leurs neiges se teintaient de rose aux feux du couchant; la lumière avec mille caprices se brisait contre leurs flancs. C'était une vision de la Suisse, radieuse et fugitive. Elle disparut au premier mouvement du sol, derrière un rideau de sapins. La nuit vint claire, sereine, étoilée; elle nous enveloppait depuis longtemps, que je murmurais encore :

Vois ces vierges là-bas, plus blanches que les cygnes [1] !

Tels furent nos adieux à la forêt Noire; terre vraiment allemande, où l'on s'arrêterait de bon cœur, si le démon des voyages ne vous criait à l'oreille : Marche! marche! *Go ahead,* en avant ! La devise américaine est pour longtemps la mienne.

La petite ville de Donaueschingen est située dans une grande plaine nue, plate et privée d'horizon. Ses deux mille habitants sont répartis dans trois à quatre cents maisons de bonne apparence. Quelques-unes sont en belle pierre et composées de trois étages. Bon nombre sont munies de paratonnerres. En France le paratonnerre ne couvre guère que des temples et des palais. En Allemagne, il est d'un usage vulgaire et domestique. J'en ai vu sur des murs de briques et des toits lézardés. A Donaueschingen, on vit en communauté avec la foudre. Le fil conducteur passe le long de la façade à deux doigts des fenêtres, à deux lignes

---

[1] De Laprade, *Symphonie alpestre.*

de la sonnette. En temps d'orage, sonnez à certaines portes, c'est le tonnerre qui vous répond.

Avec tout cela Donaüeschingen a l'air d'un village, tant ses maisons sont confusément groupées, ses rues étroites, ses habitants taciturnes. On dirait un lieu désert; ni voitures, ni chevaux, ni passants : pas un cri, pas une voix d'homme ou de bête. Je crois que l'horloge de l'église est muette et se contente, sans les nommer, d'écrire silencieusement les heures. Je loge sur la grande place, et le seul bruit que j'entends est celui d'un jet d'eau qui danse dans une coupe de marbre sous les arbres d'un parc.

Ce parc est celui des princes de Fürstenberg. Le château a soixante-six fenêtres de façade; c'est le mieux qu'on en peut dire. Au reste, c'est une grande bâtisse où triomphe la tuile et le moellon, sans compter le badigeon. On y entre par un péristyle grec, très-étonné de s'y voir. A qui la faute? A quelque ancêtre épris du Parthénon.

Mais, fût-il de marbre, fût-il un chef-d'œuvre, le château de Fürstenberg n'est pas ce qu'on vient voir à Donaueschingen. A quelques pas de là, sous les arbres du parc, jaillit de terre une source qui remplit le lit du plus vaste fleuve, fournit une carrière de sept cents lieues, et traverse, sous le nom de Danube, le monde et l'histoire du monde. Je sais bien que cette source n'est pas la seule, comme le voudraient les habitants de la contrée. Je n'ai pas la naïveté de ce visiteur qui, bouchant avec sa main l'orifice du bassin, s'écriait : « Comme ces bons Viennois seront étonnés quand le Danube va leur manquer ! » Je sais que deux ruisseaux, la Brigach et la Brège, descendus des hauteurs du Kesselberg dans la forêt Noire, arrivent déjà grands à Donaueschingen, s'y mêlent, et prennent dès lors le nom de Danube ; j'ai lu que des géographes s'en prévalent pour traiter d'imposteur le filet d'eau du parc de Fürstenberg. Mais j'oppose à ces envieux l'autorité de Malte-Brun, Malte-Brun, le d'Hozier des fleuves, l'archiviste de la nature [1]. Ce géographe ne conteste pas à la Brigach et à la Brège leur droit d'aînesse ; mais il reconnaît l'existence d'une troisième source qui, du parc de Donaueschingen, où elle prend naissance, va grossir les deux autres et leur porte le nom de Danube, qu'elles n'avaient pas avant elle. Pourquoi me montrer plus incrédule? pourquoi m'ôter le plaisir de voir le roi des fleuves de notre vieille Europe dormir dans son berceau, s'éveiller et, tout petit enfant, courir par-dessus les gazons et les fleurs?

J'allai donc visiter la source. C'est pour elle, à parler franc, que j'avais traversé la forêt Noire.

---

[1] Voyez la *Géographie* de Malte-Brun, livre XII, p. 332 de l'édition revue par M. Théophile Lavallée ; 1860.

Je m'en faisais d'avance la plus chimérique idée. Il semblait en vérité que j'allais voir sortir de sa conque la déesse qui, chez les Grecs, préside à la naissance des fleuves. Je me rappelais involontairement cette ravissante image où, sous les traits d'une enfant, un peintre moderne a figuré la source dans le creux d'un rocher [1]. Je ris encore de ma grimace quand le jardinier du prince me conduisit vers un bassin circulaire, environné d'une balustrade faite à point pour qui voudrait, comme ce marquis de Molière, « cracher dans l'eau en faisant des ronds ». — « Quoi! c'est la source? — Elle-même, » répondit mon guide.

Et que voulais-je de plus? Une eau pure dormait dans une grande coupe verdie par la mousse. Le soleil la traversait comme un cristal; on aurait compté les cailloux et les herbes de son lit peu profond. Un léger frémissement moirait la surface, et de grandes ondes lentement épanouies trahissaient l'eau qui filtre goutte à goutte. Du bassin s'échappe un ruisseau qui court à travers le parc : c'est le Danube. « Ta source aussi sera fameuse, » disait Horace à sa fontaine de Blanduse. Ainsi je songeais aux destinées du fleuve, et je lui prédisais sa grandeur.

Ouvrez la carte, et suivez son cours. Dans la

---

[1] *La Source*, tableau de M. Ingres, exposé en 1861 au boulevard des Italiens.

DONAUESCHINGEN.

LE DANUBE ALLEMAND ET L'ALLEMAGNE DU SUD.

courbe de sept cents lieues qu'il décrit de la forêt Noire à la mer, il reçoit trente-six mille cours d'eau, plus de cent fleuves, arrose ou côtoie deux royaumes et trois empires ; par ses affluents, comme avec de longs bras, attire à lui le commerce de vingt contrées : Tyrol, Bohême, Moravie, Hongrie orientale, Transylvanie, Servie, Carinthie, Illyrie même, que la Drave et la Save disputent à la mer Adriatique ; touche au Rhin par un canal, à la Baltique par des lignes de fer ; porte, abreuve, civilise vingt peuples de mœurs, d'origine, de religions différentes, et trace entre l'Europe et l'Asie une des plus grandes voies qui aient jamais été ouvertes à la civilisation.

Car les fleuves ne sont pas faits seulement pour arroser la terre et porter les navires ; ils portent aussi les idées. Transmettre à l'Orient dégénéré les lumières de l'Occident, voilà la destination providentielle du Danube. C'est la pensée ingénieusement rendue dans un groupe de marbre blanc qu'on voit à Fürstenberg, dans un site délicieux du parc. Le Danube est représenté sous les traits d'une femme, — *Donau,* en allemand, est du féminin ; — son regard interroge l'Orient. Les deux sources jumelles, la Brigach et la Brège, versent leurs urnes à ses pieds.

La navigation à vapeur favorise merveilleusement cette œuvre. Près de cent paquebots sillonnent aujourd'hui le Danube. Ce nombre s'accroîtra quand le fleuve sera débarrassé des obstacles qui obstruent la partie inférieure de son lit. C'est l'objet des travaux d'une commission européenne réunie en ce moment à Soulina. Si les diplomates et les savants qui la composent parviennent à s'entendre, ce siècle verra s'achever une des œuvres les plus mémorables de son histoire.

Car jusqu'à nos jours le Danube, il faut l'avouer, fut singulièrement détourné du rôle pacifique que la nature lui assigne. Son histoire se confond avec l'histoire militaire de l'Europe. Trajan, Attila, Charlemagne, Mathias Corvin, Charles-Quint, Gustave-Adolphe, Soliman, Sobieski, viennent tour à tour sur ses rives ajouter un trophée aux sanglants trophées qui les décorent, et le dernier venu, dirai-je le plus grand? de ces soldats, de ces conquérants, de ces empereurs, Napoléon y livre des batailles où la fortune des monarchies restait abîmée sous les morts.

Est-ce assez de dix-huit siècles de guerres sans pitié, et l'ère en est-elle close? C'est le secret de l'avenir. Mais dans cet état profondément troublé de l'Europe, devant tant d'ambitions rivales, tant d'intérêts contraires, tant de causes de discorde entre les princes ou les peuples, on ne ramène pas sans effroi ses regards sur ces contrées malheureuses, et l'on se demande avec tristesse si le beau fleuve qui les arrose, destiné par Dieu à distribuer sur ses rives les bienfaits de la paix, n'est pas condamné par l'homme au fléau d'une anarchie perpétuelle.

Que faire à Donaueschingen quand on a visité la source? Errer dans les allées, dormir sur les pelouses, rêver sous les ombrages, près des eaux vives et des lacs où des escadres de cygnes voguent de conserve avec des flottilles de canards. Je ne fis pas autre chose durant tout le jour. Ce fut, au début d'un long voyage, une halte délicieuse. Le soir, une triste rencontre mit un crêpe sur mon idylle. Comme je regagnais mon gîte, je rencontrai près du château un groupe de femmes et d'enfants, vêtus de noir, pâles et qui marchaient sans parler dans le sentier déjà semé de feuilles. Je m'inclinai instinctivement. A quelques pas de là, j'interrogeai un jardinier. Avec la douleur d'un vieux domestique, il m'apprit la mort récente de la princesse de Fürstenberg, enlevée aux siens dans sa jeunesse, dans sa grâce et dans sa bonté. Tout le pays la pleurait. Elle laissait une famille désolée et des enfants orphelins. C'est eux que j'avais rencontrés. « Maître Paul est mort, le jardin en est tout triste, » écrivait Mme de Sévigné à sa fille. Ainsi je crus voir s'attrister ces jardins où j'avais respiré si librement, et mes adieux furent voilés de mélancolie.

LIVRE II

LA BAVIÈRE

CHAPITRE IV

LE DANUBE EN BAVIÈRE

Bassin supérieur du Danube. — Beuron. — Sigmaringen. — La Sainte-Vehme. — Une scène de Goethe. — Ulm. — La capitulation d'Ulm en 1805. — Ratisbonne. — Les prisons au moyen âge. — Napoléon à Ratisbonne. — La Walhalla ou Panthéon germanique. — Straubing, histoire d'Agnès Bernauer. — Passau.

Robert, le fils de mon hôte à Donaueschingen, était un grand garçon pâle et délicat, comme il est rare d'en voir en Allemagne. Il écorchait raisonnablement notre langue, qu'il avait apprise à Genève; il tenait les Français en grande estime, et ne leur reprochait qu'une chose : de ne point venir assez souvent à Donaueschingen. En feuilletant le registre de l'auberge, je n'en trouvai pas quatre : « C'est pourquoi je *déparle* le français, » me disait tristement Robert. Il s'était pris d'amitié pour ma personne, et d'intérêt pour mon voyage. Que de fois, pendant mon court séjour, souhaita-t-il de m'accompagner! Il se proposait pour porter mon sac et me servir de guide. Il n'y fallait pas songer. Le père de Robert n'eût pas prêté les mains à ce ménage. C'était un bourru qui s'emportait violemment, s'il ne trouvait pas son fils occupé à mesurer le vin blanc ou à polir quelque plat d'étain. J'obtins pourtant de ce terrible homme que son fils m'accompagnerait l'espace d'une journée.

Sur les conseils de Robert, je m'étais décidé à suivre tantôt à pied, tantôt en voiture, la vallée du haut Danube. Nous partîmes donc de bon matin. La carriole d'un jardinier nous transporta hors de la plaine de Donaueschingen, au bout de laquelle nous mîmes pied à terre. Le ciel était clair, et un vent frais excitait à la marche. Robert allait d'un pas allègre que j'avais peine à modérer. Il portait mon sac, comme il l'avait souhaité, et me nommait avec un soin empressé chacun des lieux que nous traversions. Il était visiblement heureux de faire les honneurs de *son Danube;* ce n'était pas un sec nomenclateur. Les Allemands ont pour la poésie descriptive un goût naturel. Dans ce frêle garçon, dans cet intrépide marcheur se cachait une imagination vive et poétique. Il sentait la nature et savait la peindre.

Il connaissait à fond la contrée; il en parlait avec cette tendresse qu'inspirent à l'Allemand les moindres sites de son pays natal. Il y avait bien à rabattre un peu de son enthousiasme; mais, en somme, je fus content de mon voyage. Nous cheminions, tantôt sur les berges escarpées et boisées du fleuve, par des sentiers à peine tracés; tantôt, pour abréger, par des routes semées de hameaux sans nom. La compagnie de Robert me valait le salut des paysans. Il les connaissait tous, pour les avoir vus chez son père les jours de marché; et, avec sa cordialité naturelle, il échangeait avec eux de rudes poignées de main. On l'interrogeait sur son compagnon :

« Eh! Robert, qui est celui-là?

— Un Français.

— Oh! »

Ce oh! était accompagné d'un claquement de la langue et des lèvres qui m'était particulièrement agréable. Nulle part, dans les lieux que j'ai visités, je n'ai vu le nom de Français accueilli avec indifférence.

Notre première halte fut à Neidingen; nous y

fîmes un maigre déjeuner, le premier des quatre repas auxquels tout chrétien a droit en Allemagne. Mais quoi! le bourg est pauvre, et tel, qu'un empereur, Charles le Gros, y mourut de misère. Je communiquai cette réflexion à Robert, qui regrettait pour moi la table paternelle.

A quelques milles de ce lieu, à Friedingen, commence véritablement la vallée du Danube et la partie pittoresque du voyage. Le fleuve se fraie un étroit passage à travers des masses de calcaire qui donnent au site un caractère de tristesse et d'austérité. Tantôt elles élèvent leurs aiguilles dénudées dont la pointe déchire le ciel; tantôt elles se couvrent de bois épais, et forment de sombres cônes de verdure dont l'ombre se prolonge pardessus le fleuve. Toutes ces cimes ont un nom. Sur un bon nombre on découvre encore des ruines debout ou penchées, quelques-unes étalées sur le sol, parmi les ronces et le lierre. On voit à travers les sapins et les hêtres des créneaux abattus, des donjons éventrés, des ponts-levis disloqués, des murailles qui pendent sur des fossés comblés par leurs propres ruines.

Le Kallenberg et le Wildenstein sont les plus célèbres de ces manoirs. Robert m'en a longuement conté l'histoire. Celle du Kallenberg n'est rien moins qu'une histoire de revenant; le sire de Kallenberg y joue un fort vilain rôle, en punition duquel il est condamné à errer pendant deux mille ans sur ces hauteurs. Le soir, à la rentrée des troupeaux, ou la nuit, pendant l'orage, sa voix se fait entendre avec des gémissements funèbres, et les villageois du voisinage se signent dévotement en priant Dieu de les préserver de la malemort.

Le Wildenstein est encore plus diabolique. Trappes, oubliettes, cachettes mystérieuses, il a tout l'appareil des châteaux de mélodrame; on a même retrouvé un souterrain dont l'entrée s'ouvrait sous une des marches de l'autel, dans la chapelle seigneuriale; du pied on poussait une pierre; la dalle, s'écartant d'elle-même, découvrait un escalier obscur; un chemin traversait la montagne, et s'en allait déboucher vers le fleuve. Un grand trou caché sous les ronces, vrai repaire de reptiles, passe pour en être l'issue.

Entre ces deux ruines s'étend la vallée de Beuron, la plus belle de celles que le haut Danube arrose. C'est une délicieuse oasis pleine de calme et de silence. Un bois de hêtres se penche sur le fleuve; il lui prête son ombre, et en reçoit la fraîcheur. Là le Danube s'endort dans l'idylle, avant de commencer sa laborieuse carrière, avant de devenir le fleuve porteur de navires et conducteur de nations; là le poëte de la Souabe, Hebel, lui disait : « Vois comme tout est beau ici, comme tout est doux, comme la brise doucement murmure et comme gazouillent les oiseaux. » Mais le Danube répond : « Oui, j'entends les oiseaux; oui, j'entends la brise, et cependant je pars ! avant tout, le voyage et l'aventure ! pour moi tout est plus beau à mesure que tout est plus loin. »

Il part, en effet, pour son long voyage ; mais il goûte encore des heures de loisir. Quelques usines dont il soulève les marteaux, quelques moulins qu'il fait tourner, voilà toute sa besogne jusqu'à Ulm. A peine voit-on passer deux ou trois radeaux, grossièrement façonnés, couverts des herbes de la rive, plus souvent chargés du grain qu'on envoie au moulin ou de la farine que le moulin renvoie. L'un d'eux passait fort à propos : nous y entrâmes, et, couchés sur les sacs, nous nous laissâmes dériver à travers les méandres du fleuve avec une sensation de paresse délicieuse.

Nous avons ainsi attrapé la fin du jour. Il fallut dire adieu à Robert. Il lui restait quelques heures de marche pour atteindre un bourg où son père l'envoyait conclure une affaire. Nous nous séparâmes avec un échange de regrets et d'amitiés. Ce brave garçon m'a laissé un bon souvenir. J'ai trouvé des compagnons plus relevés, aucun dont l'effusion m'ait plus gagné le cœur.

Je pris mon gîte dans une pauvre auberge

où la fatigue me fit entrer malgré sa mine douteuse. J'y passai la plus méchante nuit, sur la paillasse la plus dure et dans la plus vermoulue couchette qui se puisse imaginer. Près de m'assoupir, je fus éveillé par un bruit de souris occupées tout près de mon oreille à grignoter une chandelle dont l'odeur pouvait en attirer un cent. Je les chassai; mais une invasion d'animaux plus subtils et plus pernicieux ne me donna pas le temps de refermer les yeux. Enfin une mince cloison de branchage me séparait de l'étable, et toute la nuit j'entendis une maudite vache, nourrice trop zélée, passer bruyamment sa langue sur le dos velu de sa géniture. Je vis avec plaisir arriver le jour. Mes hôtes, debout avant moi, me servirent un copieux repas. Nous le prîmes en commun, sur une mauvaise table, dans une cuisine enfumée. Je ne comprenais rien à leur langage, qui est un patois souabe. Mais leur cordialité, leur bonhomie, se faisaient comprendre. Ils étaient vieux comme Philémon et Baucis, hospitaliers comme eux. Ils voulaient me rendre la moitié du florin que j'offris pour ma dépense; ils me dirent adieu, en me baisant les mains, à la manière des vieux serviteurs allemands. Que n'étais-je un dieu de la fable! j'aurais récompensé leur bon cœur, changé leur chaumière en palais et mon grabat en lit de plume.

Au bout d'une seconde journée de marche assez semblable à la première, moins le plaisir et la compagnie de l'honnête Robert, de village en village et de châteaux en châteaux, tantôt à pied, tantôt sur les carrioles où l'on voulait bien de ma personne, j'arrivai à Sigmaringen. Je fus assez surpris d'y trouver l'uniforme et le drapeau prussiens. « Suis-je donc en pays conquis ? — Non, me répondit mon hôte, seulement en pays annexé. » L'annexion s'est faite il y a douze ans ; elle n'empêcha personne de dormir. Les rois de Prusse sont issus de la branche cadette de Hohenzollern. Tandis que le cadet faisait son chemin, les princes de la branche aînée, Hohenzollern-Hechingen et Hohenzollern-Sigmaringen, tombèrent, par suite de la division féodale, au dernier rang des principicules allemands. En 1850, la Prusse acheta les deux principautés à beaux deniers comptants. Le prince de Hohenzollern-Sigmaringen vendit ses États héréditaires moyennant une rente annuelle d'environ cent mille francs et le titre d'Altesse. Il est ou a été président du conseil des ministres en Prusse. Ce prince ne pensait pas, comme César, qu'il vaut mieux être le premier dans une bicoque que le second — à Berlin.

L'antique château de Hohenzollern est situé à quelques heures de Sigmaringen. C'est le berceau de la maison de ce nom. La Prusse l'a magnifiquement restauré. Sur la porte, on lit cette inscription de date récente :

ZOLLERN, NUREMBERG, BRANDEBOURG,
ONT BATI CE CHATEAU EN 1458.
LA FORTE MAIN DE LA PRUSSE M'A ÉLEVÉE :
JE M'APPELLE LA PORTE DE L'AIGLE.
M D CCC LI

A Sigmaringen, la *forte main* de la Prusse s'est contentée de clouer une inscription sur un poteau avec ces mots :

ROYAUME DE PRUSSE.

La ville elle-même n'a rien d'intéressant : c'est une bourgade. Mais il faut voir son château, vrai nid de faucons suspendu par de hauts rochers sur le fleuve. Il rappelle un des plus sombres souvenirs de l'histoire d'Allemagne. Pendant un siècle environ, le tribunal de la Vehme y tint ses séances.

La Vehme est une institution du moyen âge. Son nom paraît venir d'un vieux mot allemand qui signifie condamner. Elle naquit de cet esprit d'opposition que les races germaniques nourrirent longtemps contre le droit et la coutume romaine. Partout en Allemagne, à côté de la justice de l'État, dont le rôle était d'appliquer les lois du saint-empire, s'éleva une justice secrète plus puissante que la première. Elle régna par la terreur, par le mystère, par la puissance des souvenirs et des traditions nationales. Ses membres étaient nombreux, soumis à des serments, à des épreuves redoutables; leur œuvre était ténébreuse. L'Allemagne est la terre natale des sociétés secrètes. Le génie du moyen âge prête à celle-ci des formes sinistres. Les adeptes, sous le nom de francs juges, étaient investis du triple pouvoir d'accusateurs, de juges et d'exécuteurs. La veille du jugement, trois coups d'un marteau de fer frappés contre sa porte sommaient l'accusé de comparaître. L'appareil était imposant. Sur leurs siéges étaient assis des hommes masqués et vêtus de noir. Devant eux, un bassin de cuivre et des boules de métal servaient au terrible scrutin. Quatre boules votaient la mort. Devant cette justice inflexible, pas de milieu entre l'innocence et le crime : il y allait toujours de la vie, toute sentence était capitale. Le condamné périssait par le poignard ou la corde; et, pour mieux braver la loi, on pendait son cadavre à l'arbre le plus voisin de la potence seigneuriale.

Bientôt même on renonça à faire comparaître l'accusé : plus de défense; la sentence était prononcée en secret; le châtiment surprenait le coupable comme la justice divine, avec qui la Vehme rêvait une rivalité impie. Cent bras armés dans l'ombre étaient levés contre lui. A table, au lit, sous la tente, il était atteint, et dans sa poitrine on retrouvait enfoncé un poignard de forme étrange, marqué du sceau de la Vehme. Cette association occulte régna pendant toute la durée du moyen âge. L'anarchie de ces temps favorisait son empire. L'intrépide champion de la féodalité, Maximilien, lui fit le premier une rude guerre. Elle disparut complétement sous Charles-Quint.

Il y a quelques années, en réparant un donjon du château, on découvrit derrière une porte de fer la salle qui servit pendant un siècle aux séances de la Vehme. Il fallut la déblayer; car elle était comblée avec de la terre et des cendres, comme un lieu maudit. C'est un étroit caveau enfoui dans des murs de vingt pieds d'épaisseur, comme dans des entrailles de pierres. Un jour sombre y pénètre. Le marteau, les boules, le bassin de cuivre, ont été retrouvés à leur place, sur la table du conseil. Un christ pend aux murs. L'impression de ce lieu est étrange. Il semble que le tribunal siégeait hier, et qu'on l'attend pour siéger encore. C'est comme la scène préparée d'un drame dont les personnages vont paraître. Il manque un poëte pour en faire parler l'horreur. Goethe l'a fait. Il y a, dans le beau drame de sa jeunesse, où il peignit les derniers jours de la féodalité expirante, une scène qu'il est à propos de relire. Goethe ne connaissait pas le caveau de Sigmaringen. On dirait qu'il l'a deviné.

Le théâtre représente un souterrain étroit et sombre. Les juges du tribunal secret délibèrent : ils sont masqués.

L'ANCIEN.

Juges du tribunal secret, qui avez juré, sur la corde et le glaive, d'être irréprochables, de juger en secret, de punir en secret, comme Dieu, si vos cœurs, si vos mains sont purs, levez les bras et criez sur les criminels : Malheur! malheur!

TOUS.

Malheur! malheur!

L'ANCIEN.

Crieur, commence le jugement.

LE CRIEUR.

Moi, crieur, j'élève la plainte contre les criminels. Que celui dont le cœur est pur, dont les mains sont pures, pour jurer sur la corde et le glaive, que celui-là accuse par la corde et le glaive! qu'il accuse! qu'il accuse!

L'ACCUSATEUR, *s'avançant.*

Mon cœur est pur de crimes, mes mains de sang innocent. Dieu, pardonne-moi les mauvaises pensées et ferme le chemin à la volonté. Je lève la main et j'accuse, j'accuse, j'accuse!

L'ANCIEN.

Qui accuses-tu?

L'ACCUSATEUR.

J'accuse sur la corde et le glaive Adélaïde de Weislingen. Elle s'est rendue coupable d'adultère; elle a fait empoisonner son mari par son écuyer. L'écuyer s'est fait justice lui-même; le mari est mort.

L'ANCIEN.

Jures-tu devant le Dieu de vérité que tu accuses selon la vérité?

L'ACCUSATEUR.

Je le jure.

L'ANCIEN.

Si cela est trouvé faux, offres-tu ta tête au châtiment du meurtre et de l'adultère?

L'ACCUSATEUR.

Je l'offre.

L'ANCIEN.

Vos voix.

(Les juges parlent bas avec l'ancien.)

L'ACCUSATEUR.

Juges du tribunal secret, quelle est votre sentence sur Adélaïde de Weislingen, accusée d'adultère et de meurtre?

L'ANCIEN.

Qu'elle meure! qu'elle meure d'une mort doublement amère! qu'elle expie doublement par la corde et le glaive son double forfait! Levez vos

LE DANUBE ALLEMAND ET L'ALLEMAGNE DU SUD.

ULM.

mains et criez malheur sur elle. Malheur! malheur! qu'elle soit livrée aux mains du vengeur!

TOUS.

Malheur! malheur! malheur!

L'ANCIEN.

Vengeur, vengeur, avance!

(Le vengeur paraît.)

L'ANCIEN.

Prends la corde et le glaive : qu'avant huit jours elle ait disparu de la face du ciel. Où que tu la trouves, couche-la dans la poussière..... Juges, qui jugez en secret, qui punissez en secret, comme Dieu, tenez vos cœurs purs de crimes et vos mains de sang innocent [1].

A Sigmaringen je me suis de nouveau livré aux mains des voituriers. J'y serais encore, si je n'eusse été chercher à Biberach le chemin de fer qui me déposa dans Ulm.

Ulm est singulièrement déchue du temps où capitale de la Souabe, âme d'une ligue redoutable, elle tenait en échec la puissance impériale. L'herbe croît dans ses rues. Il y a trois siècles, on y entendait le cliquetis de six cents métiers de tisserands toujours actifs; à peine aujourd'hui en

---

[1] Goethe, *Gœtz de Berlichingen*, acte V.

reste-t-il une soixantaine, souvent réduits pendant la morte-saison à un chômage forcé.

Un monument résume toute l'histoire de la ville, c'est la cathédrale : la grandeur du plan atteste la gloire ancienne de la cité; la vue des constructions inachevées accuse son irrémédiable décadence.

La dévotion et la foi n'en furent pas les seuls artisans; il faut compter pour beaucoup l'orgueil national.

La nouvelle cathédrale de Strasbourg venait de s'élever. C'était la merveille du Rhin. Les bourgeois d'Ulm en conçurent quelque jalousie. De quoi n'étaient-ils pas capables eux dont le proverbe disait : « Argent d'Ulm gouverne le monde! ». On décréta donc qu'on élèverait un temple capable de contenir sous ses voûtes l'orgueilleux dôme de Strasbourg [1]. Ni princes ni peuples étrangers ne contribueront à son érection. Défense aux moines d'aller, comme c'était l'usage, recueillir les offrandes des pays voisins; pas une pierre ne sera posée par des mains étrangères; ce sera l'œuvre de la cité.

L'architecte choisi par la ville s'appelait Ensiger.

---

[1] Kohl, *Le Danube*, etc. Cet ouvrage est le plus complet que l'Allemagne ait écrit sur le Danube allemand. Les questions d'érudition y sont traitées à fond; elles n'en excluent pas l'intérêt poétique et légendaire.

Il a gravé son nom avec le plan de l'édifice sur une muraille de l'église. Ce plan n'a pas été conduit jusqu'au bout. La première pierre fut posée en 1377. En 1492, l'empereur Maximilien visita les travaux. La tour était parvenue aux deux tiers de sa hauteur; il y monta, il promena ses regards sur les plaines qui s'étendaient à ses pieds, sur cette Allemagne presque tout entière soumise à son sceptre; saisi d'un transport de joie étrange, il sauta sur le bord de la galerie, et fit aux yeux de sa suite une périlleuse pirouette. Puis il voulut placer lui-même une pierre : ce fut la dernière. L'argent faisant défaut, on cessa d'y travailler. Bientôt la foi même allait manquer. Vingt ans s'écoulent; la voix de Luther éclate, la moitié de l'Allemagne s'ébranle, le schisme se consomme; et, de catholique devenue protestante, Ulm, au pied de sa basilique inachevée, voit sa fortune décroître, et de cent mille hommes sa population tomber à vingt mille, parmi lesquels seulement quelques centaines de catholiques.

Le dôme d'Ulm, comme celui de Cologne, n'est que l'ébauche d'une grande chose. On éprouve un regret amer devant ce monument incomplet. La pensée a beau l'achever, cette image mutilée s'impose au regard et le contriste. La tour est pesante, disgracieuse; elle écrase sans pitié les arceaux du porche. On voudrait lui rendre cette flèche légère que lui destinait l'architecte. Enlever sa cime au temple gothique, c'est supprimer le sens religieux de la construction. Les architectes de ce temps ne craignaient pas d'entasser de lourds fondements. Tout ce qui touche à la terre est pesant comme elle. A mesure qu'il monte, l'édifice s'allége, ses formes se dégagent, et la flèche aux sveltes contours s'élance dans les airs, symbole de l'âme humaine dont elle va porter à Dieu les louanges et les prières.

L'intérieur du dôme renferme un tabernacle et des stalles sculptées qui sont des trésors de l'art. Le tabernacle est d'Adam Kraft, dont nous verrons le chef-d'œuvre à Nüremberg. Une tradition touchante le recommande. En 1377, le jour où l'on posait la première pierre de la cathédrale, tous les bourgeois d'Ulm déposèrent leur offrande. Une pauvre veuve témoin de ce concours, trop indigente pour donner elle-même, jura cependant de ne pas rester inutile; elle loue ses bras, use ses forces, se condamne à une vie mercenaire; elle gagne ainsi quelques écus qu'elle va porter aux magistrats. « C'est, dit-elle, pour construire un tabernacle. » Les magistrats sourient : « Eh! quoi! ma bonne femme, un tabernacle tout entier, et moins d'un écu d'or! » Ils acceptent pourtant, touchés d'un si grand zèle. La somme est engagée dans une entreprise; elle s'accroît par le commerce; Dieu bénit l'obole de la veuve, et au bout de longues années, devenue un gros capital, elle sert à construire le tabernacle d'Adam Kraft.

L'œuvre est charmante et annonce la renaissance. Le marbre, façonné en spirale, est emporté dans un mouvement d'ascension d'une hardiesse infinie. Il enveloppe dans une ceinture de feuillage et de fleurs une procession de personnages pieux. A travers les trèfles et les acanthes on voit leur marche lente et leurs longs vêtements. Ils s'élèvent graduellement vers les voûtes. Les premiers sont à demi disparus, et il semble qu'on entend tomber d'en haut le bruit mourant de leurs cantiques.

Les stalles du chœur sont de Georges Syrlin. Trois rangées de bustes et de têtes les décorent. D'un côté les femmes illustres partagées en trois ordres, héroïnes antiques, femmes de la Bible, saintes et martyres; celles-ci, couronnées de palmes, surpassent toutes les autres en beauté. De l'autre, dans le même ordre, les hommes illustres. Devant ces belles têtes, si nobles, si expressives, dont un art si savant a vivifié les contours, on se demande en quel siècle vivait l'artiste, et quand on songe que son œuvre précède d'un quart de siècle les œuvres immortelles de l'Italie, sous Léon X, on doute si la statuaire allemande n'eut point une renaissance à elle, qui n'attendit pour éclore le réveil d'aucune autre nation.

Sortons du passé. L'admiration que ses monuments inspirent ne doit pas rendre indifférent aux souvenirs plus récents. Ulm est un beau nom de notre histoire militaire. Là fut inaugurée par un coup d'éclat la campagne qui devait se terminer à Austerlitz.

On sait quelles causes amenèrent la campagne de 1805. Napoléon était au camp de Boulogne. Il attendait pour passer la Manche le concours des vents et de notre escadre, mal servi dans ses vœux par la mer et par l'amiral Villeneuve, lassé d'attendre, et embarrassé peut-être d'une situation qui, en se prolongeant, le constituait en état d'impuissance contre l'Angleterre. C'est alors qu'une troisième coalition se forma sur le continent. L'Autriche et la Russie en étaient les champions.

L'ennemi avait sur nous l'avantage d'être en campagne et à deux pas de nos frontières. Cent mille Autrichiens occupaient la contrée entre la forêt Noire et le Danube, sous la protection des canons d'Ulm. Les troupes russes commençaient leurs mouvements, et leurs premiers corps débouchaient en Allemagne par la Galicie autrichienne. Napoléon résolut d'empêcher la jonction des coalisés. Investir les Autrichiens, les écraser sous les murs d'Ulm, se retourner contre les Russes, les détruire ou les chasser, puis aller chercher à

Vienne le dénoûment de la campagne, tel fut son plan.

Il fut exécuté avec une précision mathématique et une rapidité foudroyante. Tandis que l'Europe nous croyait surpris, et que Napoléon, pour cacher ses desseins, n'avait pas quitté Boulogne, nos troupes étaient sur le Rhin, et bientôt au cœur de l'Allemagne. « Notre empereur, disaient-elles, a trouvé une nouvelle manière de faire la guerre. Il ne la fait plus avec nos bras, mais avec nos jambes. »

Deux routes peuvent conduire une armée sous les murs d'Ulm, dans le bassin supérieur du Danube. 1° La Suisse et Constance; route hérissée de périls. En 1800, le général Moreau y avait rencontré quatre armées et livré quatre batailles. 2° La forêt Noire. C'est la route qu'avaient tant de fois suivie nos armées d'invasion sous Louis XIV. C'est par là que les Autrichiens nous attendaient encore. Napoléon fit en sorte de les maintenir dans cette opinion. « Les Autrichiens, écrivait-il à Talleyrand, sont sur les débouchés de la forêt Noire. Dieu veuille qu'ils y restent. Ma seule crainte est que nous ne leur fassions trop de peur.... S'ils me laissent gagner quelques marches, j'espère les avoir tournés. » Et au ministre de la police : « Faites défense aux gazettes du Rhin de parler de l'armée pas plus que si elle n'existait pas. » Nos troupes, amenées en vingt-quatre jours des bords de la Manche aux bords du Rhin, font quelques démonstrations vers la forêt Noire. Une division feint de s'y engager; elle achève de tromper les Autrichiens. Napoléon s'ouvre un passage à travers l'Allemagne, jette son armée dans les vallées du Mein et du Neckar, joint le Danube au-dessous d'Ulm, entre Donauwerth et Ingolstadt, franchit le fleuve, et se trouve du même coup sur le dos des Autrichiens. Quand le général Mack, qui les commandait, s'aperçut de notre présence, il était cerné. Lannes, Marmont, Ney, Soult, Murat, l'enfermaient dans un cercle impossible à franchir.

On sait le dénoûment. Le général Mack, renfermé dans Ulm sans espoir de secours, rendit la place et la garnison avec armes et bagages. Avec ce que nous avaient livré les journées précédentes, c'était une armée de soixante mille hommes prise sans coup férir. Le reste, ayant un archiduc à sa tête, s'était dérobé par une porte d'Ulm, à la faveur de la nuit.

La capitulation d'Ulm fut suivie d'une scène imposante. Son souvenir, en face des lieux qui en furent le théâtre, pèse encore au cœur de l'Allemand et faisait bondir le nôtre.

« Le 20 octobre 1805, jour à jamais mémorable, Napoléon, placé au pied du Michelsberg, en face d'Ulm, vit défiler sous ses yeux l'armée autrichienne. Il occupait un talus élevé, ayant derrière lui son infanterie rangée en demi-cercle sur le versant des hauteurs, et vis-à-vis sa cavalerie déployée sur une ligne droite. Les Autrichiens défilaient entre deux, déposant leurs armes à l'entrée de cette espèce d'amphithéâtre. On avait préparé un grand feu de bivouac, auprès duquel Napoléon assistait au défilé. Le général Mack se présenta le premier, et lui remit son épée en s'écriant avec douleur : Voici le malheureux Mack !

« Napoléon le reçut lui et ses officiers avec une parfaite courtoisie et les fit ranger à ses côtés. Les soldats autrichiens, avant d'arriver en sa présence, jetaient leurs armes avec un dépit honorable pour eux, et n'étaient arrachés à ce sentiment que par celui de la curiosité qui les saisissait en approchant de Napoléon. Tous dévoraient des yeux ce terrible vainqueur qui depuis dix années faisait subir de si cruels affronts à leurs drapeaux [1]...... »

Le lendemain, Napoléon, par une proclamation écrite dans le transport d'un si prodigieux triomphe, annonçait les résultats de la campagne ; ses paroles ne sont pas seulement un beau morceau d'éloquence militaire, c'est le résumé des faits avec leurs conséquences.

[1] Thiers, *Histoire du Consulat et de l'Empire,* livre XXII, p. 128.

« Soldats de la Grande Armée,

« En quinze jours nous avons fait une campagne :
« ce que nous nous proposions est rempli. Nous
« avons chassé les troupes de la maison d'Au-
« triche de la Bavière, et rétabli notre allié dans
« la souveraineté de ses États. Cette armée qui,
« avec autant d'ostentation que d'imprudence,
« était venue se placer sur nos frontières, est
« anéantie. Mais qu'importe à l'Angleterre? Son
« but est atteint : nous ne sommes plus à Bou-
« logne !...

« De cent mille hommes qui composaient cette
« armée, soixante mille hommes sont prisonniers,
« ils iront remplacer nos conscrits dans les tra-
« vaux de nos campagnes. Deux cents pièces de
« canon, quatre-vingt-dix drapeaux, tous les gé-
« néraux sont en notre pouvoir, il ne s'est pas
« échappé de cette armée quinze mille hommes.
« Soldats, je vous avais annoncé une grande ba-
« taille ; mais grâce aux mauvaises combinaisons
« de l'ennemi, j'ai pu obtenir les mêmes résultats
« sans courir aucune chance; et, ce qui est sans
« exemple dans l'histoire des nations, un aussi
« grand résultat ne nous affaiblit pas de plus de
« quinze cents hommes hors de combat..... »

L'Autriche est le pays du monde où l'on sait le mieux supporter les défaites. Depuis un siècle, cet empire n'existe que par sa patience à les réparer. La rude leçon qui lui fut infligée à Ulm n'a pas été perdue. Aujourd'hui le chef d'une armée d'invasion trouverait cette place munie et fortifiée de façon à soutenir les rigueurs d'un long siége. Rangée au nombre des forteresses fédérales, Ulm a été fortifiée il y a quelques années par les ingénieurs des quatre grandes puissances d'Allemagne, Autriche, Prusse, Bavière, Wurtemberg. Sur les hauteurs du Michelsberg, on a bâti un camp retranché, capable de contenir et de protéger une armée de quatre-vingt mille hommes. La merveilleuse campagne de 1805 ne serait plus possible aujourd'hui. Qu'importe? on ne refait pas deux fois l'histoire. Le génie des peuples et des capitaines se fraie par des routes différentes un chemin vers la même gloire. Nos pères ont vu Arcole et Marengo; nous avons vu Magenta et Solferino. Nos fils, si tels sont les décrets de Dieu, auront aussi leurs triomphes.

La navigation à vapeur sur le Danube commence à Donauwerth. C'est de cette ville que partent les steamers qui descendent le fleuve jusqu'à la mer Noire; je dis jusqu'à la mer Noire par hyperbole. Les jalousies internationales ne le souffrent pas. Il faut compter autant d'étapes que de nations. Ratisbonne, Lintz, Vienne, Pesth, sont les stations auxquelles il faut subir les lenteurs d'un transbordement. Donauwerth est une ville assez insignifiante. Cependant le voyageur sentimental y visite la tombe d'une victime de la jalousie conjugale, Marie de Brabant. Plus malheureuse encore que la célèbre Geneviève, elle fut tuée de la main de son mari avec quatre de ses dames d'honneur. Un message mal compris causa toute la catastrophe; elle arriva vers 1250, dans le château de Donauwerth. Le duc Louis, auteur du meurtre, porta une marque éternelle de son crime; ses cheveux blanchirent en une seule nuit. Les Espagnols se sont vengés d'un mauvais prince en l'appelant Pèdre le Cruel; les Allemands du xiiie siècle ont surnommé l'assassin de Marie de Brabant Louis le Sévère. Cet acte de *sévérité* ne l'empêcha même pas de contracter un second mariage. Quelques années après, on voit ce veuf par imprudence épouser une fille de Rodolphe de Hapsbourg.

Je n'ai pas compté tous les champs de bataille qui depuis Ulm jusqu'à Ratisbonne signalent les bords du Danube. Sans quitter le pont du bateau, un amateur d'histoire militaire aurait de quoi remplir ses tablettes. Je n'en nommerai qu'un seul : Oberhausen, où tomba un noble cœur, Latour-d'Auvergne, soldat sexagénaire, nommé par Bonaparte premier grenadier de France. Vieillard, il était parti pour conserver à un ami le fils que lui enlevait la conscription. Son cœur, enfermé dans une urne d'or, fut confié, comme un glorieux drapeau, à la garde du régiment, et tous les jours, à l'appel de son nom, conservé sur les contrôles, un soldat répondait : Mort au champ d'honneur !

Ingolstadt, dont je n'ai fait que raser la rive, présente un front respectable de remparts et de bastions. Ils pourraient bien devoir l'existence à la même pensée qui a fait fortifier Ulm. La ville en reçoit un air belliqueux. J'ai même aperçu le bout d'un canon qui luisait au soleil sur les remparts; à côté, une sentinelle bavaroise veillait, l'arme au bras, au salut de la place. Au temps où Ingolstadt n'avait pas de canons, c'était une riche et savante université. Des professeurs célèbres y enseignaient, et quatre mille étudiants suivaient ses cours. L'un d'eux, étudiant en théologie, a fait son chemin dans le monde de la légende : il s'appelait le docteur Faust.

D'Ulm à Ingolstadt, les bords du Danube sont d'une monotonie désespérante. Au-dessous de cette ville, la nature reprend quelque beauté. Les rives s'escarpent, les rochers se taillent et se mêlent en groupes fantastiques; les légendes apparaissent. Voici le rocher des Trois-Frères. Son histoire est une réminiscence de celle de Joseph et d'Abel. Plus loin, une roche de forme étrange, enveloppée d'herbes aquatiques et toute verdie par l'écume de l'eau, s'appelle la Sirène. Sa légende commence comme une idylle de Théocrite. Un pêcheur tend ses filets dans le fleuve et s'endort. Un léger cri le réveille. Une sirène s'était prise par ses longs cheveux aux mailles du filet. Il l'amène à la rive et la garde prisonnière. Pris d'amour pour elle, il lui livra son âme. Le génie du moyen âge reparaît dans le dénoûment. La sirène est changée en roche, et le pêcheur damné pour son amour païen.

L'approche de Ratisbonne, la vue de ses sombres édifices par-dessus son vieux pont de pierre fait évanouir la légende. L'histoire reprend ses droits.

La prospérité de Ratisbonne remonte aux croisades. Cette ville fut pendant toute leur durée le rendez-vous des princes allemands et des soldats enrôlés sous leurs ordres. C'est là qu'ils s'embarquaient sur le Danube. Les bateliers de Ratisbonne, comme ceux d'Ulm, avaient une grande réputation d'habileté, et l'habileté était nécessaire pour conduire les frêles barques de ce temps sur une eau rendue dangereuse par les brisants, les sables, et par sa propre profondeur. Les érudits veulent que de là vienne le nom latin de Ratisbonne : *Ratibus bona,* ou *Rates ponere.* Son nom allemand, Regensburg, vient de la Regen, petite rivière qui l'arrose. Les plaisants du pays jouent sur le mot *Regen,* qui signifie en allemand *pluie,* et de ce jeu de mots, qui ferait de Ratisbonne la ville de la pluie, ils se prévalent pour lui donner le même sobriquet qu'on donne à notre ville de Bourges. Je dois dire que pendant toute la durée de mon séjour j'y ai joui du plus beau temps : le soleil protestait contre les malveillances de l'étymologie.

La première flottille qui conduisit les croisés vers l'Orient, en revint chargée des denrées précieuses de ces contrées. Ainsi commença la grandeur commerciale de Ratisbonne. Pendant deux siècles, elle fut l'entrepôt de l'Allemagne. Tout le commerce de l'Europe centrale avec l'Asie passa par ses murs. Elle envoyait en Orient le fer, les fourrures, les tissus de chanvre, de laine et de lin; elle en recevait la soie, les épices, les parfums, les étoffes, les bois précieux; ce fut la Venise du Danube. Ses relations s'étendirent sur le continent. Elle eut des comptoirs en France, en Angleterre, en Italie, même en Russie.

Deux événements changent la face de sa fortune : les progrès des Turcs en Europe et la découverte du cap de Bonne-Espérance. Le premier ferme aux chrétiens les ports de la mer Noire, le second ouvre une voie nouvelle de communication. Désormais le commerce de l'Europe suivra la route tracée par Vasco de Gama; la fortune du Portugal a tué celle de Ratisbonne.

Atteinte d'une décadence rapide, Ratisbonne s'en consola en gardant une ombre de grandeur politique. Le siècle suivant, elle devint pour deux cents ans le siége des diètes impériales.

J'ai visité l'hôtel de ville, où se tenait la diète. C'est un grand édifice, assez antique, assez sombre, très-défiguré par des constructions successives. Sa fondation remonte au XIV° siècle. On y pénètre par un portail dont les figures font la joie des amateurs. Deux archers en sentinelle vous regardent passer. Casque en tête, cuirasse sur le corps, barbus et crépus, ils ont l'air des plus francs soudards qui jamais aient porté la hallebarde. Le gardien qui vous reçoit corrige l'impression : c'est un gros homme bien fleuri, bien nourri, dont la face joviale porte cet air de satisfaction qui distingue entre toutes la classe des fonctionnaires bavarois.

La salle de la diète est une vaste pièce qui reçoit tout son caractère de ses vitraux et de ses lambris de chêne. Au plafond, un grand aigle étend ses ailes; mais ce n'est plus qu'un fantôme. Le globe du monde est tombé de ses serres. Un fauteuil décoré du nom de trône, une table couverte d'un velours flétri, quelques siéges mangés des vers composent l'ameublement.

Cette chambre a vu se réunir soixante-deux fois la diète. Elle a vu les délibérations les plus importantes, les diplomates les plus habiles, les plus illustres personnages. Elle n'en vit pas de plus étrange que celui qui, vers l'année 1630, représentait officieusement la France dans le conseil de l'Empire. C'était un simple moine; en robe grise et tête rasée, il était assis parmi les princes et les grands dignitaires de l'Empire. Vif et perçant pour lire dans les secrets d'autrui, son regard, pour cacher les siens, se couvrait d'humilité et de bonhomie. Sa parole était, comme son geste, insinuante et mielleuse, sa politique tortueuse. Prêtre et catholique, venait-il s'entendre avec les catholiques ? Il le disait; mais son dessein réel était de tenir les princes en échec, d'attiser les rivalités, d'acheter les consciences, de suspendre les décisions, et de préparer par des voies secrètes le triomphe d'un protestant, de Gustave-Adolphe, roi de Suède, chef des réformés allemands. C'était le père Joseph, l'Éminence grise, l'âme damnée du cardinal de Richelieu, comme on disait en France. Ce diplomate en sandales remplit si bien son rôle, mania si bien les esprits, les tourna tellement à sa guise et selon les intérêts de son maître, que l'empereur Ferdinand, joué par lui, s'écria;

quand l'événement lui eut ouvert les yeux : « Un méchant capucin m'a désarmé avec son rosaire, et ne m'a pas enlevé moins de six chapeaux d'électeur dans son étroit capuchon ! »

De la salle impériale on descend dans les prisons.

Quelle horrible chose que les prisons du temps de nos pères! quelle rigueur impitoyable! quel mépris de la vie de l'homme et de sa dignité! En France, en Allemagne, en Italie, en Angleterre, que cela s'appelle la Bastille, la Tour de Londres, les Plombs, partout, dans l'Europe féodale et royale, les mêmes raffinements de cruauté. Voici le tableau qu'en traçait au xvie siècle un jurisconsulte français :

« Au lieu de prisons humaines, on fait des cachots, des tasnières, fosses et spélunques, plus horribles, obscures et hideuses que celles des plus venimeuses et farouches bêtes brutes, où on les fait roidir de froid, enrager de malefaim, hannir de soif, et pourrir de vermine et de povreté, tellement que si par pitié quelqu'un va les voir, on les voit lever de la terre humoureuse et froide, comme les ours des tasnières, vermoulus, basanés, si chétifs, maigres et défaicts, qu'ils n'ont que le bec et les ongles. »

J'ai cru voir ce tableau dans les caveaux de Ratisbonne. J'en ai vu un plus sinistre encore; c'est celui de la chambre de torture. A la lueur d'une lanterne, j'ai compté vingt instruments inventés pour arracher la chair, briser les os, atteindre la vie, et, sans l'étouffer, la torturer jusqu'au plus intime de l'être. J'ai vu là, entassés l'un sur l'autre, une affreuse collection d'engins, des rouleaux hérissés de pointes, des coins de fer, des échelles, des roues, des potences, tout ce qu'a pu imaginer d'infernal le génie de la vengeance. Une grille en bois comme dans un parloir de moines sépare le caveau en deux salles : d'un côté le patient, de l'autre le juge. A l'abri du sang qui jaillissait, et de la chair qui volait en lambeaux, l'œil du juge suivait l'œuvre des bourreaux, son oreille recueillait les aveux de la victime. Un mur l'en séparait, comme pour le défendre contre sa propre pitié.

Qu'on dise de notre siècle tout le mal qu'on voudra, qu'on accuse son amour du lucre et des jouissances; siècle d'airain, je le veux; pourvu qu'en le comparant par certains côtés aux temps qui l'ont précédé, on reconnaisse quelques parcelles d'or dans son dur métal. Les horreurs de la torture, les bûchers de l'inquisition soulèvent aujourd'hui les fils de ceux qui les ont inventés. Aujourd'hui l'homme a appris le respect de l'homme. Le juge ne prend plus le glaive de la vengeance pour le glaive des lois, et, au lieu du désespoir, c'est l'espérance et la charité qui conduisent le repentir au chevet du condamné.

Ratisbonne renferme aussi une cathédrale. Quelle ville allemande n'a la sienne? Lourde et inachevée, celle-ci était restée dans l'oubli jusqu'au règne du roi Louis de Bavière. On sait l'ardeur passionnée de ce prince pour l'art du moyen âge. Sous son règne, je ne sais quel archéologue découvrit que cette cathédrale était un chef-d'œuvre; on y mit les architectes et les maçons; ils y travaillent encore. Je ne veux pas médire de l'intérieur, qui a sa beauté, ni des restaurations, qui sont conduites avec goût; mais elles ne donneront pas au dôme la grandeur et la pureté qui lui manquent. La façade, dont on raffole en Bavière, est ce qu'il y a de plus bâtard au monde. Il n'est pas besoin d'en chercher la date. Ces lignes tourmentées, ces combinaisons qui se croient nouvelles et qui ne sont que bizarres, ces formes disparates, étonnées de se voir ensemble, plus étonnées de se voir au seuil d'une cathédrale, tout annonce que l'art gothique touche à sa fin, que la tradition se perd, et que les merveilles vont disparaître avec la foi naïve qui les enfanta. Telle est la loi des arts. Tandis que la nature offre au savant qui la sonde l'inépuisable matière de ses phénomènes infinis, l'artiste, le poëte, travaillent sur un fonds que chaque jour appauvrit. Ils voient se tarir la source des inventions; car le nombre des formes et leurs combinaisons sont bornés. De siècle en siècle, quelques grands hommes rajeunissent, par le génie, des conceptions vieillies. Le reste se tourmente sans succès. — Du nouveau, crie la foule. Il faut la satisfaire. On y parvient, mais aux dépens du goût et de la raison. Le type du beau s'altère, et l'art entre dans sa décadence.

Sa position sur le Danube a fait de Ratisbonne, cité marchande, une cité guerrière, bien malgré elle. Elle n'a guère tiré l'épée que pour se défendre, rarement avec succès. On compte dans son histoire vingt siéges et dix capitulations. Attila lui infligea la première, Napoléon la dernière. Elle renferme encore, débris du moyen âge, quelques vieilles maisons qui sont de vraies forteresses. Leurs murs, en forme de tours, s'élèvent au-dessus des toits voisins; de rares fenêtres les éclairent : c'est morne à voir. La ville elle-même n'a pas de grandes défenses; mais le Danube en est une excellente. Le vieux pont était jadis retranché comme un fort. Ses donjons et ses créneaux ont péri, mais il a conservé un caractère original. Avec ses pierres usées, ses arches que mine le fleuve, l'angle saillant qui surmonte l'arche centrale, c'est le monument le plus original de la cité. C'est, avec le marché, le seul endroit animé. Le reste de la ville est mort. C'est la loi commune à ces contrées. La vie s'en est retirée. « Les cités dont l'image se reflète dans mes flots sont pleines des récits du passé. Elles semblent demander, en penchant leur tête triste et muette : Quand renaîtra notre antique grandeur [1] ? »

C'est ainsi qu'un poëte fait parler le Danube ; ainsi semble-t-il se plaindre sous le vieux pont de Ratisbonne.

Ratisbonne fut pris par nos troupes en 1809. C'était le lendemain d'Eckmühl, deux mois environ avant Wagram.

« Napoléon, impatient de venir à bout de la résistance, s'était approché de Ratisbonne au milieu d'un feu de tirailleurs que soutenaient les Autrichiens du haut des murs, et les Français des bords du fossé. Tandis qu'avec une lunette il observait les lieux, il reçut une balle au cou-de-pied, et dit avec le sang-froid d'un vieux soldat : « Je suis touché ! » Il l'était effectivement, et d'une manière qui aurait pu être dangereuse ; car si la balle avait porté plus haut, il avait le pied fracassé, et l'amputation eût été inévitable. Les chirurgiens de la garde, accourus auprès de lui, enlevèrent sa botte et placèrent un léger appareil sur sa blessure, qui était peu grave. A la nouvelle que l'empereur était blessé, des soldats des corps les plus voisins rompirent spontanément leurs rangs pour lui adresser

---

[1] Schenkendorf, *Chanson des Fleuves allemands*.

de plus près les bruyants témoignages de leur affection. Il n'y en avait pas un qui ne crût son existence attachée à la sienne. Napoléon, donnant la main aux plus rapprochés, leur affirma que ce n'était rien, remonta immédiatement à cheval, et parcourut le front de l'armée pour la rassurer. Ce fut un délire de joie et d'enthousiasme. On saluait en lui l'heureux vainqueur d'Eckmühl, que la mort venait d'effleurer à peine, pour apprendre à tous que le danger lui était commun avec eux, et que, s'il prodiguait leur vie, il ne ménageait guère la sienne. Il passa devant les corps qui s'étaient le mieux conduits, fit sortir des rangs les officiers et même les soldats signalés par leur bravoure, et leur donna à tous des récompenses. Il y eut de simples soldats qui reçurent des dotations de quinze cents francs de rente [1]. »

A huit kilomètres de Ratisbonne, sur la rive gauche du Danube, on aperçoit trois collines placées de front au bord du fleuve. Celle du centre, taillée à pic comme un piédestal, nue à sa cime, porte un temple grec, magnifique dans sa forme éblouissante de blancheur. Cinq cents degrés de marbre échelonnés sur les rampes conduisent de la rive du fleuve au pied du temple. Là

[1] Thiers, *Histoire du Consulat et de l'Empire*, livre XXXIV.

se découvre une vue imposante : une plaine sans limite où le Danube prolonge à perte de vue les sinuosités de son cours. On dirait, dans un seul tableau, l'image de l'Allemagne entière.

C'est la Walhalla.

La Walhalla — le mot signifie *salle des choisis* — représente dans la mythologie scandinave l'Élysée de la mythologie grecque. C'est là que les héros, reçus par Odin, goûtaient les rudes délices réservées, selon leurs croyances, aux mânes des guerriers et des sages. Le roi Louis de Bavière s'est servi du même symbole et du même nom pour son Panthéon germanique. Tout jeune encore, et n'étant que prince héréditaire, il en conçut l'idée en lisant l'histoire de Jean de Muller. C'est la jeunesse qui conçoit les plans réalisés par l'âge mûr. Celui-ci ne fut exécuté que vingt-cinq ans plus tard, mais avec magnificence. Le roi a choisi la plaine de Ratisbonne, parce que c'est là que le Danube atteint le point culminant de son cours. Là, l'Allemagne trouve son centre; le Nord et le Midi se rencontrent et se jettent d'une rive à l'autre de fraternels regards. Il a adopté la forme grecque, parce qu'elle seule convient à l'apothéose des grands hommes. Quelques Allemands eussent préféré le gothique. Kohl est du nombre. Ils ont tort. La forme gothique appartient au culte du vrai Dieu, elle lui est consacrée par l'usage de nos pères durant tant de siècles,

LA WALHALLA.

LE DANUBE ALLEMAND ET L'ALLEMAGNE DU SUD.

par celui que nous perpétuons nous-mêmes. Il ne convient pas que la gloire humaine habite un temple fait sur le dessin de la maison de Dieu.

La Walhalla est construite sur le modèle du Parthénon. Une colonnade d'ordre dorique règne tout autour. Une grande porte de bronze ferme l'unique entrée. Chaque façade est décorée d'un fronton sculpté. Le fronton du nord représente le plus antique trophée de la Germanie, une victoire d'Arminius sur les Romains. Arminius ou Hermann occupe le centre de la composition; sa haute taille domine tout. A sa droite gisent dans la poussière les aigles abattues, Varus humilié, un légionnaire attendant les chaînes; à sa gauche, des guerriers germains, un barde antique, la prêtresse Velléda, et un soldat expirant sous le regard de la Victoire. On dirait un tableau du poëme des *Martyrs*, revêtu de cette grandeur suprême que donne le marbre. Cette œuvre est belle et noblement conçue. Elle est de M. Schwanthaler, une des gloires de la pléiade bavaroise, et que nous retrouverons à Munich.

Le fronton du sud, d'une exécution excellente, pèche essentiellement à mes yeux par la conception. C'est une allégorie politique. Le sculpteur a représenté l'Allemagne, mais l'Allemagne, entendez-le bien, telle que l'ont faite les traités de 1815. C'est là qu'est le fin du sujet. Le roi Louis, — on peut hardiment lui en prêter l'intention, — a prétendu traiter en marbre ce qu'on appelle la question du Rhin. Chaque groupe est la traduction d'un paragraphe des traités de Vienne; le tout forme un manifeste politique. A droite et à gauche de la Germanie majestueusement assise, se tiennent, sous une forme symbolique, les principales puissances de l'Allemagne, et à côté de chacune ce qu'elle a reçu, après la chute de l'empire, des provinces rhénanes. La Prusse a Cologne, l'Autriche Mayence, la Bavière Landau, le Hanovre Luxembourg.

Sculpteur j'aurais conçu, ce me semble, une image plus belle et sous des traits plus durables. Qui se rappellera dans cent ans les conquêtes de M. de Metternich? Qui reconnaîtra l'Allemagne dans un soldat possesseur de Landau et mis en sentinelle sur les bords du Rhin? Mais l'Allemagne, mère de Goethe, de Schiller, de Leibnitz et de Mozart, l'Allemagne d'Othon et de Charles-Quint, voilà celle dont la mémoire vivra toujours : comme la déesse antique, mère des dieux de l'Olympe, elle peut s'enorgueillir en pressant dans ses bras ses générations de grands hommes, tous glorieux, tous immortels :

Omnes cœlicolas, omnes supera alta tenentes!

Pour ne pas offenser le pavé du temple, on revêt avant d'entrer des chaussures de feutre; puis la porte de bronze s'ouvre solennellement. Le premier coup d'œil est enchanteur. Jamais l'art profane n'a produit sur moi une pareille impression. C'est un ravissement. Sur la tête, sous les pieds, à droite et à gauche, partout le marbre; la lumière tombe à flots par les voûtes. Trois avant-corps décorés de colonnes coupent à intervalles égaux la longueur de la salle : des cariatides d'une rare perfection, le visage serein, l'attitude majestueuse, leurs cheveux dénoués sur leurs robes d'or, accouplées comme des sœurs, soutiennent les portiques. A la voûte, des étoiles d'or étincellent dans des caissons d'azur. Dans les angles, de grands candélabres antiques en marbre blanc attendent l'huile parfumée ou l'encens. En marbre blanc encore, et du plus pur, six Victoires, sculptées par Rauch, se détachent sur le fond violacé de la muraille : leurs formes sont d'une élégance et d'une légèreté divines. Une surtout; à demi penchée, et à peine posée sur la terre, on dirait qu'elle va s'envoler avec la couronne qu'elle lance.

Les bustes des grands hommes sont rangés sur trois lignes, le long des parois du temple, tous à peu près de même grandeur et de même matière : ils reposent sur une console continue détachée du mur. Des inscriptions en lettres d'or rappellent les noms de ceux dont l'image n'est pas venue jusqu'à nous.

Ces bustes, il faut le dire, sont la partie faible de la Walhalla; c'est par où le médiocre y est entré : peu d'entre eux soutiennent l'examen : il faut se contenter de la vue d'ensemble.

Certes l'Allemand qui passe à Angers et visite dans le musée de cette ville les bustes et les médaillons de la galerie David, pour peu que la vanité nationale ne mette pas un bandeau sur ses yeux, doit faire une comparaison affligeante. La belle tête de Schiller est défigurée. J'ai cherché Goethe et Mozart sans les reconnaître. Mais j'ai reconnu Blücher, que je ne cherchais pas. Son buste est un chef-d'œuvre. Que ne l'a-t-on confié à l'auteur du Schiller, et le Schiller à l'auteur du Blücher?

Straubing est la première ville après Ratisbonne. On la distingue du haut de la Walhalla. Le fleuve fait de longs circuits avant de l'atteindre. On a tout le loisir d'étudier la grande tour de son hôtel de ville; surtout on se fait conter l'histoire d'Agnès Bernauer, l'héroïne du lieu.

Agnès Bernauer était la fille d'un artisan d'Augsbourg. Elle était, dit la tradition, merveilleusement belle. Son portrait, que j'ai vu à Augsbourg, ne la fait pas voir absolument ainsi; mais un grand air de douceur est peint dans ses yeux, et ses joues ont la pâleur d'un personnage de légende. Albert, fils du duc de Bavière, en devint éperdument épris.

Il l'épousa à l'insu de son père. Le mariage fut béni par le chapelain d'une église de village, sans autres témoins que deux serviteurs. Les époux se rendirent au château de Straubing, dont le Danube baigne encore les ruines.

La nouvelle parvint aux oreilles du duc de Bavière. Il destinait à son fils la main d'une riche héritière; son dépit fut extrême et ne tarda pas à éclater. Un jour de fête, un tournoi se donnait sur l'une des places de Ratisbonne. Albert s'y présenta avec une suite brillante. Il aimait les belles armes, s'en servait vaillamment, et venait disputer le prix. Mais, comme il entrait dans la lice, les hérauts d'armes, sur l'ordre du duc, lui en interdirent l'accès, comme à un impur souillé par le concubinage. « Vous mentez par la gorge ! s'écria Albert, je n'ai qu'une femme légitime, et c'est Agnès. » Il tourna bride, donna de l'éperon à son cheval, et s'en alla à Straubing consoler sa douleur.

Cette scène et cet éclat irritèrent davantage le duc. Un jour qu'Albert était à la chasse, une troupe envahit le château, désarme les serviteurs et s'empare de la personne d'Agnès. La salle d'armes est transformée en tribunal, et la jeune femme, tremblante, prévoyant sa fin funeste, y est traînée comme une misérable. On l'accuse de crimes imaginaires, on lui refuse les moyens de prouver son innocence, et des juges iniques la condamnent à périr dans le fleuve.

Il y avait alors (1435) un pont de bois qui fut brûlé au siècle suivant. Les soldats y conduisent l'infortunée. Une grande foule se pressait sur leur passage : sa grâce, sa jeunesse, les larmes qui inondaient son visage, sa pâleur, et jusqu'au contraste de sa misère présente avec son élévation passagère, émurent de pitié les plus insensibles. Mais la sentence devait s'accomplir. Les bourreaux la saisissent, la soulèvent, et, sans qu'elle fasse de résistance, sans qu'elle prononce une seule plainte, ils précipitent dans le fleuve la victime résignée. Un murmure d'horreur couvre la rive, puis un grand silence. La malheureuse n'avait point été submergée. Soutenue par ses vêtements, elle flottait à la surface et se débattait contre la mort. Le flot la pousse vers la rive, elle fait effort pour l'atteindre : ses bourreaux y sont avant elle; elle leur tend ses mains innocentes, l'amour de la vie est revenu en elle avec l'horreur de la mort; elle les supplie avec angoisse. Trois d'entre eux se détournent en pleurant. Que Dieu en décide, disent-ils, et ils attendent qu'elle aborde ou qu'elle meure. Un seul est impitoyable. On raconte qu'il avait contre Albert un ressentiment secret, et que le duc lui avait confié à dessein l'exécution de sa vengeance. L'infortunée créature n'était plus qu'à quelques pas du rivage;

ses longs cheveux, dénoués dans sa chute, flottaient sur ses épaules. Le soldat s'arme d'un croc de batelier, la saisit par ses tresses, l'enfonce sous l'eau, et l'y maintient de force jusqu'à ce que les dernières convulsions aient annoncé sa mort. Son cadavre fut retiré du fleuve et pauvrement enseveli. Plus tard on déposa ses restes dans une chapelle du cimetière, où l'on vient les visiter encore. Le comte Ernest, après quelques mois d'une violente douleur, se réconcilia avec son père et épousa la femme qu'il lui destinait.

Passau est ma dernière étape sur le Danube bavarois. Cette petite ville de onze mille habitants jouit d'un site extrêmement pittoresque; aussi est-elle fort célébrée dans les descriptions allemandes. Kohl l'appelle « un bijou finement ciselé dans un collier de perles. » Elle-même se nomme la Venise du fleuve. Elle en est plutôt le Coblentz. L'Inn, plus large ici que le Danube (260 mètres contre 225), s'en approche lentement, forme avec lui un angle aigu, et s'y jette ou plutôt s'y réunit sans violence. Passau, bâtie dans l'échancrure, se mire dans ces deux nappes d'eau. Elle s'avance comme un promontoire effilé et bordé de maisons. L'une d'elles bâtie à l'angle jouit de la vue du Danube et de l'Inn. L'Inn a ses partisans, qui veulent à son profit détrôner le Danube; ils traitent ce dernier d'usurpateur. Selon eux, c'est l'Inn qui reçoit le Danube et qui, grossi de ses eaux, coule depuis Passau jusqu'à la mer Noire. Quoique extravagant, le paradoxe n'a pas réussi, même en Allemagne. L'Allemand, et je l'en loue, ne renonce pas à la légère au prestige de son vieux fleuve.

Au XVII° siècle, pendant la guerre de Trente ans, un habitant de Passau, étudiant et sorcier, inventa un talisman contre la mort. Dans un temps de guerres et de meurtres continuels, son invention eut du succès. C'était un carré de papier couvert de caractères cabalistiques. Il suffisait de l'avaler : vingt-quatre heures après on était plus invulnérable qu'Achille. Ce charlatan fit d'autant mieux fortune qu'il n'avait rien à craindre de ses victimes.

Aujourd'hui les habitants de Passau n'ont rien à démêler avec le diable. Ce sont pour la plupart d'honnêtes potiers. Quelques-uns s'élèvent jusqu'à la fabrication de la porcelaine et du papier. En somme, la ville est morte et l'industrie languissante. Passau répond mal à sa magnifique situation. Il y aurait place pour une cité florissante au confluent de ces trois fleuves. Mais il faudrait rectifier le cours de l'Inn, surtout dans son lit supérieur : des canaux devraient le mettre en communication avec les contrées et les fleuves voisins. Il faudrait y développer la navigation à vapeur, qui n'y est qu'à l'état d'enfance. A ce prix seulement

PASSAU.

LE DANUBE ALLEMAND ET L'ALLEMAGNE DU SUD.

Passau deviendra ce qu'elle doit être : l'entrepôt sur le Danube d'un commerce important.

A quelques milles de là, le Danube entre en Autriche par une contrée sauvage, des murs de rochers, des sapins. Mais, avant de le suivre, il nous faut retourner en Bavière, et la voir autrement qu'au fil de l'eau.

CHAPITRE V

LE LAC DE CONSTANCE (RIVE ALLEMANDE)

La ville de Constance. — Le Concile. — Mort de Jean Huss. — Le lac. — Les ports allemands. — Lindau, miniature de Venise. — Une scène de la vie bavaroise.

En voyage, comme dans les livres, j'aime les digressions. La ligne droite inspire l'ennui; tout voyageur a pour l'école buissonnière un goût d'enfance. Laissez-moi donc passer d'un bond du Danube à Constance. J'y suis venu par une route charmante, la forêt Noire et Schaffhouse.

Le Rhin fait toute la beauté de Schaffhouse. Quels lieux n'embellit-il pas? J'ai revu son onde aussi riante qu'à Bâle, plus romantique encore par le voisinage des montagnes. Sorti de la ville, il forme la fameuse chute.

« Qu'on se représente tout le fleuve dans la plénitude de sa majesté, tombant à la fois de soixante-dix ou quatre-vingts pieds comme une mer d'écume jaillissante. Trois rochers couronnés de quelque verdure interrompent le cours de cette vaste nappe d'eau, de ce torrent de neige. Le fleuve irrité bat leurs flancs, les sape, les amincit et multiplie ses chutes par les jours qu'il se fait au milieu d'elles. Il tombe avec un fracas qui répand l'horreur et dont toute la vallée retentit; l'onde brisée s'élève en vapeurs où se joue le brillant Iris. »

Cette description est de Mme Roland. De nos jours le tableau s'est enrichi de deux traits. Un chemin de fer rase la cascade, dont il double le fracas. Le vent apporte au voyageur l'écume de l'eau. Sur l'autre rive s'élèvent les bâtiments enfumés d'une usine; ses marteaux sont mus par un des mille ruisseaux de la cascade. C'est pour répondre à ceux qui devant une belle chose demandent : A quoi cela sert-il ?

Un voyageur plus ancien que Mme Roland de deux siècles parle plus sobrement du même phénomène. « Au dessoubs de Schaffhouse, dit Montaigne, le Rhin rencontre un fond plein de gros rochiers, où il se rompt, et au dessoubs dans ces mêmes rochiers il rencontre une pante d'environ deux piques de haut, où il fait un grand sault, escumant et bruïant estrangement. Cela arreste le cours des bateaux et interrompt la navigation de ladicte rivière. »

Du temps de Montaigne, la nature, a-t-on dit, n'était pas inventée. Mot spirituel et vrai. Rousseau, Bernardin de Saint-Pierre, Chateaubriand, sont parmi nous les inventeurs de la nature. Bien d'autres en avaient avant eux senti le charme. Ils l'ont décrit les premiers; les premiers (exceptons-en la Fontaine), ils ont fixé leurs impressions sous une forme durable. Par eux le sentiment de la nature a fait pénétrer sa poésie, quelquefois ses langueurs, dans les arts, dans les lettres, dans la vie domestique. Nous tous qui courons, émus et avides, après les lacs, les glaciers, les forêts, nous sommes leurs disciples. Sans une page des *Rêveries*, des *Harmonies de la nature*, de *René*, qui sait l'indifférence où nous laisseraient ces spectacles?

De Schaffhouse à Constance, le Rhin parcourt une contrée délicieuse. La vallée est aussi fraîche que le flot qui l'arrose. C'est une promenade à travers les jardins et les vergers. La route de terre serpente entre le fleuve et les collines qui l'enferment. Ces collines sont peuplées de villas et de châteaux dont le site, à mi-côte, sous l'ombrage, fait naître le désir d'y vivre. L'indigène ne manque pas de signaler dans le nombre le château d'Arenenberg. C'est désormais un lieu historique. La reine Hortense l'habita avec celui de ses fils à qui l'avenir destinait, au bout de longues épreuves, un trône digne de sa naissance et de son génie.

Constance, au bord de son lac, a la tristesse

LAC DE CONSTANCE.

LE DANUBE ALLEMAND ET L'ALLEMAGNE DU SUD.

d'une reine déchue. Au moyen âge, sa population atteignit le chiffre de quarante mille âmes. Pendant le concile elle en eut cent mille ; elle n'en compte pas huit mille aujourd'hui. Mais quel site enchanteur ! Je suis arrivé le soir, et j'ai couru sur la rive. L'air était d'une rare douceur, et le ciel d'une pureté sans pareille. Des milliers d'étoiles tremblaient sur la face éclairée de l'eau. Au milieu d'elles, le croissant de la lune flottait, comme l'image d'un léger navire, dans le sillon d'argent de sa propre lumière. Quelques barques de pêcheurs et d'oisifs revenaient lentement vers le bord, et le bruit des rames cadençait le silence de la nature. On se serait cru voisin des lieux où la mer de Sorrente « déroule ses flots bleus au pied des orangers. »

De retour à l'hôtel, je trouvai des tables servies en plein air, sur un sable fin, dans une allée de platanes, où la clématite et le jasmin suspendaient d'un arbre à l'autre leurs guirlandes embaumées. Une fontaine chantait dans une conque de marbre, et s'enfuyait sous nos pieds. Oh ! l'heureux coin de terre et digne d'une chanson d'Horace ! « Viens t'asseoir sur ces gazons où le grand pin et le pâle peuplier mêlent l'ombre hospitalière de leurs feuilles, où l'onde fugitive s'agite dans le lit sinueux du ruisseau. » C'était l'heure du souper. Les convives étaient nombreux, la plupart étrangers comme moi. Les servantes de l'hôtel s'empressaient alentour. C'étaient ces grandes filles de Constance, célèbres par leur beauté. Leur taille svelte, leurs traits purs, leurs magnifiques chevelures, séparées en longues tresses, l'élégance de leur maintien, leur costume, enchanteraient un peintre. Je n'ai vu qu'à Arles un type aussi beau. On dirait qu'une goutte du sang de la Grèce est tombée dans ces lieux.

Constance fut le siége d'un concile fameux, terminé par une exécution sanglante. Il se réunit en 1414, et dura trois ans. Pas un royaume, pas une république en Europe ne manqua d'y envoyer des députés. On y vit en même temps un pape, un empereur, trente cardinaux, vingt archevêques, cent cinquante évêques, une multitude d'abbés, de docteurs, deux mille simples prêtres, des princes, des ducs, des barons, des gentilshommes en foule innombrable. Depuis les beaux jours d'Antioche et de Nicée, la chrétienté ne vit rien de plus grand. La France y était représentée par deux hommes éminents, Gerson, l'honneur de l'université de Paris, et Pierre d'Ailly, cardinal de Cambrai, surnommé l'aigle de France. Ces deux hommes furent à un certain moment les chefs du concile, dont ils étaient en tout temps la lumière. Leurs noms sont inscrits au premier rang dans les délibérations importantes.

Les actes du concile sont connus : le grand schisme éteint, trois papes déposés ou forcés d'abdiquer, leur successeur régulièrement élu, les erreurs de Wicleff condamnées, la discipline ecclésiastique restaurée, tel en est l'abrégé. Mais le bûcher de Jean Huss et de Jérôme de Prague jette du fond de cet âge une lueur sinistre : triste condition de ces temps où le zèle pour la foi engendrait la persécution, où la haine du péché tournait en fureur contre le pécheur. Grâce aux progrès de nos mœurs, grâce à la loi de Dieu mieux comprise et plus doucement appliquée, il est aujourd'hui permis de rappeler ces scènes sans éveiller d'autre sentiment qu'une grande pitié.

Jean Huss était issu d'une pauvre famille de paysans dans un village de Bohême. Sa science, son attachement aux vieilles traditions de sa patrie, l'élevèrent au grade de recteur de l'université de Prague. Il embrassa de bonne heure les doctrines de l'Anglais Wicleff et les répandit en Bohême, tant par ses prédications que par celles de son disciple, Jérôme de Prague. Frappé d'excommunication, il en appela au concile. Il se rendit à Constance, muni d'un sauf-conduit de l'Empereur ; voici le texte de cette pièce fameuse :

« Sigismond, par la grâce de Dieu roi des Romains,... etc., à tous princes ecclésiastiques et séculiers, etc., et à tous nos autres sujets, salut. Nous vous recommandons d'une pleine affection, à tous en général, et à chacun de vous en particulier, l'honorable maître Jean Huss, bachelier en théologie et maître ès arts, porteur des présentes, allant de Bohême au concile de Constance; lequel nous avons pris sous notre protection et sauvegarde, et sous celle de l'Empire, désirant que vous le receviez bien et le traitiez favorablement, lui fournissant tout ce qui lui sera nécessaire pour hâter et assurer son voyage, tant par eau que par terre, sans rien prendre de lui ni des siens aux entrées et aux sorties pour quelque cause que ce soit, et vous invitant à le laisser librement et sûrement passer, demeurer, s'arrêter et retourner, en le pourvoyant même, s'il en est besoin, de bons passe-ports, pour l'honneur et le respect de la majesté impériale.

« Donné à Spire, le 18 d'octobre de l'an 1414, le 5ᵉ de notre règne de Hongrie et le 5ᵉ de celui des Romains. »

Arrivé à Constance, Jean Huss ne jouit pas d'une longue liberté. Il fut arrêté, chargé de chaînes, et jeté dans un étroit cachot. Il devait ce rigoureux traitement à la haine de deux membres du concile, ses propres compatriotes, Michel Causis et Paletz. Accusé et condamné sur trente points de doctrine, il fut sommé de se rétracter, refusa opiniâtrément, et fut condamné au feu comme hérétique.

Le 6 juillet, Jean Huss comparut une dernière fois devant ses juges. On le plaça sur une estrade. Un évêque monta en chaire, et prononça une homélie sur ce texte de saint Paul : « Il faut que le corps du péché soit détruit. » Le promoteur du concile se leva, et demanda, en son nom, la condamnation de Jean Huss et de ses écrits. On lut les trente articles incriminés. Jean Huss fit une réponse, souvent interrompue par les rumeurs de l'assemblée. Mais il se fit un grand silence lorsque, regardant en face l'Empereur, sans éclat, sans violence, avec sa douceur accoutumée, il lui reprocha sa foi et sa parole violées. Sigismond baissa la tête, et une vive rougeur passa sur son front. L'assemblée entière en fut frappée, et longtemps en Allemagne le souvenir s'en est conservé. Cent ans plus tard, à la diète de Worms, on pressait Charles-Quint de faire arrêter Luther : « Non, répondit-il; je ne veux pas rougir comme Sigismond. »

La sentence fut lue au condamné; puis on procéda à sa dégradation. Des évêques le revêtirent des habits sacerdotaux, lui mirent le calice à la main, comme pour célébrer le saint sacrifice, puis le dépouillèrent pièce à pièce des mêmes vêtements. En lui ôtant le calice on prononça cette imprécation : « Judas maudit, qui, ayant abandonné le conseil de la paix, es entré dans celui des Juifs, nous t'enlevons ce calice rempli du sang de Jésus-Christ! » On lui rasa la tête pour effacer le signe sacré de la tonsure, et on le coiffa d'une mitre ornée de figures de démons avec ce mot : *Hérésiarque!* enfin on prononça sur lui l'imprécation suprême : *Animam tuam diabolis commendamus :* « Nous livrons ton âme aux démons. »

Exclu du sein de la société religieuse, Jean Huss fut livré au bras séculier. Les exécuteurs s'en emparèrent. Il marcha au supplice entre quatre valets de ville, gardé par huit cents soldats et suivi des princes de l'Empire. Un peuple immense se pressait sur leurs pas, curieux de voir l'homme extraordinaire qui faisait depuis Prague jusqu'à Constance l'entretien de toutes les bouches. Le lieu du supplice était une prairie voisine de la ville. Jean Huss s'y mit à genoux en récitant de ferventes prières. Il s'était confessé le matin, et avait demandé pour l'entendre Paletz, son plus mortel ennemi. Celui-ci l'avait confessé en pleurant. Ces détails, connus de la foule, rendaient sa pitié plus vive : en l'entendant réciter les Psaumes de la pénitence, elle était émue et inquiète. « Je ne sais quel est son crime, s'écriait un artisan, mais ses prières sont d'un croyant. »

On l'attacha au poteau fatal par les mains, par la ceinture, et par la tête. On entassa autour de lui des fagots, de la paille et du bois. L'électeur palatin, qui conduisait le supplice, le somma une dernière fois de se rétracter. D'une voix assurée, Jean Huss refusa; il voulut haranguer le peuple, mais on ne lui en donna pas le temps. Le feu fut mis au bûcher. L'infortuné entonne une hymne : la fumée et la flamme l'étouffent sur ses lèvres. Quand il fut mort, les soldats séparèrent son corps par morceaux, et rejetèrent ses membres à demi calcinés dans les flammes; il n'en resta que des cendres, qui furent recueillies et jetées dans le Rhin.

L'année suivante, le disciple de Jean Huss subit le même sort. Jérôme de Prague n'avait pas suivi son maître; mais à son départ il lui avait dit : « Cher maître, s'il t'arrive malheur, j'irai, je volerai à ton aide! » Il tint parole. A la nouvelle que Jean Huss était en prison, il se rendit à Constance, mais secrètement, sous un habit d'emprunt et sans sauf-conduit impérial. Mêlé aux groupes, errant dans les places publiques, il écoutait parler la foule. Les bruits sinistres qui circulaient glacèrent son courage; le cœur lui faillit, et il prit précipitamment la fuite. Jérôme de Prague était bien éloigné de la modération de son maître. Esprit ardent jusqu'à la violence, éloquent et fougueux, il avait beaucoup de l'emportement passionné qui plus tard entraînera Luther. Dans sa fuite, il ne retint pas ses imprécations, fut reconnu, arrêté, reconduit à Constance, et jeté dans une rigoureuse prison. Il y demeura longtemps encore après que Jean Huss eut péri. Condamné sur les mêmes doctrines, on voulait seulement qu'il se rétractât : c'était assez de sang versé. Des cardinaux, des évêques, visitaient et pressaient le prisonnier. Il opposa jusqu'au bout une inflexible volonté. Il semble qu'à ses yeux c'était mourir que de survivre à Jean Huss.

Voici sur son supplice et le courage qu'il déploya, le récit d'un témoin oculaire. Il est de Poggio, plus souvent appelé le Pogge, érudit célèbre et secrétaire du concile. Son témoignage n'est pas suspect.

« Le front riant, la joie sur le visage, Jérôme marcha vers le supplice sans trembler devant le bûcher ni devant la torture. Jamais stoïcien n'endura la mort avec une constance égale à son désir obstiné de mourir. Arrivé à l'endroit fatal, il se dépouille lui-même de ses vêtements, fléchit le genou, et adore le poteau auquel on va l'attacher. On l'y attache nu, avec des cordes mouillées et une chaîne ; puis on dispose le bois autour de lui, jusqu'à hauteur de poitrine. Ce n'était pas de menu bois, mais de grosses pièces entremêlées de brandons de paille. On y met le feu, au même moment il entonne une hymne qu'interrompent à peine la flamme et la fumée. Voici un trait merveilleux de sa fermeté d'âme : le bourreau, pour n'être pas vu de lui, voulait mettre le feu par derrière. « Approche-toi, lui dit Jérôme, et mets le feu devant moi. Si j'avais craint le bûcher, je n'y serais pas; je pouvais m'y soustraire. » Ainsi mourut cet homme extraordinaire. J'ai vu sa fin, j'en ai suivi toutes les phases.... Mucius Scævola supporta avec moins de constance sa main consumée, et Socrate fut moins prompt à boire le poison........

« A Constance, le propre jour où Jérôme a porté la peine de son hérésie [1]. »

Tel fut le dénoûment de cette longue tragédie. Un homme pourtant avait prononcé dans le cours des débats une parole qui méritait d'être écoutée; pour l'honneur de son auteur l'histoire doit la recueillir. Le jour où Jérôme de Prague comparut pour la première fois devant ses juges, des cris: Au feu! au feu! partirent de quelques bancs. « Si ma mort vous est agréable, répondit Jérôme, que

---

[1] Lettre du Pogge à Arétin, citée dans Æneas Sylvius, *Historia Bohemica*, *XXXV*. Quant au procès de Jean Huss, les pièces originales ont été publiées par Von der Hardt, érudit allemand. — V. ap. Bonnechose.

la volonté de Dieu soit faite! — Non, Jérôme, dit l'archevêque de Salzbourg, car il est écrit : Je ne veux pas la mort du pécheur, mais je veux qu'il vive et se convertisse. »

Après une journée un peu vide dans ses tristes rues et ses murs déserts, j'ai quitté Constance. Je l'avais saluée le soir; je lui dis adieu de bon matin. Du pont du bateau qui m'emportait vers l'autre rive, je la vis s'effacer dans la brume et disparaître derrière un rideau d'arbres. Nous étions en pleine eau, et l'on pouvait jouir entièrement du lac.

Le lac de Constance n'est pas encaissé comme les autres lacs de la Suisse. Il ne réfléchit pas la neige des glaciers alpestres, ni l'ombre des sapins et des rochers. Ses rives, à peine ondulées du côté de la Souabe, sont couvertes de prairies, de cultures, de hameaux à demi cachés dans le feuillage. C'est la plus riante nature, et la plus familière. Rien d'imposant. Une molle douceur et de gracieux attraits. Du côté de la Suisse et du Tyrol, les masses bleuâtres des Alpes et leurs cimes neigeuses donnent quelque grandeur au tableau; mais elles sont le cadre et non pas l'objet. Entre elles et la rive s'étendent des pelouses, des vallées, des collines. L'œil monte par de verts gradins jusqu'aux cimes lointaines et il en redescend pour se poser sur l'azur du lac.

C'est plaisir à cette heure matinale de glisser sur sa face inondée de lumière et ridée par un léger vent. La proue du bateau creuse un sillon, l'eau se fend, le sentier s'élargit, et sous le choc des aubes pétillent des étincelles de lumière. Le bleu du lac est profond, sa transparence merveilleuse. Son éclat, sa fraîcheur, captivent invinciblement les yeux. Le charme en pénètre jusqu'au cœur. On voudrait, comme le pêcheur de la ballade, se plonger dans cette onde qui séduit et qui attire. Étrange impression des forêts et des eaux; une grande mélancolie s'en élève, une longue et délicieuse rêverie. Comptez ce qui s'est fait de vers au bord des lacs. Le plus sage ne peut s'en défendre. Un peu de papier et un crayon, vous voilà poëte. Une mauvaise ode est sitôt faite!

. . . .
Toi dont je foule en paix les beaux sentiers d'azur,
O lac, enivre-moi de lumière et d'air pur;
Laisse-moi me pencher sur ta source profonde,
Et goûter à longs traits les délices de l'onde.
A ton flot qui murmure, à ton flot qui sourit,
J'abandonne mes sens et livre mon esprit.
O mère bienfaisante et sereine, ô Nature,
Toi qui sais de mon cœur l'immortelle blessure,
Laisse couler sur moi, de ton sein maternel,
Comme un ruisseau divin, la rosée et le miel,
Et fais qu'en approchant de ta coupe sacrée
Mon âme, moins aride, en soit désaltérée.

CHAPITRE V.

LA NATURE.

Ami, que ton désir monte plus haut que moi ;
Il en sera plus pur et plus digne de toi.
Parce que j'ai vécu des millions d'années,
Et que le temps pour vous se compte par journées,
Tu me crois immortelle, hélas! et ne vois pas
Que d'un pas différent nous marchons au trépas.
Celui qui nous créa dans sa toute-puissance,
Toi, le roseau pensant, moi, la nature immense,
Dieu, le seul immortel qui ne sait pas mourir,
C'est à lui que ton cœur doit monter et s'offrir.
Les monts, les prés, les bois, les fleurs et les étoiles,
Et tout ce que l'éther enferme dans ses voiles,
Et l'Océan sublime, et ce lac enchanteur,
Tout porte écrit en soi le nom de son auteur.
Aime-moi donc, enfant, comme un divin symbole ;
Mais ne fais pas de moi ton Dieu, ni ton idole.
Soulève le rideau que j'étends sur tes yeux.
Par delà mon beau ciel, tu verras d'autres cieux.
Adresse-leur tes chants d'amour et d'espérance ;
Mon empire finit où l'infini commence.

. . . .

Le lac de Constance est une Méditerranée en raccourci. La moitié de l'Allemagne s'est donné rendez-vous sur ses rives. La Suisse a toute la côte occidentale. Le duché de Bade a Constance; le Wurtemberg, Friedrichshafen; la Bavière, Lindau; l'Autriche, Bregenz. Un commerce assez actif règne de l'un à l'autre bord. Le lac est la route naturelle des échanges entre la Suisse et l'Allemagne. L'Allemagne aspire à l'unité politique, elle-même pour les moindres intérêts se divise à plaisir. La navigation du lac en est un curieux exemple. Impossible d'aller de Constance à Bregenz sur le même bateau. On change autant de fois de bord et de pavillon qu'il y a de stations différentes. Vous partez de Constance avec un équipage et des couleurs badoises. Un vapeur wurtembergeois vous reçoit en route et vous porte à Friedrichshafen, où vous attend le steamer bavarois, qui vous porte à Lindau, où vous attend l'Autrichien, qui vous dépose à Bregenz.

Friedrichshafen est le moindre des trois grands ports de la rive allemande. Sa rade est faite d'une rangée de pieux enfoncés dans le lac; le lac, sujet à des tempêtes, les arrache quelquefois et met le trouble dans la flottille. Elle se composait, quand je passai, de quelques nacelles pavoisées pour une fête, et d'un unique vapeur qui se balançait mélancoliquement sur ses ancres. Un gros homme en chapeau de paille et en veste de toile fumait sa pipe sur le quai. L'équipage lui adressa de grands saluts qu'il reçut avec dignité. C'est le commandant du port, à la fois capitaine et amiral de la marine royale de Wurtemberg.

Bregenz, au fond du lac, est surmonté d'une belle couronne de montagnes et d'un vieux château. C'est l'entrée du Vorarlberg, et un débouché important du commerce de la contrée.

Entre les deux est Lindau; Lindau la fière, Lindau la blanche, Lindau la coquette, Lindau la reine du lac.

> Le lac est un écrin immense
> Où brille plus d'un fin joyau,
> Mais le plus beau n'est pas Constance;
>   Non, c'est Lindau.
>
> Un nœud de roseaux à la rive
> Attache le léger radeau
> Où l'on voit, riante et captive,
>   Flotter Lindau.
>
> Autour d'elle un ciel d'Italie,
> Des montagnes, un vert rideau,
> Sous ses pieds nus l'onde polie,
>   Telle est Lindau.
>
> Non, la mer que le doge épouse
> N'offre pas un plus doux tableau,
> Et Venise serait jalouse
>   De voir Lindau.

Cette chanson, que m'inspira Lindau, n'est pas une pure fantaisie. De Venise, Lindau a la grâce, la fraîcheur, le site original, tout cela dans les proportions d'une miniature. Elle est bâtie sur trois îlots, réunis par de longs ponts. Ses pieds trempent dans l'eau. Son port, spacieux et animé, est formé d'une digue en belles pierres de taille ; on y entre par un goulet auquel ne manquent que des canons. Un beau phare en signale l'entrée. Sur le quai, un monument de marbre et de bronze est élevé au roi régnant. Deux pavillons d'une architecture élégante servent de palais à la douane et à la gare. Un rideau de fleurs grimpantes en décore la façade, et le lac rit à leurs pieds. Enfin Lindau a, comme Venise, son pont des lagunes. Il unit le port à la rive allemande. On voit ses cinq cent cinquante arches en pierres blanches comme le marbre mirer leurs cintres dans l'eau bleue qui les submerge. Au sommet, de longues files de wagons glissent, suivies d'un panache de vapeur. Ce chemin de fer, établi à grands frais, n'est pas uniquement pour le pittoresque ; il rattache Lindau à Augsbourg, à Nuremberg, à Munich, à toutes les villes importantes du continent bavarois ; le port lui doit son activité. Le rail-way arrive jusqu'au bord de l'eau, et il se fait entre les wagons et les bateaux un continuel échange.

L'intérieur de la ville a son caractère. Le moyen âge y a construit de vieux logis à tourelles octogones et à pignons pointus ; la renaissance a sculpté les balcons et les portes ; des arabesques peintes ou moulées décorent les façades; le climat, d'une douceur extrême, favorise la culture des fleurs. Il m'a semblé que les habitants avaient pour les fleurs une grande passion. Les édifices publics et privés en sont tapissés. C'est le luxe de la contrée, luxe charmant qui vaut bien celui de la pierre et du marbre. J'ai vu des fenêtres toutes festonnées de grappes vertes et embaumées. Des jeunes filles penchées sur la rue apparaissaient dans le cadre qui sied le mieux à leur beauté. Tout cela captive et réjouit l'étranger. L'habitant s'en étonne, et si l'on exprime devant lui son goût pour la cité qu'il habite : « Vous n'avez rien vu, » répond-il. Il vous mène alors devant un grand amas de pierres en ruines. « Voilà, dit-il, notre muraille romaine; cela remonte à l'empereur Tibère. Lisez l'inscription. » Les Bavarois sont terribles pour les inscriptions. Celle-ci dit en vingt lignes ce qui tiendrait aisément dans une. D'ailleurs, pas une preuve sérieuse de l'origine prétendue de ces pierres; gardez-vous pourtant d'élever un doute : pour ce pan de mur équivoque Lindau donnerait son lac, ses fleurs et sa lagune.

J'ai été réjoui à Lindau par le spectacle d'une fête populaire. Le souvenir m'en délecte encore. La foule qui depuis le matin circulait sur les ponts me conduisit sur une vaste esplanade ombragée d'arbres et tapissée de gazon. Des tables et des bancs de bois dressés à la hâte s'étendaient en longues files. De nombreux convives y étaient assis. C'étaient pour la plupart des bourgeois, de ces bons bourgeois allemands dont l'honnête figure fait à elle seule la gaieté d'une fête. A chaque minute arrivaient de nouvelles recrues pour lesquelles il fallait faire place et se serrer. A quelques pas en arrière, des cuisines en plein vent faisaient leur office de nourrir ce peuple, et elles ne chômaient pas. Sur de grands feux de fagots et de branches dont le vent tordait la flamme, on entendait bouillonner les marmites, bruire les poêles, et les grils chanter. C'était une discordante symphonie : mais « ventre affamé n'a pas d'oreilles. » Des guirlandes de saucisses se balançaient dans l'air, dont à chaque instant un bras armé d'un long couteau retranchait quelqu'une. J'avisai une place vide au coin d'une table, et je m'y assis. Un *kellner* essoufflé (c'est le nom des garçons de café) me servit sans me consulter un grand verre de bière. Il m'en coûta six kreutzers. C'est l'unique contribution levée sur l'assistance ; et, comme la bière de Bavière n'a pas sa pareille, nul ne songe à s'en plaindre. A la même table buvait et mangeait une famille endimanchée, père, mère, enfants et servante. Les serviteurs allemands font partie de la famille : beaucoup mangent à la table du maître. Un grand pot de bière servait pour eux tous ; chacun y buvait à tour de rôle; c'est la coutume. Il y a dans les mœurs de ces contrées quelque chose de la naïveté homérique. Le père entame, et passe à la mère, qui passe à l'aîné, qui passe à la servante; puis vient le tour des petits, qui barbotent en riant. Survienne un ami, il trouvera bien sa part. Nous eûmes, mes voisins et moi, bientôt fait connaissance. J'appris d'eux qu'on célébrait en ce jour et dans ce lieu la distribution des prix de l'école municipale et royale de Lindau. J'avais pour m'en douter besoin de cette révélation. Nos écoles, en France, nous ont accoutumés à des cérémonies moins joviales. J'interrogeais encore, quand un bruit de musique se fit entendre : presque aussitôt nous vîmes déboucher un bataillon en bon ordre de petits garçons et de petites filles, robes blanches, ceintures roses et bleues, chevelures blondes, frais visages. Ils portaient des banderoles et des bannières dont les plis dorés et bariolés flottaient au vent. Un groupe de notables, de magistrats et de magisters les suivait d'un pas grave, et des musiciens qui faisaient rage fermaient la marche. A un signal, tout cela s'élança à la débandade. Il y eut sous les arbres une incursion de jolis espiègles en quête de la table paternelle. Ils venaient chercher des baisers et se rafraîchir à la coupe de famille.

Au bout d'un quart d'heure, la détonation de plusieurs boîtes d'artifice se fit entendre ; la partie solennelle de la fête commençait. Les bambins se rassemblèrent sur des bancs; les notables montèrent sur une estrade. L'un d'eux prononça quelques paroles écoutées en silence, si ce n'est le bruit des poêles qui continuaient de mugir. L'appel des prix commença; chaque lauréat recevait sa couronne des mains d'un notable, puis revenait en triomphe auprès des siens. Les pères, tout émus, indécis s'il fallait s'essuyer la bouche ou les yeux, embrassaient et couronnaient leurs enfants. Mes voisins m'envoyèrent le leur. C'était un petit drôle de dix ans, avec des yeux bleus et des cheveux roux. Il me fallut improviser un compliment pour ce lauréat en grammaire allemande; et, dans mon inexpérience de la langue, j'eus le malheur de commettre un solécisme, qu'il eut la malice de corriger.

La fête se termina par un vaste repas qui, à vrai dire, durait depuis le matin. Douze mille hommes de France n'eussent pas assurément fait la besogne qui se fit ce jour-là dans une petite ville de six mille âmes.

C'est là un trait général des mœurs bavaroises; la bonne chère fait le fond de toutes les fêtes. Celles mêmes de l'esprit semblent fades s'il ne s'y joint un bon repas. Quinze à vingt savants se réunissent dans une salle d'auberge. Les fourneaux s'allument; on s'attable; les verres s'emplissent et se vident, ainsi font les assiettes; la discussion s'engage; les idées se produisent hardies, parfois téméraires; on torque et on rétorque. Les brouillards des utopies se mêlent à ceux des pipes; le café met tout le monde d'accord : cela s'appelle un congrès. En France, on pérore autour d'un tapis vert; en Allemagne, autour d'une nappe : chacun ses mœurs. Schiller, sévère pour ses concitoyens du Sud, les raille dans cette épigramme : c'est le Danube qui parle :

« Autour de moi habite le peuple des Phéaciens,
« à l'œil brillant; pour lui, c'est toujours di-
« manche; toujours la broche tourne au foyer. »

J'y songeai plus d'une fois sur les bateaux à vapeur, à Lindau, dans les chemins de fer. Je fis route un jour avec une compagnie fort élégante, parmi laquelle des patriciennes de Munich et d'Augsbourg. Tout le jour notre wagon offrit l'aspect d'un réfectoire. Le pain bis et les cervelas circulaient de main en main. Je riais de ces appétits robustes, et je me rappelais l'aveu de cette princesse allemande au siècle dernier :

« Un bon plat de choucroûte et des saucissons
« fumés font un régal digne d'un roi. »

Les Allemands rient du contraire. Ils ne conçoivent rien à notre manière de vivre. Nos Parisiennes nourries de bonbons et d'oranges les scandalisent. Ils ne nous pardonnent pas tant de pâtissiers et de confiseurs qui sont dans nos grandes villes. Les deux villes de Munich et de Vienne n'en comptent pas autant qu'un seul quartier de Paris. Encore quelques-uns sont-ils Français, et les produits de leur art nommés d'un nom français. En Allemagne, toutes friandises s'appellent *délicatesses*, comme on appelle *galanteries* ces colifichets de la mode empruntés par les Allemandes au luxe des Françaises.

Cette princesse dont j'ai cité les paroles, devenue par son mariage duchesse d'Orléans et belle-sœur de Louis XIV, ne pouvait s'habituer aux raffinements de la table royale. « Je ne peux, « écrivait-elle, supporter le café, le thé, le cho- « colat, et je ne puis comprendre qu'on en fasse « ses délices. Une soupe aux choux et au lard fait « bien mieux mon affaire que toutes les délica- « tesses dont on raffole ici. » Et ailleurs, se rappelant son enfance dans une cour peu soumise à l'étiquette : « Mon Dieu! s'écriait-elle, combien de « fois ai-je mangé des cerises sur la montagne « avec un bon morceau de pain, à cinq heures du « matin! J'étais alors plus gaie qu'aujourd'hui[1]. »

Ne nous hâtons pas de rire. Cette même per-

---

[1] Lettres de la duchesse d'Orléans.

sonne avait un esprit cultivé et des plus fins. Elle correspondait avec Leibnitz. Elle faisait ses délices de Molière, dont elle admirait surtout *le Misanthrope*. Elle eut le sentiment exquis de la nature dans un siècle où l'art éclipsait la nature. Voici des lignes qu'on croirait écrites hier, par un disciple de Chateaubriand et de Lamartine : « J'aime mieux voir des arbres et des prairies que « les plus beaux palais. J'aime mieux un jardin « potager que des jardins ornés de statues et de « jets d'eau. Un ruisseau me plaît davantage que « de somptueuses cascades. En un mot, tout ce « qui est naturel est infiniment plus de mon goût « que les œuvres de l'art et de la magnifi- « cence. »

J'eus quelque peine à quitter Lindau. Son beau site m'enchaînait. J'allai revoir le lac, et, en traversant la ville endormie au bord de sa lagune, je lui adressai cet adieu, dernier couplet à ma chanson :

> Il faut te quitter, c'est dommage.
> Adieu, la belle au bord de l'eau ;
> Adieu, la perle du rivage,
>   Adieu, Lindau.

Je me réveillai le lendemain à Augsbourg.

CHAPITRE VI

AUGSBOURG ET NUREMBERG

Augsbourg. — Triomphe de la bourgeoisie. — Une famille de tisserands. — Les mémoires d'un dandy au xvie siècle. — Nuremberg. — Les maisons et les rues. — Reliques du moyen âge et de la renaissance. — La châsse de saint Sébald. — Hans Sachs, poëte et cordonnier. — Albert Dürer et son œuvre.

Augsbourg, amoindrie comme Ulm et comme Ratisbonne; de ville libre et impériale devenue simple chef-lieu d'une province bavaroise, sans importance politique, a, plus que ses rivales, conservé en elle-même quelque chose de sa puissance passée. Un reste de grandeur respire encore dans cette ville déchue. En voyant ce qu'elle est, on n'a pas de peine à se figurer ce qu'elle fut. Les hommes passent, mais leurs œuvres restent. Les princes ont raison de bâtir des palais et des temples : ce sont dans l'avenir les témoignages les plus sensibles de leur gloire. L'histoire est une abstraction comprise du petit nombre. La pierre parle aux yeux de la foule, et en dépit de tout transmet une mémoire à l'immortalité. Sans ces places, sans ces palais, sans ces fontaines, que resterait-il de cette bourgeoisie qui conduisit et qui maintint l'État d'Augsbourg au degré de prospérité où l'histoire nous le montre?

Au centre de la ville, trois ou quatre places qui n'en font qu'une ouvrent une magnifique voie de circulation. Elle semble faite pour les solennités pompeuses, pour le déploiement du luxe et de la magnificence. C'est par là que Charles-Quint fit son entrée en 1530. Elle fut triomphante.

« Trois cents cloches sonnaient à la fois, et mêlaient leurs sons aux détonations de l'artillerie, aux fanfares des trompettes, des instruments de musique, et à la grande voix du peuple, qui dominait tous ces bruits divers. L'Empereur attirait tous les regards. Jeune, beau, bien fait, monté sur un cheval polonais qu'il maniait avec toute la grâce d'un écuyer consommé, il saluait de la main et du regard le peuple répandu sur son passage. Il portait un manteau espagnol brodé et étincelant de pierreries; la selle de son cheval était garnie de topazes et de rubis, et ses étriers étaient en argent doré. Il s'avançait sous un dais de velours écarlate parsemé d'abeilles d'or, et porté par les sénateurs d'Augsbourg, vêtus à l'espagnole. On avait suivi l'ordre prescrit par la bulle d'Or et les règlements publiés par Charles IV, en 1356. L'électeur de Saxe, Jean, comme grand maréchal de l'Empire, précédait l'Empereur, entre l'électeur palatin et le margrave de Brandebourg. Il avait l'épée impériale à la main droite; le comte palatin tenait la pomme, le margrave de Brandebourg le sceptre; tous trois de front et revêtus de leurs manteaux d'écarlate doublés d'hermine, blasonnés de leurs armes. Ferdinand, archiduc d'Autriche, grand échanson héréditaire de l'Empire, élu roi de Bohême en 1527, marchait seul immédiatement après l'Empereur, la tête couronnée, et escorté de trois cents gardes vêtus de casaques de velours rouge et blanc. L'archevêque de Mayence, doyen des électeurs ecclésiastiques, précédait les princes qui portaient les insignes auliques; il était entouré de deux cents gardes, vêtus de casaques de velours jaune et noir; à gauche marchait l'archevêque de Cologne, à la tête de cent gardes armés de toutes pièces. Les rues étaient tendues de tapisseries et couvertes de feuillages. »

Trois fontaines somptueuses décorent ce large boulevard; l'une est d'un rival de Jean Goujon. De grandes fresques couvrent la façade des maisons; la plupart ont pâli, d'autres sont défigurées de retouches, et c'est grand'pitié, si l'on songe que quelques-unes furent peintes de la propre main de Titien. Augsbourg se piquait d'aimer les arts; elle avait fait venir le grand peintre pour son seul usage. Elle-même fut quelque temps le siége d'une école fameuse. Les deux Holbein en sont sortis. Plusieurs maisons sont des palais, mais des palais bourgeois. L'architecture d'un peuple est l'expression de ses mœurs et de son génie. Augsbourg était une ville de négoce et de bourgeoisie; on le reconnaît à ses édifices. Il leur manque, même à ceux de la renaissance, la légèreté et la grâce. Un art prudent, plus soucieux de la durée que de la forme, esclave de l'utile, a bâti de lourdes murailles et de solides contours; il les a pesamment et richement ornés. Entrez dans les églises, même spectacle : l'or n'y est pas épargné; mais la grâce, mais la grandeur, où sont-elles? L'une d'elles, Saint-Ulric, renferme d'innombrables statues, presque toutes sont dorées des pieds à la tête. Leurs habits, leurs mains, leurs faces étincellent. Ces tisserands et ces banquiers enrichis ne concevaient pas la Divinité sans un manteau d'or. J'ai vu une Vierge dans la crèche toute vêtue d'or, et tous les présents des Mages ne valent pas un pan de la robe de saint Joseph.

L'hôtel de ville porte le même cachet. Il date du XVIIe siècle. C'est comme un temple élevé à

leur propre gloire par les magistrats de la cité.
On n'y voit que du marbre, des bois précieux, des
colonnes à chapiteaux de bronze, des ciselures. Il
y a une *salle d'or*, qui passe pour une merveille.
Elle éblouit, en effet, mais pour peu de temps.
On se fatigue de ce luxe fait pour les yeux, où
rien n'intéresse l'esprit. J'en excepte pourtant les
fresques; elles représentent la Foi, la Religion, la
Justice, le Travail, l'Industrie; vertus bourgeoises, j'en conviens, mais dont le rôle est glorieux dans le monde. C'est par elles que cette forte
bourgeoisie française a conquis sa place dans
l'État et pour le bien de l'État. C'est par elles que
celle d'Augsbourg exerça longtemps le droit de se
gouverner elle-même.

Aux images de leurs propres vertus, ils ont
ajouté l'éloge de leur constitution. Ils l'ont fait
exécuter en peinture. Le tableau existe dans une
salle de l'hôtel de ville. On y voit un Sénat, librement élu, siéger avec confiance et bonhomie. Il
est flanqué de deux toiles représentant, sous des
traits peu flatteurs, la Démocratie et la Monarchie.
L'Oligarchie triomphe entre les deux, et au bas
on lit cette devise :

NEC UNUS, NEC OMNES.

« Ni anarchie, ni despotisme ». Belle devise et
difficile problème. Ces marchands du XVIIe siècle

pensaient l'avoir résolu. Nous nous agitons encore entre les deux.

Vers le commencement du xiv° siècle, un pauvre diable chassé de son pays par la misère vint chercher fortune à Augsbourg. Il loua une échoppe près de la porte Sainte-Croix, et sur sa porte mit cette enseigne : « Hans Fugger, tisserand. » Ce Fugger est la souche de la puissante famille de ce nom. Elle bâtit la moitié des églises et des palais d'Augsbourg, fournit des banquiers aux empereurs, et réalisa une des plus grandes fortunes qu'ait possédées un particulier. Rabelais, voulant donner une idée de l'opulence des Strozzi de Florence, se contente de les comparer aux Fugger. Un Fugger fut le protecteur d'Henri Estienne. Sur plus d'un livre sorti de ses presses on lit, au-dessous du nom d'Estienne, ces mots : *Illustris viri Fugger typographus.* Le même Fugger (son prénom était Ulric) passait pour posséder la pierre philosophale; sa chambre s'appelait *la chambre d'or.* Charitable, il fit bâtir un quartier tout entier, plus de cent maisons, pour loger de pauvres familles. En mémoire de son aïeul recueilli et sauvé de la mort par un bourgeois d'Augsbourg, il fonda un hôpital pour les étrangers malades. Il fut pourtant éclipsé par Antoine Fugger [1], le plus illustre de la famille.

[1] Né en 1493, mort en 1560.

Antoine Fugger fut toute sa vie le créancier des princes. Il fut, comme dit Marmier, le Samuel Bernard de l'Empire. On eût fait un royaume des comtés et des seigneuries qu'il possédait. Toutes les mines d'or et d'argent de la contrée lui appartenaient. Un dessin de l'époque le représente dans son comptoir, devant des casiers où sont écrits les noms de toutes les capitales commerçantes de l'Europe : Venise, Cracovie, Lisbonne, Bude, Milan, Rome. Charles-Quint lui emprunta de quoi faire la guerre aux Barbaresques. Antoine Fugger le reçut à sa table avec les princes de l'Empire. Au dessert, il brûla sur un réchaud d'or, dans un feu de bois précieux, les créances impériales : la somme se comptait par millions. Louis XIV refusa l'héritage de Mazarin; l'histoire ne dit pas que Charles-Quint ait refusé le présent de son hôte. Il y pensait sans doute lorsque, visitant à Paris le trésor des rois de France : « Je connais un tisserand d'Augsbourg, dit-il avec dédain, qui de son or seulement pourrait payer tout cela. »

Antoine Fugger protégeait les écrivains et les artistes. Il donna trois mille couronnes au Titien. Il disputait à Charles-Quint l'honneur de pensionner Érasme, et la cassette du bourgeois était plus exacte dans ses paiements que celle de l'Empereur. Il voulait avoir Érasme près de lui, et le sollicita de venir habiter son palais. Érasme allégua son grand âge. Sa reconnaissance s'exprime en latin de Cicéron; à vrai dire, sa lettre a quelque air de parenté avec les épîtres à la Montauron.

« Érasme de Rotterdam à Antoine Fugger, salut.

« Quand je vois vos sentiments de tendre amitié,
« quand je pense aux bienfaits dont vous comblez
« un homme qui n'a rien fait pour les mériter,
« enfin quand je vois un homme si puissamment
« riche m'inviter à partager sa fortune, je m'es-
« time merveilleusement heureux d'avoir, par la
« grâce divine, un tel protecteur et ami. D'autre
« part, je suis confus et affligé de ne pouvoir rien
« vous donner en échange. Je parle d'échange,
« c'est pour vous montrer la bonne volonté d'un
« débiteur reconnaissant........ Les grandes ri-
« chesses engendrent d'ordinaire le faste et l'or-
« gueil. Mais où trouver dans la médiocrité une
« affabilité, une bienveillance, une âme délicate
« comme la vôtre? L'or engendre la soif de l'or,
« comme pour l'hydropique. Mais vous, par un
« privilége de la bonté divine, vous voulez être
« riche pour autrui, non pour vous-même; c'est
« la marque d'un homme supérieur à sa fortune
« et indépendant d'elle.

« Mais de quel bonheur me prive la rigueur
« des temps? Puisse un Dieu propice éloigner de

« l'Allemagne les discordes civiles! En quelque
« lieu que la destinée place Érasme, sachez que
« là sera un homme ardent pour Antoine Fugger
« et pour tout le nom des Fugger [1]. »

On voit encore à Augsbourg le palais d'Antoine
Fugger et la salle du banquet impérial. Napoléon
y logea en 1805, et annonça aux habitants d'Augsbourg qu'ils étaient réunis à la Bavière. Depuis
l'hôtel des Trois-Mores s'y est transporté. Cet hôtel
est ancien et fait payer son antiquité. Au dernier
siècle, Mozart se rendant à Paris par Augsbourg,
son père lui recommanda de n'y pas loger : « On
demande un prix fou pour les chambres, et chaque
repos revient à quarante ou quarante-cinq kreutzers par tête [2] ». Que dirait le prudent père de
famille des prix en vigueur aujourd'hui? « Le service est d'un prince, me disait son patron. — Et la
carte à payer, d'un roi, » lui répondis-je.

L'histoire d'Augsbourg au XVIᵉ siècle se confond
avec celle des troubles religieux en Allemagne.
La ville donna son nom à l'acte fameux rédigé par
Mélanchthon. Ces faits intéressent médiocrement le
touriste; ils sentent la controverse, et je n'ai garde
de m'y engager. J'aime mieux retourner à ces bourgeois dont le caractère paraît fort bien, selon moi,

---

[1] *D. Erasmi Epistolæ collectæ.*
[2] Environ un franc soixante centimes de notre monnaie.

dans les lieux qu'ils ont habités. J'achèverai de les peindre par un dernier trait.

L'un d'eux a laissé ses mémoires; je ne sais par quelle fortune le manuscrit, sans doute unique, est tombé au pouvoir de notre bibliothèque impériale. L'auteur s'appelait Matthieu Schwarz : nom roturier, mais l'homme était riche. Il était ami d'Antoine Fugger et de bien d'autres. Ce Matthieu Schwarz n'eut toute sa vie qu'une passion, celle de la toilette; qu'une pensée, de se bien vêtir. Bref, c'était de son temps un héros de la mode, un dandy; de là les plus étranges mémoires. Ils se composent de cent cinquante images sur vélin, peintes avec un soin extrême et représentant les cent cinquante costumes différents qu'il a portés dans le cours de sa vie. Il y en a pour toutes les circonstances : bals, repas, fêtes, mariage, guerre, funérailles. On le voit tour à tour nourrisson, écolier, page, étudiant, cavalier, homme d'armes, courtisan, petit maître, époux, père de famille, vieillard. Singulier personnage que cet homme! les dates solennelles de son existence se sont gravées dans sa mémoire par la forme d'un habit et la couleur d'un manteau.

Il prend soin de le dire dans les notes qui accompagnent chaque dessin. Sa mère meurt. Nous le voyons en housseau gris et en sarrau d'enfant. Le 11 octobre 1515, François Ier fait son entrée triomphale à Milan. Matthieu Schwarz consigne à la même date ce souvenir mémorable : « Chaperon bleu à plumes dorées, tunique bleue et jaune, semée de fleurs de lis d'or. Ce costume sortait des mains du fameux Ambrosio de Milan. » — « Le 28 novembre 1519, mon père mourut : je portai jusqu'à la fin de juin 1520 les quatre costumes suivants. » Suivent quatre vignettes qui représentent les formes bizarres et rigoureuses du deuil à cette époque. « Le 20 février 1538, jour où je songeai à me marier, j'avais un manteau gris, etc. » — Jusqu'alors il avait porté le bleu, le rose, le pourpre, toutes les couleurs de la jeunesse. Le gris entre dans sa vie avec le mariage, et bientôt le noir lui succède. Plus de pourpoints tailladés à l'espagnole, de manches flottantes, de chaperons enrubanés et empanachés. Matthieu Schwartz a vieilli : il a, comme il le dit, « renoncé à la vie du monde. » Le velours noir fait l'étoffe de ses habits. Tournez la page; le voici en houppelande fourrée, les oreilles couvertes d'un grand bonnet qui cache ses cheveux blancs. Ses enfants jouent à côté de lui. Tournez la page : le voici tout vêtu de noir, en manteau de deuil, triste, abattu, et d'une main moins assurée sont écrits ces mots : « Ce costume est celui que je portais le jour où fut enseveli mon bien-aimé seigneur Antoine Fugger, mort le 14 septembre, à huit heures. »

Le livre se termine là. Que pouvait-il nous apprendre encore? Le manteau de deuil est l'habit du vieillard; il ne le quitte que pour revêtir le dernier vêtement :

> La robe, hélas! qu'on nomme bière,
> Robe d'été, robe d'hiver,
> Que les morts ne dépouillent guère.

Ce livre frivole a donc aussi sa moralité.

« Sur une pelouse ombragée de grands arbres
« était étendu un jeune compagnon de bonne
« tournure; le soleil était sur son déclin, et ses
« feux empourprés éclairaient la campagne. On
« apercevait distinctement au loin la fameuse
« ville de Nuremberg, qui s'étendait dans la
« vallée, et ses tours orgueilleuses s'élançant vers
« le ciel, qui dorait leurs flèches. Le jeune com-
« pagnon jeta des regards pleins de désirs vers la
« vallée; puis il se souleva et se mit à chanter
« d'une voix agréable une chanson où il peignait
« le bonheur de revoir sa ville natale et un être
« chéri. »

C'est par cette description que l'aimable conteur allemand nous introduit à Nuremberg [1]. Elle m'était demeurée dans la tête. Je me rappe-

---

[1] *Maître Martin et ses ouvriers*, conte de Hoffmann.

LE DANUBE ALLEMAND ET L'ALLEMAGNE DU SUD.

NUREMBERG.

lais aussi ces jolis jouets qui amusent toutes les enfances, et qui de bonne heure font vénérer le nom de Nuremberg comme celui d'un lieu où les poupées parlent et se meuvent. J'y allais donc conduit par l'illusion; et, chose rare, il se trouva que Hoffmann ne m'avait pas trompé. Les chimères de mon enfance n'avaient pas tout à fait tort.

De toute l'Allemagne Nuremberg est la ville la plus originale, la plus curieuse à visiter. Celui qui s'y trouverait transporté comme par magie, sans avoir rien vu sur son passage, nagerait dans l'enchantement; la surprise doublerait sa jouissance. Le souvenir de Bâle, de Schaffhouse, d'Augsbourg ôte de sa nouveauté au tableau; il ne lui ôte pas son charme. Nulle cité n'a conservé aussi entière la physionomie du moyen âge, ou plutôt de la renaissance; car peu de maisons remontent au delà du XVe siècle. Les amis de l'ogive en doivent faire leur deuil; les églises de Saint-Sebald et de Saint-Laurent les dédommageront.

A peine en possession de mon gîte, je me mis à parcourir la ville. Ce fut pendant tout le jour une flanerie délicieuse. Ici, le musée est dans la rue; chaque maison en forme une pièce curieuse. J'ai retrouvé ces hauts pignons pointus et ces longues saillies du toit qui m'avaient fait aimer Strasbourg. Mais il s'agit bien de pignons! Ici, maint logis est flanqué de tourelles, couronné de créneaux, festonné de sculptures et d'arabesques. Des vignes capricieuses s'épanouissent aux murailles; là pendent des fruits fantastiques, des oiseaux rares voltigent, des figures joviales vous envoient une grimace ou un sourire. La pierre fouillée, comme un bois docile, obéit au ciseau, et subit mille métamorphoses. C'est une fête pour les yeux. Nulle ordonnance entre les constructions diverses ; la loi de l'alignement est un effet de la barbarie moderne. Chaque maison s'est plantée à sa guise : la meilleure place pour la première. Les autres se sont groupées autour comme elles ont pu, en avant, en arrière, de biais, à angle droit, n'importe; le sol est à tous, comme le soleil. Aussi quel piquant désordre! quels effets d'ombre et de lumière! que d'angles imprévus, de saillies, de détours! On dirait qu'en construisant son toit chaque bourgeois tenait à faire preuve d'indépendance, à braver la ligne droite et la raison.

Chaque maison d'ailleurs a son plan logique, et chaque partie est accommodée à ses usages.

« La maison du peuple s'y montre, comme dans le vieux temps, faite de bois, et portant devant chaque étage, sous la vaste protection du toit commun, les grands balcons couverts, espèce d'avant-scène du foyer domestique. Ce sont ces commodes balcons que le riche a remplacés par les encoignures saillantes, dans lesquelles les femmes accomplissent agréablement leurs travaux, tout à la fois suspendues en dehors de la maison, et renfermées cependant en son sein. L'appareil de l'existence privée se traduit avec cette naïveté dans toutes les parties de la façade, et fournit à l'art les motifs les plus variés et les plus charmants. Au rez-de-chaussée la porte d'entrée, une fenêtre haute qui éclaire le vestibule, une porte basse pour le service des parties inférieures; au premier étage, l'appartement commun, qu'on reconnaît à son encoignure saillante, ayant trois points de vue différents; aux étages supérieurs, les pièces destinées à l'usage de chacun; dans le toit la lucarne maîtresse, dont la grue, curieusement sculptée, est le signe de la propriété agricole dont elle attend les produits.

« On peut juger de l'ancienne prospérité de la ville par le grand nombre des étages et des fenêtres; on sent qu'il y a eu là autrefois, comme aujourd'hui dans nos capitales, un énorme entassement d'individus. Cependant nulle part de palais; les plus importantes habitations ne sont encore que des maisons de marchands : mais ces marchands du moyen âge ne devaient pas ressembler à ceux de notre époque. L'absence de boutiques, qu'on observe ordinairement dans leurs demeures, ferait croire qu'ils n'exposaient point toutes leurs marchandises aux regards; artistes, artisans, négociants travaillaient dans leurs encoignures, et les enseignes dont la sculpture décorait les portes, et qui avaient ainsi une nécessité, étaient toute la montre qu'ils faisaient [1]. »

Les bourgeois de Nuremberg ont le bon esprit de défendre leurs antiquités contre le marteau des démolisseurs. Jusqu'ici ils paraissent très-peu disposés à troquer leurs ruelles pittoresques et leurs vieux logis pour nos boîtes en carton peint et nos boulevards. Ils font plus; de nouvelles constructions s'élèvent sur le modèle des anciennes. La gare, en style gothique, fait très-bonne figure à l'entrée occidentale de la ville. Bon nombre de particuliers ont bâti dans le même style. Que l'habitant s'en trouve bien, et que les constructions de nos pères s'accommodent aux usages modernes, j'en doute. Mais c'est affaire à eux. L'archéologue et le curieux y trouvent leur compte: que voulez-vous de plus?

Dans le labyrinthe de la ville coule une rivière, la Pegnitz. Çà et là sur son cours de vieux ponts au sommet anguleux, aux dalles disjointes, aux parapets sculptés. Pas de quai, pas un sentier sur le bord. La rivière reste enfermée entre les mu-

---

[1] Fortoul, *Art en Allemagne*, t. II.

railles des habitations, dont elle ronge les pilotis. Des maisons noires, vermoulues, minées de vieillesse et d'humidité, se penchent sur l'eau ou l'enjambent par une seule arche. Dans le lit du fleuve coule une eau vaseuse, si lente qu'on en cherche quelque temps la pente; si triste qu'elle semble dire, comme du temps de Schiller : « Je suis devenue hypocondre, et ne continue de couler que parce qu'ainsi le veut la vieille coutume [1]. »

Nuremberg est une ville fortifiée de murs épais, assis sur la roche vive; de larges fossés, des tours énormes lui font une magnifique ceinture. Ces remparts furent de leur temps formidables; l'artillerie moderne en aurait, je crois, facilement raison. On les entretient pourtant pour le coup d'œil; chaque pierre remplacée est soigneusement noircie, et l'ensemble est toujours vénérable de vétusté.

Le plus haut, le plus enfumé, le plus respectable de ces donjons fut bâti, il y a neuf siècles, par un successeur de Charlemagne, Conrad Ier. A côté sont les ruines d'une chapelle attribuée à Frédéric Barberousse. Un arbre, trois à quatre fois séculaire, planté loin d'elles, les couvre pourtant de ses rameaux. Quoique plus jeune, il

---

[1] Schiller, *Épigrammes*.

semble contemporain de ces pierres. La mousse lui fait une barbe blanche : on dirait un vieillard, gardien séculaire de ce séjour.

L'intérieur du château cause une grande déception. On s'attend à voir de grandes salles d'armes, des lambris travaillés, d'énormes cheminées sculptées et blasonnées; on trouve à la place une longue enfilade de pièces parquetées, tapissées, meublées à la manière moderne. C'est la résidence du roi de Bavière, lorsqu'il visite sa bonne ville. A ce titre, j'en aime la simplicité décente. Aucun faste, aucune pompe : c'est l'habitation d'un bourgeois aisé, ami modéré du luxe.

Le château de Conrad est le berceau de Nuremberg. Quelques maisons se groupèrent à l'abri des donjons. La paroisse de Saint-Sebald s'éleva : ce fut le noyau de la vieille ville. Puis les maisons passèrent la Pegnitz; une ville nouvelle peupla l'autre rive; l'église de Saint-Laurent en fut la paroisse [1].

Saint-Laurent, plus orné, plus grandiose que le Munster de Bâle, plaît comme lui par l'élégance, par la justesse, par l'harmonie. Ses deux tours carrées montent presque nues, et se couronnent au faîte d'une flèche dentelée. Une grande rose

---

[1] Fortoul. *Art en Allemagne*, t. II.

s'épanouit sur la façade. Le portail est unique, et décoré d'un Jugement dernier. A l'intérieur, trois grandes nefs très-éclairées saisissent comme par une impression lumineuse. Le badigeon a respecté leurs murailles; la prière s'élève en paix sous leurs voûtes austères. Quelques vitraux, trop rares, ont gardé des vestiges d'éblouissantes peintures. Un tabernacle sculpté s'élève contre un des piliers du chœur. Il est de la main d'Adam Kraft, dont l'autre chef-d'œuvre est à Ulm. C'est le même art, c'est la même richesse; c'est presque la même conception. Un grand arbre, une sorte de cep de vigne magique et luxuriant s'élance le long des voûtes, et dans ses feuilles épanouies encadre les scènes de la passion du Christ. Les chapelles latérales renferment tout un trésor d'objets d'art et de reliques : statues d'argent, vieilles peintures des maîtres, images couronnées d'or, marbres funéraires, portraits, écussons, lampes antiques, candélabres, lustres de formes rares et de métal précieux, tapisseries allégoriques, qu'expliquent de vieux caractères; que sais-je encore? Plusieurs générations ont employé leurs richesses et leur génie à la décoration de ce temple, et ce qu'on en voit donne d'eux-mêmes une grande idée. C'étaient des bourgeois sans doute comme ceux d'Augsbourg, mais le souffle de l'art avait touché leurs âmes. Quelque chose de supérieur était en eux. Leur ville l'annonce assez; le moyen âge le reconnaissait : « Esprit de Nuremberg gouverne le monde, » disait le proverbe [1].

Il n'y eut pas dans toute l'Allemagne de population plus ingénieuse. Ses ouvriers avaient un renom d'habileté et de travail exquis. Ils touchaient à l'art. Rappelez-vous le conte de Hoffmann et l'atelier de maître Martin le tonnelier : un peintre et un sculpteur y maniaient le maillet sous les yeux bleus de la belle Rosa. Presque tous étaient musiciens et poëtes. Ils étaient l'honneur de ces confréries de maîtres chanteurs, ou *meistersænger*, qui furent les seuls poëtes du XIV° siècle, et qui florissaient encore au XVI°. Le vieux Hans Sachs est de ce temps. C'était un cordonnier de Nuremberg, ancêtre du menuisier de Nevers, mais doué d'une verve bien plus féconde. Il composa des chansons, des farces, des comédies populaires, des drames sacrés et profanes, des contes, des fabliaux. Il excelle dans ce dernier genre. Le recueil de ses rimes ne compte pas moins de six mille pièces. Il charma ses contemporains. L'Al-

---

[1] Voici tout le proverbe :

Puissance de Venise,	Venediger Macht,
Splendeur d'Augsbourg,	Augsburger Pracht,
Esprit de Nüremberg,	Nürnberger Witz,
Canons de Strasbourg,	Strasburger Geschütz,
Argent d'Ulm,	Ulmer Geld,
Gouvernent le monde.	Regiert die Welt.

lemagne le lit encore. Goethe a chanté son génie
dans des vers charmants :

« Dans son atelier, le dimanche matin, voici
« notre cher maître; il a posé le sale tablier de
« cuir. Il porte un décent pourpoint de fête. Il
« laisse dormir le ligneul, le marteau et la pince;
« l'alène est plantée sur la boîte à ouvrage. Lui
« aussi, il se repose, le septième jour, de maints
« coups d'aiguille et de marteau.

« Aussitôt qu'il sent le soleil printanier, le re-
« pos lui suscite un nouveau travail; il sent
« qu'un petit monde couve dans son cerveau,
« que ce monde commence à travailler et à vivre,
« et que volontiers il lui donnerait l'essor.

« Son regard est sincère et pénétrant... Il a
« aussi une langue qui sait verser à flots les paroles
« fines et légères; les Muses mettent en lui leur joie :
« elles veulent le proclamer maître chanteur...

« Tandis qu'il passe sa vie dans ce bonheur se-
« cret, là-haut se balance dans les nues une cou-
« ronne de chêne aux feuilles toujours vertes, que
« la postérité posera sur sa tête [1]. »

Les fondeurs et les orfèvres de Nuremberg
furent, au XVIᵉ siècle, de grands artistes. Il y a,
sur deux places publiques de la ville, deux fon-

---

[1] Goethe, *Poésies*.

taines, qui sont des chefs-d'œuvre. Une, surtout; elle est sur un marché, en face d'une église aux formes curieuses. On l'appelle *Schœnerbrunn* (la belle fontaine), car elle l'est par excellence. Elle fut élevée, par la ville impériale, à la gloire de l'Empire. La pièce principale est une flèche gothique, qui monte avec beaucoup de légèreté. A la base, les sept électeurs reposent sous un dais sculpté. Au-dessus d'eux des prophètes et des sages. L'édifice se termine par une lanterne à jour, surmontée d'une aiguille d'un travail exquis. C'est fort beau, à un défaut près : l'accessoire usurpe sur le principal. Les personnages devraient occuper toute l'attention; l'ornement les efface. La figure humaine ne souffre pas le second rang; elle ne souffre pas même le partage. Dans les compositions de l'art, comme dans la nature, il faut qu'elle domine.

J'arrive à la merveille de Nuremberg, on pourrait dire de l'Allemagne entière; car la renaissance allemande n'a rien produit de plus parfait : c'est la châsse de saint Sebald. Elle se trouve dans le chœur de l'église Saint-Sebald. Elle est en bronze et de proportions monumentales. Sa forme est celle d'une nef gothique. A l'intérieur, sous le dais ogival, les ossements du saint reposent dans un cercueil lamé d'argent. L'imagination de l'artiste s'est donné carrière dans les ornements ex-

LE DANUBE ALLEMAND ET L'ALLEMAGNE DU SUD.

LA BELLE FONTAINE, A NUREMBERG.

térieurs. Douze colonnettes montent avec légèreté, et s'épanouissent en un riche chapiteau de fleurs, et chacune porte une statue d'apôtre. Ces statuettes sont admirables. L'art le plus savant, le goût le plus pur, ont modelé ces contours, combiné ces lignes, arrangé ces draperies, exprimé sur ces figures les sentiments de foi, d'espérance, de charité, qui les animent. Je parlais de l'Allemagne : en vérité, l'Italie n'a rien produit de plus grand. Un jeune peintre de notre École des beaux-arts, que je rencontrai à Saint-Sebald, ne pouvait, pas plus que moi, revenir de sa surprise. « Ces figures, disait-il, ont un rayon du Sanzio ! » Il me faisait admirer surtout un saint Jean. La douceur des traits, la beauté du visage dans sa première fleur, l'inflexion de la tête qui regarde le ciel, les plis de la robe : tout en est divin. Il semble que l'artiste l'ait traité avec prédilection ; la forme en est plus fine, l'expression plus suave. Il tient à la main le calice où s'accomplit pour la première fois le mystère du sang d'un Dieu.

A la base du monument, entre les pieds des colonnettes, le sculpteur a mis des scènes bien différentes. Au milieu de formes variées, d'ornements capricieux, s'agite un essaim de petits génies ailés. La bande joyeuse prend ses ébats : l'un caresse son lévrier, l'autre poursuit un oiseau ; celui-ci s'avance sur un dauphin sorti des ondes, celui-là s'enfuit et semble courir après son ombre; tous rient, gambadent, battent des ailes, se livrent aux transports de la gaieté qui les enivre. Ailleurs, un orchestre se forme de petits musiciens invisibles. On les cherche; on les devine dans les branches, sous les feuilles, le long des tiges, dans les herbes, dans l'air. Ils se suspendent, ils grimpent, ils voltigent, ils planent. Quelques-uns s'échappent d'une fleur entr'ouverte, comme des abeilles d'or. Tous ont leur instrument : cymbale, flûte, clairon, tambour; leurs joues se gonflent, leurs doigts s'agitent, ils se démènent : jamais chœur plus animé, ni plus infatigable orchestre. L'oreille suit le regard; elle en est dupe; elle croit les entendre. C'est comme dans l'île enchantée de Shakespeare : des lyres sont suspendues aux arbres, des mélodies tombent des rameaux et des feuilles; l'âme des fleurs se fait entendre; d'invisibles génies voltigent, et l'homme écoute dans l'air le battement de leurs ailes. Ai-je tout décrit? Non. Cette création est un monde : c'est un poëme étrange, infini, sans pareil; le vrai poëme de l'enfance, avec ses phases et ses épisodes. Aux angles, d'autres figures traversent l'action sans l'interrompre, sans y prendre part. On dirait des apparitions fantastiques. Ce sont de grands guerriers assis sur des lions qui leur lèchent les pieds, ou bien des Sirènes aux formes fuyantes, qui portent des flambeaux, tordent leurs cheveux, chantent et sourient, prêtes, si vous les touchiez, à rentrer dans le monde de la féerie.

Pierre Vischer, l'auteur de cette merveille, s'est représenté sur une face de son monument. Il est en costume de fondeur, presque de forgeron; le tablier de cuir sur le ventre, les bras nus, le marteau à la main. Ses traits, pleins et accentués, respirent la bonhomie allemande et la naïveté de l'ancien temps. On doute s'il avait visité l'Italie. Si ce doute était fondé, Nuremberg aurait donné à l'Allemagne un rival de Michel-Ange et de Raphaël.

De Saint-Sebald je me suis fait conduire à la maison d'Albert Durer. Albert Durer est la plus grande gloire de Nuremberg, car il est le plus grand peintre de l'école allemande, sur la rive droite du Rhin. Nul ne représente mieux le génie de sa nation; on peut dire qu'il s'en est approprié les qualités et les défauts. Mais, entre ses mains, les qualités s'agrandissent, et les défauts se tempèrent. Ne lui demandez ni l'unité ni la simplicité, vertus rares en Allemagne, plus rares dans ce siècle profondément divisé. Sa composition, surtout dans les premiers temps, est laborieuse et compliquée. Il eut besoin de voir l'Italie et d'en apprendre l'art de penser sans effort. Quelques tableaux de lui sont une série de scènes juxtaposées, que l'identité de situation, non l'art du peintre, rattache au sujet. Tel est son *Martyr de la légion chrétienne,* que nous retrouverons à Vienne. Ne lui demandez pas davantage la fidélité historique ni la couleur locale. Il en fait bon marché, comme bon nombre de ses contemporains. Ses Juifs et ses Romains portent très-naïvement le pourpoint et le haut-de-chausses du xvi° siècle. Il y a de lui certain personnage duquel on se demande encore si c'est un Marius sur les ruines de Carthage, ou un saint Pierre repentant.

La grâce n'est pas non plus sa qualité distinctive. Il y a de la trivialité dans sa manière; trivialité puissante, expressive comme celle de Rembrandt, mais dont le premier effet étonne et repousse. Ses figures de femmes sont épaisses, leurs formes viriles et musculeuses. Il semble que le type qu'il avait sous les yeux ait irrémédiablement alourdi son pinceau. Sa *Lucrèce* et sa *Fortune reine du monde* sont de vigoureuses académies et de déplaisantes images.

Voilà de grands défauts : des beautés plus grandes les éclipsent. Je regrette l'unité, mais j'admire l'abondance. La grâce est absente; mais quel éclat, quelle vigueur! Nul sentiment historique; mais quel sentiment religieux!

Albert Durer est un grand peintre religieux.

Etudiez ses *Passions*, peintes ou gravées. Ses christs n'ont pas toujours la majesté qui convient à l'Homme-Dieu, même frappé et conspué. Ils ont une expression de douleur qui saisit et qui navre. Leur vue inspire la pitié; l'adoration vient ensuite, par un retour de l'âme. Une souffrance humaine opprimant l'âme d'un Dieu : tel est l'idéal du peintre. Rappelez-vous ce *Christ flagellé*, qui courbe si misérablement les épaules sous les lanières rougies de son sang; rappelez-vous ce *Spasimo*, moins élégant, moins pur, mais plus déchirant encore que celui de Raphaël, et cette *Descente de Croix*, son chef-d'œuvre, où le Christ, détaché du gibet, tombe, tiède encore, entre les bras de sa mère.

Les vierges d'Albert Durer n'échappent pas au reproche général que méritent ses figures de femmes. Hoffmann, quoique si bon juge, vante d'une manière trop générale « leur taille élancée et délicate, leur front blanc et arrondi, l'incarnat qui semble tomber sur leurs joues comme une rosée, leurs lèvres fines et pourprées, leurs regards à demi voilés par de sombres paupières, comme un rayon de lune par un épais feuillage [1]. » Que dire autre chose des madones de Raphaël?

Celles d'Albert Durer sont parfois une repro-

---

[1] Hoffmann, *Maître Martin et ses ouvriers.*

duction vulgaire de la nature; souvent le divin *Bambino* n'est qu'un nourrisson emmaillotté de langes domestiques, et sa mère une nourrice allemande. D'autres, suspendues sur le croissant des nuées, n'ont pas l'élan divin, le léger vol des madones de Murillo. Elles ont une dignité, une grandeur que l'Espagnol n'a pas atteintes. Toutes ont une expression de douleur secrète. Nulle douceur dans leur maternité, nulle joie dans leur triomphe. La Vierge-Mère à Bethléhem, ou la Vierge glorieuse dans le ciel, c'est toujours, pour Albert Durer, la mère de douleurs, celle dont sept glaives ont transpercé le cœur.

Albert Durer n'est pas, à vrai dire, un peintre de la nature; mais il en a le sentiment exquis. Ce sentiment éclate en traits imprévus, rapides, qu'un œil inattentif néglige volontiers, mais qui charment l'observateur. Un bout de haie, un sentier, un ombrage au bord d'un enclos, lui suffisent pour faire rêver un paysage. C'est comme ces vers de Dante, où trois mots jetés sans dessein, une comparaison, une image, ouvrent sur le monde champêtre de longues perspectives. D'autres fois, la nature remplit sa toile; nature austère, et qui semble, elle aussi, se plaindre et souffrir; des rochers, des solitudes, des eaux dormantes, des arbres tordus par le vent : voilà les tableaux qu'il préfère. C'est dans de tels sites qu'il place ses solitaires, ses anachorètes, ses christs aux Oliviers.

Le genre fantastique est cher aux Allemands. Albert Durer y excelle; il y porte une imagination ardente, une invention inépuisable. Il a fait ce que peu de maîtres ont tenté; il a traduit par le crayon les visions de saint Jean à Pathmos. C'est une œuvre d'une singulière puissance, et qui ne ressemble à rien avant elle. Enfin les deux morceaux les plus célèbres d'Albert Durer sont du genre fantastique : *le Chevalier de la Mort* et *la Mélancolie.*

Un chevalier armé pour la bataille traverse, au petit pas de son cheval, une gorge profonde, site affreux et plein d'épouvante. Une apparition se dresse : c'est le spectre de la Mort. Elle est à cheval aussi; mais sa maigre bête suit en boitant la monture du chevalier. Elle secoue à ses yeux le sablier de sa vie. Un monstre marche derrière : c'est le souci rongeur que l'homme traîne après lui : *Post equitem sedet atra cura.* Le chevalier reste immobile : ni tremblement, ni bravade. Son visage est d'un vaillant homme, qui demeure maître de lui, même quand l'effroi lui glace le cœur.

Une femme assise et accoudée symbolise la Mélancolie. L'amertume est sur ses lèvres, le dégoût dans ses yeux; tout son corps est affaissé, et cède, comme son âme, au poids d'un immense ennui. Les emblèmes des arts et des sciences gisent à ses pieds : elle les regarde d'un œil désenchanté. Rien n'a pu remplir le vide de son cœur. Admirable figure, conception mortellement triste, qui semble appartenir à nos jours de langueur et de doute. Chose étrange ! à quelques années de distance, dans une contrée du Nord triste et brumeuse comme l'Allemagne, un poëte inventera sur la scène un type d'homme qui semble sorti des flancs de *la Mélancolie* d'Albert Durer. Le même sceau de fatalité est empreint sur son front, le même dégoût sur ses lèvres. Il s'appelle Hamlet, et ces désolantes paroles sortent de sa bouche : « Être « ou n'être pas, voilà la question ! Mourir ! dor- « mir ! rien de plus..... Dormir ! rêver peut-être ! « Savons-nous quels rêves nous viendront dans « ce sommeil de la mort, après que nous aurons « rejeté loin de nous une existence agitée ? »

Hamlet, et toute la postérité issue de lui, Werther, Faust, René, Manfred, l'amant d'Elvire, qu'ils le sachent ou qu'ils l'ignorent, ont pour aïeule *la Mélancolie* d'Albert Durer. Fille des temps modernes, muse à qui ce siècle doit ses plus beaux chants et ses plus tristes, la mélancolie devait naître sur le sol que le Rhin et le Danube arrosent. Le plus grand des maîtres allemands devait la nommer et la peindre.

Albert Durer en portait l'image dans son cœur. Sa vie fut sombre comme son génie. Il manqua à cet homme le plus grand bien de la vie humaine, la douceur des affections domestiques et la joie du foyer. Il souffrit longtemps de la pauvreté, plus longtemps d'une union malheureuse. Sa femme était acariâtre, avide, sans entrailles. Les amis d'Albert Durer l'ont accusée de sa mort. « N'en « doutez pas, écrivait l'un d'eux, c'est elle qui « lui a rongé le cœur, qui l'a torturé, qui l'a « consumé... Insatiable mégère, elle est la cause « de sa mort. » Le fils d'Albert Durer s'exprime en termes moins amers; la piété filiale lui en faisait un devoir. Les lignes suivantes sont un touchant témoignage en faveur du peintre : il garde le silence sur sa mère. Ainsi Racine le fils, dans ses mémoires, se tait des faiblesses de son père :

« A cause de notre nombreuse famille et pour d'autres raisons de pauvreté et d'indigence, la vie de mon père a été bien triste, bien malheureuse, et bien couverte de nuages. Pendant toute la durée de sa vie, il n'a jamais eu pour lui, pour sa femme, pour ses enfants, que le plus strict nécessaire, un pain dur et noir, arrosé de sueurs et gagné à la main, le pauvre père! Ajoutez à cela toutes sortes de tribulations, des adversités de tous genres et mille tentations. Mais c'était un vrai chrétien, paisible et doux, soumis à la Providence, bon et modeste avec tous, qui est mort en regardant le ciel, qui est dans le ciel à présent. Toute sa vie a été uniforme et grave, entrecoupée de peu de joie mondaine, solennelle et silencieuse. Il voyait peu les hommes, parce qu'il n'était pas heureux. Cependant, comme il les aimait du fond du cœur, il en était aimé [1]. »

Albert Durer repose dans le cimetière de sa ville natale. Une étourderie du sculpteur fit, dit-on, graver sur sa tombe ces mots :

HIC JACET
ALBERTUS DURETUS PICTOR *CELERRIMUS*,

au lieu de *celeberrimus*, ce qui ferait de lui non le plus célèbre, mais le plus agile des peintres.

Une autre inscription, plus connue et très-simple, est celle-ci :

QUIDQUID ALBERTI DURETI MORTALE FUIT
SUB HOC CONDITUR TUMULO.

Tout ce qu'il y eut de mortel dans Albert Durer
repose sous cette tombe.

Il y a peu d'années, Nuremberg lui a dédié une statue en bronze. Elle est de M. Schwanthaler, et fort belle. Albert Durer avait une haute taille, de

---

[1] *Mémoires du fils d'Albert Durer*, cités par J. Janin.

beaux cheveux, un grand air. C'est ainsi qu'il s'est peint bien des fois dans ses propres tableaux. L'artiste bavarois s'en est très-habilement inspiré. On conserve la maison où il est né : c'est un lieu de pèlerinage pour les artistes. Quand je la visitai, un gamin dessinait des bonshommes le long du mur. « Malheureux, lui dis-je, tu barbouilles la maison d'Albert Durer ! » Il s'enfuit, et court encore.

CHAPITRE VII

MUNICH

Vue générale. — Monuments nationaux : la Résidence, la Bavaria, etc. — Monuments religieux : une basilique romaine, une église byzantine, une église gothique. — Les musées : la Pinacothèque et la Glyptothèque. — La nature en Bavière.

« S'ils étaient toujours francs, a dit un de nos
« confrères, les voyageurs avoueraient que, neuf
« fois sur dix, devant les prétendues merveilles
« qu'ils sont allés visiter, ils ont eu une déception,
« et que la réalité leur a paru assez plate auprès
« du rêve [1]. »

Je veux être ce voyageur candide. J'avouerai donc que, pendant les premières heures, Munich m'a causé un médiocre plaisir. J'errais, avec une surprise mêlée de mauvaise humeur, dans les interminables rues de cette ville, dont j'avais ouï parler comme d'une merveille. J'y cherchais, sans

---

[1] Eugène Poitou, *Un Hiver en Égypte*.

la trouver, l'image du génie grec qu'éveillent les noms et les formes de plusieurs de ses édifices, et je m'en prenais à moi-même de ma déception; je querellais mon imagination paresseuse, et mon défaut d'enthousiasme me semblait une fraude envers la cité.

Un Allemand me l'avait prédit. C'était un homme de sens, qui parlait rarement, toujours avec raison; aussi ne l'écoutait-on guère.

« Vous allez à Munich, et vous êtes Français? Défiez-vous de vos préventions.

— Mais je n'en ai que de favorables.

— Eh! voilà le malheur.

— Comment l'entendez-vous?

— J'entends que les phrases des voyageurs vous ont d'avance gâté la ville!

— N'est-elle pas fort belle?

— Sans doute, mais non pas comme vous vous le figurez.

— Qu'importe le genre de beauté, s'il y a beauté?

— Il importe grandement. Le dépit de ce qu'on ne trouve pas ferme les yeux sur ce qu'on trouve. »

Je n'en courus pas avec moins d'ardeur à Munich.

Je trouvai deux villes distinctes. L'une est antique, faite de rues étroites, de marchés enfumés, de places environnées d'arcades, de vieilles maisons aux toits noirs et aux murs décrépits : c'est le vieux Munich. L'autre est à peine terminée. Ses monuments, qui pullulent, datent d'hier; ses rues sont tirées au cordeau, ses places immenses, parfois désertes; l'ensemble est monotone et mortellement triste. C'est le nouveau Munich, création du roi Louis. J'avais traversé rapidement la vieille ville; l'ennui m'y fit revenir. J'y trouvais ce qui manque à l'autre, un caractère. Belle ou non, jeune ou vieille, toute ville a son cachet. Le moyen âge, la renaissance ou les temps modernes lui ont donné une physionomie particulière. Munich n'en a pas. Tous les genres, tous les styles y sont représentés; pas un ne domine. Allez de place en place, des palais aux églises, des églises aux galeries, vous ne recueillerez aucune impression durable. Le grec, le roman, le gothique, le moresque, passent devant vos yeux : ils sont là comme échantillons. Il n'en résulte pas même la variété. Entre chaque monument il y a la ville, c'est-à-dire un désert de rues et de places, où parfois de longues palissades de planches figurent les maisons absentes. Tout cela compose un tableau plein d'incohérence, sans harmonie, sans charme.

D'impitoyables cousins de province vous ont-ils, une fois dans votre vie, traîné d'une seule haleine à travers les galeries du Louvre? En êtes-vous sorti étourdi, aveuglé, lassé? Aviez-vous dans la tête une horrible confusion de formes, de lignes et de couleurs? Momies d'Égypte, colosses de Ninive, statues grecques, tableaux de sainteté, batailles, paysages, portraits, peintres byzantins, italiens, allemands, espagnols et français dansaient-ils devant vos yeux? Voilà l'impression première que produit Munich. C'est une vaste collection d'architecture, un cabinet d'archéologue. Aspect peu récréatif. Un père menait pour la première fois son fils dans les galeries du Louvre. Au retour, le jeune enthousiaste s'écria : « Si j'étais le roi, je voudrais habiter dans le musée. » Dieu nous préserve d'une telle demeure! L'empereur Adrien avait fait construire dans sa villa le modèle des plus beaux monuments qu'il avait vus. J'aime à croire qu'il les visitait sans y habiter. Les musées ne sont pas faits pour l'usage quotidien : ce sont des lieux de délices intellectuelles, non des demeures; l'art y étouffe la vie.

Ajoutez qu'à Munich la flanerie est impossible; la flanerie, le plus grand bien de la vie de voyage. Que faire en un voyage, à moins que l'on ne flâne? Une ville se visite comme on feuillette un livre d'images, dans un sens, puis dans l'autre, souvent à l'envers, toujours au hasard et sans dessein. C'est un charme de marcher sans guide, de s'égarer même. On y perd peu de chose, tout compte fait; on y gagne mille objets imprévus. Surtout on évite l'odieuse besogne de faire chaque matin le calcul de sa journée, de tracer sa route, de marquer ses stations. Ici l'on doit, bon gré, mal gré, s'y résoudre. Palais et musées ne s'ouvrent qu'à certains jours et à certaines heures. Même chose pour les églises. Les églises de Munich (j'entends les nouvelles) servent très-peu au culte. Ce sont des objets d'art faisant partie de la collection. Elles n'ouvrent leurs portes qu'à de rares moments. Marchez la montre à la main, et saisissez-les; sinon vous risquez de perdre une journée à courir pour rien de porte en porte. C'est ce qui m'arriva. Je m'en allais en flanant, selon ma coutume, vers la Résidence : fermée. La rue Louis me conduit à la bibliothèque : fermée. L'église Saint-Louis est voisine : fermée. J'arrive par un désert de poussière et de planches à la Pinacothèque : fermée. Je rentre à l'hôtel fatigué, dépité, maudissant la ville et tenté de m'en retourner coucher à Augsbourg. Mon hôte calma mes humeurs. Il me traça le tableau exact des heures et des jours : ce qui n'était pas un petit travail. Dès le lendemain je me mis à exécuter ce programme; et, quoique la montre à la main et toujours harcelé par l'heure, je visitai avec plaisir chaque édifice. Là commence l'intérêt de Munich. Certaines villes ne présentent qu'un tableau, toute leur beauté est dans le coup d'œil : c'est le contraire à Munich. Pas de vue d'ensemble, mais une succession d'objets curieux.

Je décrirai la ville comme je l'ai visitée, un plan à la main. Il faut être didactique comme son sujet. Je grouperai donc tous les monuments en trois ordres : monuments nationaux, églises et galeries.

La Résidence est le palais de la cour. C'est le point de jonction des deux villes. Elle-même est des deux âges. La partie ancienne date du commencement du XVII° siècle. L'électeur Maximilien, homme de goût et prince habile, en donna, dit-on, le dessin. Quand Gustave-Adolphe, vainqueur des Bavarois et des Impériaux, entra dans Munich, la magnificence du palais électoral le jeta dans l'étonnement. Il eût voulu, disait-il, l'emporter sur des roulettes. Il demanda au gardien qui lui montrait les appartements, le nom de l'architecte. « Il n'y en pas d'autre, répondit-il, que l'électeur lui-même.

— Je voudrais l'avoir, cet architecte, répliqua le roi, pour l'envoyer à Stockholm.

— C'est de quoi l'architecte saura se garder, repartit le gardien. »

On a peine aujourd'hui à s'expliquer l'enthousiasme du roi de Suède. La façade, construite par Maximilien, est une grande muraille lourde, sombre, percée d'étroites fenêtres, indécise entre caserne et prison. Une image de la Vierge et des trophées militaires ne suffisent pas à en relever la nudité. Les cours intérieures sont livrées à la mythologie : un cortége de tritons et de nymphes vous préparent à voir une grotte en rocaille. Ailleurs, un chevalier grognon et renfrogné fait dans son armure une assez triste figure : c'est Othon de Wittelbach, souche de la maison de Bavière. Une relique de famille est pendue à un mur : c'est une grosse pierre et trois clous plantés à des distances inégales. Au bas, on lit cette inscription :

« L'an 1490 après Jésus-Christ, le duc Chris-
« tophe souleva cette pierre et la jeta à une
« grande distance. Elle pèse trois cent trente-
« quatre livres, ce dont la pierre et la chronique
« font foi.

« Que tout sauteur regarde bien les trois clous
« plantés ici dans le mur. Le plus haut est à douze
« pieds de terre. Le duc Christophe le fit tomber
« avec son pied. Conrad sauta jusqu'au second
« clou, placé à neuf pieds et demi de terre. Phi-
« lippe sauta jusqu'au plus bas, qui est à huit
« pieds et demi. Qui sautera plus haut sera connu
« aussi. »

La chambre du trésor et la riche chapelle (ce sont leurs noms officiels) renferment une collection vraiment royale d'objets précieux, sceptres, couronnes, vases ciselés, joyaux, étoffes, quelques-uns historiques : par exemple, un autel portatif ou reliquaire, dont Marie Stuart usa pendant sa captivité.

Les appartements de Charles VII sont du XVIIIe siècle, et d'un luxe inouï. Ni Paris ni Versailles n'ont rien de plus somptueux. Charles VII est ce rival malheureux qui disputa la couronne impériale à Marie-Thérèse. Sacré à Prague, puis à Francfort, il ne jouit pas d'un long triomphe; son intrépide adversaire ne lui laissa entre les mains qu'un vain titre, que ne lui laissèrent pas même les traités. Le frivole électeur s'était hâté de changer en demeure impériale une aile du palais de son ancêtre. Il y ensevelit sa majesté découronnée. Il y a là un lit dont les rideaux semblent d'or massif. Malheur à celui dont le sommeil serait opprimé par la chute d'une pareille tenture. Louis XIV, dans tout son faste, eut un goût plus ingénieux. Au luxe de l'or, il préféra les beaux ouvrages des Gobelins, et les tapisseries faites sur les dessins de Lebrun.

Le roi Louis a conservé la vieille Résidence comme le fondateur de Versailles conserva le modeste château de son père. Il l'a enveloppée dans les ailes de ses constructions neuves. Un parvenu s'empresse de jeter bas la chaumière paternelle; le lustre des rois se tire de leur antiquité.

La nouvelle Résidence a deux façades. L'une, semblable à une cuirasse de pierre, est copiée du palais Pitti, à Florence. L'effet n'en est pas heureux, à cause du voisinage. Qu'on imagine, en effet, sur la même place, laquelle est exiguë, un palais florentin, un théâtre de forme grecque, des arcades peintes en rouge éclatant avec des groupes antiques, une statue de Maximilien en robe de chambre, et une vue sur les pignons noirs du vieux Munich : est-il rien de plus disparate? C'est l'image de la ville entière.

L'autre façade est dans le goût monumental de Versailles, mais plus ornée. Au centre, un grand balcon s'avance entre deux colonnades qu'il sépare : c'est la salle du trône. Les deux ailes se reculent, et gardent, comme à Versailles, une respectueuse distance.

Dans la décoration intérieure, le roi Louis n'a pas imité son aïeul Charles VII. Il n'a rien demandé au luxe des étoffes et des métaux; tout à la peinture et à la sculpture. C'était, comme on le sait, un homme passionné pour les arts, passionné pour l'antiquité. Ce dernier goût l'a quelquefois conduit dans l'excès. Il eût voulu bannir de son palais les meubles les plus nécessaires de la vie moderne. Il se fût volontiers promené en toge ou en pallium sous ses portiques, et couché sur les lits d'un triclinium. Il s'est du moins entouré de tous les souvenirs de la poésie grecque. Chaque pièce de son appartement est dédiée à un poëte grec, et décorée de sujets empruntés à ses vers. C'est un cours de littérature retracé à grands traits. Un choix fort ingénieux en a réglé la disposition. Les plus anciens poëmes, comme la théogonie d'Hésiode, les hymnes d'Homère, servent d'introduction. On leur a donné les vestibules et les salons d'attente. Ils sont peints dans un goût simple, et, pour ainsi dire, primitif. Pindare, au contraire, le pompeux Pindare déploie ses magnificences sous les grandes voûtes de la salle du trône. Il est là dans sa sphère ; comme des strophes animées, les belles images de ses odes se meuvent le long des murs, et le génie du poëte mêle son éclat aux fêtes royales, comme jadis aux solennités des jeux Olympiques. Eschyle, génie grandiose, a le salon de réception ; Sophocle, génie plein de recueillement, a le cabinet d'étude. Le jovial Aristophane a le cabinet de toilette. La colombe d'Anacréon et ses chansons voltigent autour de la salle à manger. Enfin, dans la chambre à coucher, on s'éveille et l'on s'endort au son des pipeaux de Théocrite.

Avouons-le, cet usage de la poésie païenne vaut

mieux que celui qu'en firent à Versailles les peintres du grand roi. Ils n'ont pris de l'antiquité grecque que son côté périssable, la mythologie, et ils n'en ont tiré qu'un jeu d'esprit et une flatterie; jeu d'esprit agréable, mais vide, dont tout l'effort aboutit à construire un bain d'Apollon, un char de Neptune; flatterie pernicieuse et corruptrice, quand elle travaille à l'apothéose d'un homme, et dans une même image confond la double idée de divinité et de royauté.

Le roi Louis a fait preuve de convenance et de goût en dédiant les appartements de la reine à la poésie moderne. On se promène à travers les scènes variées des Minnesænger, de Wieland, de Klopstock, de Goethe et de Schiller. C'est un charme de retrouver là des visions et des rêves doués de la vie par le pinceau des maîtres, et de compléter l'image du poëte par celle qu'a tracée le peintre.

L'épopée des Niebelungen se déroule en fresques dans une série de salles jusqu'ici sans emploi. Avec l'Odyssée d'Homère, qui décore la salle des fêtes, c'est le morceau capital de la Résidence. L'œuvre a fait du bruit en Europe. L'auteur, M. Schnorr, a été violemment critiqué et chaudement applaudi. Les deux opinions sont fondées. Toutes les fois qu'il veut exprimer la force, M. Schnorr tombe dans une trivialité violente. Il demeure rarement dans la mesure, et confond volontiers le grandiose avec le gigantesque. Ses scènes de meurtres et de batailles sont de purs tableaux de mélodrame, faciles à tourner en ridicule, malgré de vraies beautés. Mais s'il touche à la grâce, il l'exprime avec un charme indicible. Il l'a fait avec un extrême bonheur dans le personnage de Criemhield, épouse de Siegfried, héroïne du poëme. D'une beauté douce et mélancolique, rêveuse comme une ballade de son pays, Criemhield reparaît dans plusieurs fresques, et ce sont les plus parfaites. L'œil la suit avec délices, soit qu'elle rêve seule à Siegfried, son fiancé, ou qu'elle se promène dans une forêt, appuyée sur son épaule, ou bien qu'elle étanche avec ses longs cheveux le sang de ses blessures, et pleure amèrement sur son cadavre.

Les fresques des Niebelungen ne sont pas achevées, et quelques-unes sont déjà gravement altérées. Les salles sont dans un état d'abandon qui afflige. Rien de plus triste à voir que des ruines neuves. Devant tant de belles choses créées en un jour par un seul homme, on se prend à douter de leur durée. On se demande quel serait leur sort le jour où un prince indifférent recueillerait l'héritage onéreux et glorieux de son aïeul, et l'on se dit que, s'il suffit d'un acte de la volonté d'un roi pour créer, il faut pour conserver le génie d'une nation.

Avant de quitter la Résidence, il faut dire quelques mots du prince qui l'a bâtie et qui en fut le premier habitant.

Le roi Louis est le fils de cet électeur de Bavière au service de la France sous la monarchie, et mis sur le trône par Napoléon. Il conçut de bonne heure une haine presque sauvage contre la France. On l'a expliquée par des griefs personnels; on a parlé d'un commandement militaire sollicité et refusé [1]. Il faut y joindre l'impression que dut ressentir une âme fière, de la longue oppression où Napoléon tint l'Allemagne.

En 1812, il visitait l'Italie, et les ruines de Rome lui inspiraient contre la Rome moderne cette haineuse prédiction :

« Rome a été la maîtresse du monde, et c'est
« par la force qu'elle a péri; toi aussi, Paris, tu
« crouleras un jour. »

Cette haine a survécu à l'empire de Napoléon. J'ai parlé du fronton de la Walhalla. Il y a dans le même édifice une peinture du Parnasse mo-

---

[1] Voyez Thiers, X[e] vol. — Le roi de Bavière aurait désiré que son fils commandât les troupes bavaroises; Napoléon ne le voulut pas. « Il faut, lui dit-il, que votre armée se batte sérieusement dans cette campagne. Votre fils, quand il aura fait avec nous six ou sept campagnes, pourra commander. En attendant, qu'il vienne à notre état-major, il y sera accueilli avec tous les égards qui lui sont dus, et il y apprendra notre métier. »

derne. Shakespeare, Dante, Cervantès, Camoens, tous les poëtes de l'Europe y sont représentés. On y cherche vainement Corneille et Molière.

C'est une remarque fort juste que peu de princes ont haï la France sans poursuivre de la même haine les principes de liberté dont il semble que nous soyons auprès des peuples les représentants et les gardiens. L'avénement du roi Louis, en 1825, fut salué d'espérances qui ne se réalisèrent pas. Après un début excellent, il s'arrêta brusquement dans la voie libérale. Au point de vue politique, son règne n'a pas été heureux pour la Bavière; mais il marquera dans l'histoire de l'art une immortelle époque. L'avenir lui reprochera peut-être d'avoir conçu un plan trop vaste, et de l'avoir exécuté avec des moyens inégaux; on pourra le blâmer d'une passion d'érudit et d'archéologue, qui fit ombre sur son goût éclairé du beau; mais on racontera sa générosité vraiment royale, sa fortune sacrifiée à son œuvre, l'amitié constante qu'il eut pour les compagnons de ses travaux; enfin Munich créée par lui, embellie des plus belles formes de l'art antique et de l'art moderne, jettera sur sa mémoire le même lustre dont brillent dans Athènes et dans Rome les noms d'Auguste et de Périclès.

Son règne s'est terminé par une émeute. Le prince vit son palais envahi et sa capitale soulevée. L'orage apaisé, il abdiqua, non sans noblesse. Rentré dans la vie privée, il la soutient avec dignité.

La rue Louis, partie de la place de la Résidence, traverse en ligne droite toute la nouvelle ville. Le palais de l'Université, la bibliothèque, les ministères, les instituts, lui donnent un caractère monumental. Tous ces édifices sont en briques. La pierre manque à Munich. On la tire à grands frais des carrières du Danube ou de Salzbourg; aussi, dans les devis, acquiert-elle le prix du marbre. Il n'y paraît pas au premier coup d'œil. Les murs sont revêtus d'un enduit qui joue la pierre à s'y méprendre. Mais le temps use la surface et trahit la fraude. Quelques architectes ont renoncé au mensonge; ils ont franchement adopté la brique. C'est merveille de voir le parti qu'ils en ont tiré. La bibliothèque publique est dans ce genre une œuvre distinguée. D'ingénieuses combinaisons de formes et d'ornements ont embelli une matière ingrate, et l'art du constructeur cache la pauvreté de la construction.

Il se fait aux abords de la rue Louis un certain mouvement de piétons et de cavaliers. La place de la Résidence, les jardins qui l'entourent, sont le rendez-vous des oisifs; ils sont en Bavière aussi nombreux qu'en France. Mais à mesure qu'on s'avance les passants deviennent rares, le bruit expire, les pas du promeneur résonnent assez tristement sur l'asphalte. La rue termine son trajet dans le silence et la solitude. La même voie offre sur son parcours l'aspect de la province et celui de la capitale. C'est l'artère de la ville, mais la ville n'est pas assez peuplée pour faire sentir la vie à ses extrémités.

Les princes qui embellissent leurs capitales aiment à perpétuer par les monuments les souvenirs de l'histoire nationale. Les triomphes militaires sont ceux dont la mémoire leur est le plus chère, parce que c'est à ceux-là que l'orgueil de la nation est le plus intéressé. Les Bavarois n'en comptent pas un très-grand nombre. On peut être fort brave et très-peu belliqueux; surtout le courage ne donne pas le génie militaire, qui fixe la fortune, et la fortune qui soutient le génie. C'est le cas de la Bavière. Ses annales présentent plus de guerres malheureuses que de succès. Gustave-Adolphe bat Maximilien, Marie-Thérèse bat Charles VII. Au commencement de ce siècle, les troupes bavaroises prennent une glorieuse part à nos victoires, mais elles se tournent contre nous pendant nos revers, et Napoléon leur inflige la sanglante défaite de Hanau.

Lors donc que le roi Louis, qui n'était pas homme à y renoncer, songea à décorer la ville de

trophées militaires, il dut éprouver quelque embarras. Il éleva, près de la Résidence, un portique des maréchaux; mais il n'y plaça que deux statues. L'une est celle du fameux Tilly, collègue de Wallenstein dans la guerre de Trente ans, et rival malheureux de Gustave-Adolphe. Quoiqu'il ait souillé sa gloire par des actes de cruauté, Tilly fut un excellent général, longtemps victorieux, et surtout constant serviteur de la maison de Bavière. « En lui, dit Schiller, l'armée de
« l'empereur et de la ligue perdit un chef qui ne
« se pouvait pas aisément remplacer, la religion
« catholique son plus zélé défenseur, et Maximi-
« lien de Bavière son serviteur le plus fidèle, qui
« scella de son sang sa fidélité, et remplit même
« encore en mourant ses devoirs de général. »

Schiller fait aussi son portrait, qui se trouve être une description assez exacte de sa statue :

« Petit, maigre, les joues creuses, il avait le
« nez long, le front large et ridé, une forte
« moustache, le bas du visage en pointe. Il se
« montrait d'ordinaire en pourpoint espagnol de
« satin vert à manches tailladées, et coiffé d'un
« petit chapeau à hauts retroussis orné d'une
« plume d'autruche rouge, qui descendait en flot-
« tant jusque sur son dos [1]. »

[1] Schiller, *Histoire de la guerre de Trente ans.*

Sait-on quel homme est associé à Tilly dans le portique des maréchaux, et pour qui l'on a coulé le bronze des canons pris à l'ennemi? C'est pour le héros malheureux de Hanau, pour le général de Wrède. De Wrède, créé comte par l'empereur, décoré des insignes de la Légion d'honneur, collègue de nos généraux et leur compagnon sous la tente, tira un jour l'épée contre nous. C'était après Leipzig; les débris de nos troupes regagnaient péniblement la France. Elles rencontrèrent l'armée bavaroise, notre alliée jusqu'à ce jour, mais qui puisait dans notre dernier revers le courage d'une trahison. Il lui en coûta cher. « Ce pauvre de Wrède, disait Napoléon le soir de la bataille, j'ai pu le faire comte, je n'ai pu le faire général! » L'ombre du Bavarois, si les ombres ont de tels soucis, doit sourire des honneurs décernés à sa mémoire.

Le gros de l'armée a son monument. C'est un arc de triomphe dressé à l'entrée de la ville. Il est imité avec goût de l'arc de Constantin à Rome. Les proportions en sont modestes : il passerait sans se baisser sous la grande arche de l'Étoile. Au faîte, la figure de la Bavière, en robe triomphale, agite un quadrige de lions. Ne vous demandez pas quels souvenirs ce monument consacre, quelles cendres illustres ou quelle armée victorieuse ont défilé sous ses portes. La beauté historique est la seule qui lui manque; le reste en est charmant. C'est une œuvre achevée, et dont chaque détail est porté à sa perfection. Une double inscription porte ces mots :

ÉLEVÉ PAR LE ROI LOUIS DE BAVIÈRE.

M D CCC L.

A L'ARMÉE BAVAROISE.

Ailleurs un obélisque de bronze a été dédié à la mémoire des trente mille Bavarois ensevelis auprès des nôtres sous les neiges de la Russie. « Eux aussi, dit l'inscription, sont morts pour la patrie. » J'ai grand'peur que ces mots ne cachent une épigramme à notre adresse. Je le regrette. La pensée du monument est touchante, plus touchante aux yeux d'un Français. Triste année que 1812! on en rencontre partout la trace. Quels deuils elle a faits! que de ruines! Combien n'en ai-je pas vu déjà de ces pierres funéraires élevées par les peuples aux victimes de nos guerres, et qui toutes semblent répéter la plainte d'un ancien : « L'année a perdu son printemps » !

Mais le vrai monument national de Munich, c'est la Bavaria. A l'extrémité des vastes prairies qui s'étendent sur le côté sud de la ville, sur une éminence de gazon, l'architecte de la Walhalla, M. Léon de Klenze, a construit un portique grec à trois faces, en marbre blanc, de la forme la plus pure, de l'effet le plus enchanteur. Un voyageur revenant d'Athènes le compare aux plus belles choses qu'il y ait vues :

« Nous avons fait il y a deux ans à peine notre « pèlerinage à l'Acropole, cet autel sacré de « l'art, ce trépied de marbre qui offre au plus « beau ciel du monde les chefs-d'œuvre du génie « humain. Notre œil en garde encore l'éblouisse-« ment. Nous avons vu le vrai beau, l'idéal « réalisé, et plus que tout autre nous devons être « difficile. Eh bien, le monument de M. Léon de « Klenze nous a causé une vive impression d'har-« monie, de pureté, de grâce. Ce n'est pas un « pastiche, mais une incarnation complète [1]. »

La statue colossale de la Bavière est debout au milieu du portique; elle le dépasse en hauteur de tout le buste. Ses épaules sont demi-nues, demi-couvertes d'une peau de bête; d'une main elle serre son glaive contre sa poitrine; de l'autre elle élève la couronne, qu'elle propose au plus digne. Une guirlande de chêne presse sa chevelure, nouée selon un mode agreste. Ses traits sont mâles, on dirait une image de la Germanie de Tacite. Le lion bavarois rugit à ses pieds.

On en a critiqué les dimensions. Il est vrai

[1] Théophile Gautier.

qu'elle n'a pas moins de vingt mètres de haut[1]. Mais il faudrait condamner à ce compte le Jupiter Olympien et la Pallas Athénée de Phidias. On blâmera plus justement le geste du bras, qui est lourd et disgracieux. On trouvera aussi que l'artiste a eu tort de réunir dans la même image les attributs de la paix et ceux de la guerre. Quel souffle belliqueux a donc passé sur cette pacifique Bavière? J'aurais préféré une Pallas industrieuse, mère des arts utiles, offrant aux héros de la paix la couronne de chêne. Tel est, en effet, le sens du monument. C'est le Panthéon bavarois. Aux galeries du portique sont attachés les bustes des grands hommes. Les plus grands, il est vrai, comme Albert Durer, Holbein, Wohlgemuth, Adam Krafft, n'appartiennent que depuis un demi-siècle à la Bavière. Mais qui blâmera son roi d'avoir revendiqué cette part dans l'héritage du passé, et, parmi les devoirs que la

---

[1] Voici quelques chiffres extraits de l'excellent livre de Joanne :

Hauteur totale.	20 mètres.
Poids.	1560 quintaux.
Largeur de la bouche.	15 pouces.
Largeur des yeux.	11 pouces.
Longueur du nez.	1 pied 11 pouces.
Longueur de la figure.	5 pieds 3 pouces.
Circonférence du bras.	5 pieds 1 pouce.
Longueur du bras avec la main.	24 pieds 9 pouces.
Prix total.	233,000 florins.

LE DANUBE ALLEMAND ET L'ALLEMAGNE DU SUD.

STATUE REPRÉSENTANT LA BAVIÈRE, A MUNICH.

possession impose, d'avoir choisi le plus noble, celui d'honorer les grandes mémoires et les beaux génies?

Munich, il y a trente ans, était pauvre en églises; je parle au point de vue de l'art, car la piété de ses princes en avait bâti plusieurs, aucune digne d'être visitée. Tout au plus allait-on voir la vieille cathédrale en briques enfumées, moins pour elle-même que pour le magnifique tombeau de Louis le Bavarois, électeur de Bavière et empereur d'Allemagne. Dans son zèle ardent pour l'art, le nouveau fondateur de Munich a fait bâtir simultanément trois ou quatre églises. Elles sont toutes de style différent, et représentent avec fidélité les trois formes principales de l'architecture sacrée. C'est une idée ingénieuse de les avoir rassemblées dans la même ville. Elles retracent, dans un tableau plein d'enseignement, l'histoire de l'art religieux depuis son origine jusqu'au XVIe siècle.

La basilique est la première forme adoptée par le culte chrétien. Il l'a reçue des Romains et ne l'a pas inventée. Sous la république, les basiliques servaient de lieux de réunion pour les marchands, les banquiers et les nouvellistes. Quand Auguste fit taire la tribune, et, comme dit Tacite, pacifia l'éloquence, les avocats et les juges, chassés du forum, se transportèrent dans les basiliques.

Le génie romain apparaît bien dans leur construction pesante, solide, dépourvue d'ornements, uniquement tournée à l'utile. C'était un grand rectangle, divisé en trois nefs par des colonnes où des arcades superposées. La nef centrale avait toute la hauteur de l'édifice; les nefs latérales, moins élevées de moitié, étaient surmontées de galeries. Le fond s'arrondissait en hémicycle pour recevoir les siéges des juges et les bancs des avocats.

Quand le christianisme quitta les catacombes, et put, sous Constantin, exercer son culte au grand jour, il s'appropria le type de la basilique; le temple chrétien prit le nom et les formes de l'édifice païen. Sur les bancs de l'hémicycle siégèrent l'évêque et les prêtres; l'autel fut dressé devant eux. Les fidèles remplirent les nefs, les hommes étant primitivement séparés des femmes. C'est sur ce plan que l'empereur Constantin fit construire à Rome Saint-Jean-de-Latran, Saint-Pierre et Saint-Paul-hors-les-murs. Ce dernier temple a servi de modèle à la basilique de Munich.

L'architecte en a fait une œuvre d'un haut intérêt. Quatre rangs de colonnes de stuc à chapiteaux en marbre blanc la partagent en cinq nefs. Elles supportent des arcades dont les courbes, peintes et dorées, font une riche perspective.

La voûte découvre ses poutres saillantes, que le pinceau a magnifiquement décorées. Le pavé est une mosaïque, les murailles sont revêtues d'or. L'autel, les siéges, les objets du culte, sont d'une exactitude savante. Une série de fresques retrace la vie de saint Boniface, patron de l'église. Elles sont de M. Hess. C'est une composition agréable, mais qui manque de verve et d'inspiration. Je me rappelais involontairement les belles figures que M. Flandrin a peintes aux voûtes de Saint-Vincent-de-Paul de Paris, et j'aurais souhaité que la belle légende de saint Boniface eût trouvé un pareil interprète.

En passant d'Italie en Orient, l'architecture chrétienne se modifia. A Byzance, siége de l'empire, s'élevèrent des édifices plus somptueux. La charpente de bois qui formait le toit de la basilique tomba, et à sa place s'arrondirent des coupoles. Le trône impérial s'éleva sous un dôme exhaussé comme pour lui faire honneur. Les colonnes primitives ne pouvaient plus supporter une voûte dont le poids était double. On les remplaça par de lourds piliers. En imitant les arcades romaines, les Byzantins en varièrent les combinaisons et les formes, et l'on vit naître cette efflorescence de courbes gracieuses et fantasques qui donne à l'architecture orientale un caractère si saisissant. Sainte-Sophie à Constantinople, Saint-Marc à Venise, en sont des types magnifiques.

Le roi Louis, voyageant en Sicile, entendit la messe de minuit à Palerme, dans une église où les styles de l'architecture asiatique avaient été mêlés, à l'exemple des Sarrasins. Le prince fut vivement frappé de ces formes inusitées, dont la lumière des cierges et le reflet des dorures augmentaient encore l'effet. Devenu roi, il fit construire dans son palais une église orientale [1]. C'est la chapelle de la Résidence. C'est une jolie miniature du dôme de Venise, un fin joyau peint, doré, ciselé sur toutes les faces. L'ensemble est éblouissant, et le détail soutient l'examen. L'esprit n'est pas moins satisfait que le regard. Dans les peintures qui décorent les coupoles, le pinceau de M. Hess s'est surpassé. L'histoire de l'Église y est racontée en traits expressifs et concis. D'une part, sous le regard de Jéhovah, se déroulent les scènes de l'Ancien Testament; de l'autre, celles du Nouveau, sous le sourire de Jésus-Christ. Dans le chœur, sous les ailes de la colombe, se déploient les grands tableaux de l'Église naissante.

Comment est-on passé de l'arc byzantin à l'ogive gothique? C'est une question qui attend encore sa réponse. L'église gothique de Munich est dédiée à Notre-Dame, dans un faubourg de la ville. C'est un pastiche excellent. Elle a été de

---

[1] Fortoul, *De l'Art en Allemagne.*

la part du roi l'objet d'un soin particulier. L'art ogival s'appelle chez nos voisins l'art allemand. Un prince de l'Église, un pape futur, disait des Allemands, dans un temps où l'ogive régnait sans partage, « qu'ils sont les premiers architectes du monde [1]. »

Le fondateur de Notre-Dame d'Au a pu s'en souvenir. L'église est enrichie de vitraux modernes d'une beauté moins naïve mais plus pure que les anciens. Ses boiseries, sa chaire, ses colonnettes, ses chapiteaux sont sculptés dans un goût exquis. Ils feront dans cent ans la joie des amateurs. Ils avaient à mes yeux le tort de rappeler, en le diminuant, tout ce que j'avais admiré dans le Munster d'Ulm et de Fribourg. Si parfaite qu'on la suppose, l'imitation gothique est vaincue d'avance par l'image sans cesse renouvelée des types qui l'engendrent. La basilique, l'église de la cour, sont des copies aussi; mais l'original en est éloigné, plus ancien, plus rare. Ces temples offrent l'attrait de la nouveauté, ou l'attrait, plus puissant encore, de souvenirs dont l'objet ne doit plus s'offrir à nos yeux.

Munich a deux galeries célèbres : l'une de peintures, la Pinacothèque; l'autre de sculptures, la Glyptothèque. Ces noms effraient certaines oreil-

---

[1] Æneas Sylvius Piccolomini.

les; sont-ils plus barbares que celui de bibliothèque?

La Pinacothèque a été bâtie pour l'usage auquel elle sert. Tout y a été approprié à sa destination : grand avantage. La lumière n'y entre qu'avec choix et comme il le faut. Au lieu d'une longue et fatigante galerie, c'est une série de salons de dimensions modérées. On y a placé les grands cadres. Les miniatures, les tableaux flamands, tout ce qui demande à être vu de près a été rassemblé dans de petits cabinets. On ne risque pas de laisser passer un Mieris ou un Gérard Dow, perdu, comme à Paris, entre deux vastes toiles. L'œil est moins distrait; il voit mieux et juge mieux.

L'école allemande, comme il est juste et logique, occupe les premières salles. C'est une collection précieuse pour qui voudrait étudier les origines, le développement et la décadence de l'art. La peinture allemande s'y montre inhabile, mais déjà expressive, avec les disciples des Byzantins; elle fait un pas vers la perfection avec Wohlgemuth, l'atteint avec Holbein et Albert Durer; s'en éloigne avec leurs successeurs, qui, d'originale qu'elle était, en font l'humble sujette de l'Italie.

Rembrandt, Van Dyck et Rubens représentent une autre face du génie allemand.

Outre trois ou quatre beaux portraits, la Pinacothèque a de Rembrandt deux Descentes de croix, qui sont ce qu'il a fait de plus extraordinaire en ce genre. Ce sont de très-petites toiles. N'envisagez que la composition, c'est horrible. Vous vous rappelez ces belles Descentes de croix des maîtres italiens et de quelques Français : quelle grandeur! quelle pureté! quel charme! Chez Rembrandt, traits, costumes, attitudes, tout est vulgaire, trivial, souvent bouffon; mais sur cette conception grossière le peintre a jeté tant de lumière et un si vif éclat, qu'on en est ébloui, séduit, gagné. Le secret de Rembrandt consiste dans le jeu de la lumière et des ombres. Nul ne l'égale dans cette partie de l'art. Réaliste outré dans le choix des types, il met l'idéal dans son œuvre, en y mettant la lumière; idéal étrange, aussi merveilleux quand on y songe que celui de Raphaël. Où l'a-t-il conçu? La nature n'a pas de pareilles illuminations. Ses chairs, ses étoffes, ses murs projettent des lueurs et des ombres qui n'existent pas ailleurs. C'est une magie. Il communique la beauté à des conceptions d'où la beauté semble exclue. J'ai vu à Dresde *l'Enlèvement de Ganymède*. Ganymède est un hideux marmot enlevé au sein de quelque nourrice flamande. Son visage fait une affreuse grimace. Suspendu au bec de l'aigle, tout son corps se tortille comme un ver, et dans la peur qui l'oppresse, il laisse... Bref, le peintre a poussé à bout l'imitation de la réalité. Eh bien! cette chose sans nom rayonne dans son cadre. Elle enchante les yeux et l'esprit comme si une grande pensée s'y montrait sous de suaves contours.

Van Dyck procède autrement. Nul prestige dans sa manière. Il plaît par la grâce, par la douceur, par l'harmonie de la pensée et de la forme. Il y a de lui son propre portrait. Son génie paraît sur son visage, aimable, délicat, d'un éclat tempéré, mais séduisant. Le portrait de Charles Ier, roi d'Angleterre, est un chef-d'œuvre de finesse et d'élégance [1]. Il enseigne à nos peintres officiels comment il faut peindre une figure royale, simple avec dignité, imposante sans roideur, naturelle et sereine.

Ses sujets pieux ont une grâce italienne. Ils ont en propre une émotion, une tristesse indicibles. Tel est, dans la galerie de Munich, un *Christ mort sur les genoux de sa mère*. Comme celle d'Albert Durer, cette toile contient une expression déchirante. C'est jusqu'où l'art peut aller dans la peinture de la douleur maternelle. La mélancolie moderne n'a rien créé de plus pénétrant.

Rubens remplit à lui seul la plus vaste salle et

---

[1] A la galerie de Dresde; son propre portrait à celle de Munich.

un cabinet de la Pinacothèque. Quel peintre! sa fécondité tient du miracle. On le rencontre partout. Munich, Dresde, Vienne, Madrid, Anvers, possèdent de lui non des morceaux, mais des collections. Celle de Paris n'est pas la plus heureuse. Qui n'en connaît pas d'autre, court grand risque de ne pas connaître Rubens. Pour moi, tant que je n'avais vu d'autre galerie que celle du Louvre, je ne pouvais accorder dans mon esprit l'immense réputation du peintre avec les productions de son pinceau. Non pas que ces grandes toiles de la collection Médicis me laissassent indifférent. J'en admirais la verve, la richesse et l'éclat; mais l'allégorie si longtemps soutenue me charmait médiocrement; ce grand déploiement de formes et de symboles ne me paraissait pas le dernier mot de l'art. Le luxe des chairs et des couleurs m'étourdissait, et (j'en demande pardon à Rubens) j'étais tout près de le traiter de magnifique décorateur. Anvers, Vienne, Dresde et Munich m'ont appris à le mieux juger.

Son œuvre capitale, dans la Pinacothèque, est un *Jugement dernier*. Rubens a traité ce sujet de deux manières différentes. Il conçut d'abord l'idée d'une lutte avec Michel-Ange, et s'y est essayé à plusieurs reprises, dans des ébauches que la galerie a le bonheur de posséder toutes. On voit une effroyable mêlée de démons et de pécheurs. Au fond, l'enfer projette ses flammes; ils s'y précipitent, comme un tourbillon de douleurs et de cris. L'air est comme un champ de bataille. Ils luttent, ils grincent, ils rugissent; les chairs sont sanglantes, les muscles tordus. Mais le regard de Dieu n'est pas témoin de cette scène. Seuls, des anges en courroux secouent sur les damnés les torches de la vengeance.

Rubens, dans son œuvre définitive, la seule qu'il ait exécutée en grand, a pris le sujet d'un côté différent. Le sombre génie de Michel-Ange avait conçu un Christ irrité, qui d'un geste ouvre les portes de l'enfer, et plonge les méchants dans l'abîme. Le Christ de Rubens est un Dieu clément et miséricordieux. Entouré de sa cour céleste, il abaisse ses regards sur les justes, et les convie au partage de sa gloire. « Venez, leur dit-il, les élus de mon Père! » A ses pieds un touchant tableau. Réveillés non par le clairon des anges, mais par la lumière du ciel, les morts quittent leurs tombeaux. Des époux et des frères se retrouvent. Ils ne sentent pas cette horreur secrète, qui dans l'enfer des anciens rend amère une telle rencontre; ils sont inondés de joie et d'amour. Ils s'éveillent comme ils se sont endormis, les mains jointes sur la poitrine, comme si leur séjour dans la tombe n'avait été qu'une longue prière. La vie éternelle a déjà mis dans leurs yeux une flamme céleste. Un pauvre nègre tourne vers Dieu ses regards. On distingue sur sa figure la trace de ses misères passées avec le premier tressaillement du bonheur. Un mort se lève dans une mortelle angoisse. Incertain de son sort, il interroge le divin Juge, et pâlit d'avance. Dans un angle inférieur de la toile, des démons entraînent les damnés; mais ce n'est qu'un épisode douloureux, presque inaperçu. Tout le reste respire la félicité. Ce Jugement dernier complète celui de Michel-Ange; réunis, ils forment la représentation achevée du plus grand de nos dogmes. L'un en a peint le côté terrible, l'autre le côté consolant.

L'école française n'est pas mieux représentée à Munich que dans la plupart des galeries d'Allemagne. L'on y rencontre quelques toiles de Poussin, de Lesueur, de Philippe de Champagne, mais insuffisantes pour faire apprécier le génie de leurs auteurs et de la nation. Claude Lorrain est mieux traité. Il y a de lui deux ou trois paysages exquis. Il est le roi de cette salle, aussi bien que du genre. Ruysdaël excelle à peindre les cascades; Paul Potter, Dujardin, Berghem, ont rendu avec une habileté inimitable les grasses campagnes de la Hollande et leurs rustiques idylles. Le Lorrain s'est élevé au-dessus des formes particulières. Ses paysages ne sont d'aucun pays; il a peint la nature dans sa grandeur et son unité; il a donné à ses diverses parties l'équilibre et l'harmonie qu'elles ont dans la réalité. C'est le plus créateur des peintres de paysages. Son coloris est aussi le plus pur. Sa lumière n'éblouit pas, elle ravit et elle enchante; l'œil en garde longtemps l'impression. Elle agit sur l'âme comme le beau ciel de la Grèce sur la vierge antique. Comme elle, on voudrait jouir toujours de cette lumière si douce à voir.

Il est étonnant que la peinture espagnole, née sous un si beau ciel, dans une contrée presque partout délicieuse, se soit à ce point complu dans le sombre et l'horrible. Pourquoi donc Ribeira allait-il copier en Italie les tableaux du Corrège? Est-ce là qu'il a pris le goût de ces oppositions violentes, de ces tableaux où l'on entend crier la chair, et l'âme se plaindre par toutes les voix du corps? Et Zurbaran? et Velasquez? Jusque dans ses portraits, Velasquez a quelque chose de sinistre. Il y en a un à Dresde ou à Munich. C'est un sombre personnage tout vêtu de noir, face pâle, lèvres pâles, habituées au silence; maigre, osseux; un froid regard, mais perçant. Est-ce un courtisan? est-ce un inquisiteur? est-ce un juge? Tout cela peut-être. Assurément, c'est l'image de l'Espagne sortie des mains de Philippe II.

Murillo mérite une place à part dans le groupe des peintres espagnols. Il serait le vrai disciple de Corrège, si son génie indépendant relevait d'un autre que de lui-même. Il fuit l'horrible avec autant de soin que ses confrères le poursuivent. La grâce conduit son pinceau. Nul n'a suspendu avec plus de bonheur sur les nuées ces Vierges glorieuses dont les anges baisent les pieds. Nul n'a peint avec plus de charme ces scènes familières, souvent triviales, auxquelles l'expression et le coloris donnent la beauté. Dans ce dernier genre, Murillo me semble inimitable. Dans les sujets sacrés, il est, pour le dessin, pour l'inspiration, pour le style, vaincu par la France et par l'Italie. L'Italie et la France n'ont rien de plus exquis dans leur genre que *le Petit Mendiant* du Louvre, ou *la Vieille Femme et le Jeune Garçon* de Munich. Une vieille femme épluche la tête d'un jeune garçon renversé sur ses genoux. C'est un gamin d'Andalousie, qui montre sa peau brune à travers ses haillons. Il tient à la main le pain de son goûter, et vient d'y mordre à belles dents. Un chien qui le guette voudrait en faire autant. Le bambin s'en amuse, et riant, la bouche pleine, lui défend d'y toucher.

L'école italienne occupe les trois dernières salles. Raphaël y est médiocrement représenté. Il s'en faut qu'il ait une aussi grande page que la madone de Dresde. Pérugin, son maître, compte, au contraire, une de ses meilleures toiles : c'est une *Ap-*

parition de la Vierge à saint Bernard. Autour d'eux se pressent des noms illustres : Véronèse, Titien, Tintoret, Léonard de Vinci, André del Sarto, Dominiquin, Corrège, Guido Reni. Dirai-je que je m'y suis attaché avec moins de passion? C'est en Italie qu'il faut voir les Italiens; il faut vivre avec eux, et les étudier l'un après l'autre dans les palais, dans les églises, dans les collections formées de leurs œuvres.

Et puis, la visite d'un musée traîne après soi quelque langueur, non par la satiété, mais plutôt par ce vide inexplicable que nous y sentons, et que tant d'œuvres du génie n'ont pu remplir. Étrange impression des arts! la possession du beau est mêlée de douleur; l'âme, en présence de la beauté, jouit et souffre tout ensemble; soit que, vaincue par elle, elle sente sa défaite; soit que, rapprochée de l'infini, mais non satisfaite, elle pleure son impuissance à l'atteindre.

Le musée de sculptures est indépendant de la Pinacothèque. Il est en forme de temple grec. Ce n'est pas un musée artificiel et pédantesque. Les statues y semblent à leur place naturelle. Elles servent de décoration au temple. En face, un édifice du même style sert aux expositions des artistes vivants. Un portique imité des propylées relie les deux temples. L'élégance des formes, la blancheur du marbre, donnent à chaque édifice une beauté propre; leur réunion est d'un grand effet. C'est le plus bel endroit de Munich. Un Grec y élirait domicile pour rêver en paix à sa patrie. Tout est dû au génie vraiment attique de M. Léon de Klenze.

La Glyptothèque n'a pas un très-grand nombre de morceaux, mais ils sont excellents. La collection la plus précieuse est celle des statues grecques antérieures au temps de Phidias. Elle montre la Grèce disciple des Égyptiens et des Étrusques, en attendant qu'elle-même reçoive le monde à son école.

La salle des Éginètes renferme les sculptures qui ornaient le double fronton d'un temple de Jupiter à Égine. Les arts avaient longtemps fleuri dans cette île. Nous savons par Pausanias que ses statuaires faisaient école, et qu'il existait un genre éginétique. Les deux groupes furent trouvés en 1811 par des voyageurs allemands, et achetés par le roi Louis. Ils représentent des guerriers aux prises. On suppose que c'est une scène des combats d'Homère. Les personnages ont ceci d'extrêmement curieux : dans tout le corps, qui est nu, la nature est imitée avec une science infinie. L'attitude, les mouvements, le geste sont achevés. Seule, la face offre un masque immobile, comme dans les ébauches d'un art à son berceau. Quelle raison donner de ce contraste évidemment volontaire? Otfried Muller, Schelling, mille savants se sont épuisés en conjectures. L'explication la plus ingénieuse me semble venir d'un homme à qui un bon sens sagace a tenu lieu d'érudition. Voici ce qu'écrit M. Viardot :

« Les premiers sculpteurs se bornèrent à dresser sur l'autel les images des dieux; ils restèrent dans le style hiératique, dans les types conventionnels, immuables, qu'ils avaient hérités des Égyptiens. C'est en sculptant les images des athlètes pour la place publique qu'ils animèrent les membres, qu'ils cherchèrent la force et la beauté. Il y eut nécessairement une sorte de lutte et de mélange forcé entre ces deux styles, comme au début de la renaissance on voit, dans certaines peintures italiennes, l'alliance des types byzantins avec le mouvement et l'expression. Œuvres aussi d'une époque intermédiaire entre le temps du dogme et le temps de l'art, les statues d'Égine tiendraient encore au dogme par l'immobilité du visage, tandis qu'elles entreraient déjà dans l'art par le mouvement des membres. Les héros grecs et troyens seraient dieux par la tête, et athlètes par le corps. »

Du siècle de Phidias et de ses successeurs, la Glyptothèque possède des dieux et des déesses, des héros, des nymphes, des muses. L'*Apollon Cytharède* est fameux; on l'a pris longtemps pour une Muse. Il porte, en effet, une robe et une coiffure de femme. Ce travestissement était pour les Grecs un symbole. Chose à peine croyable! il n'altère pas la dignité de l'image. La draperie est admirable; le port est d'un immortel. La figure a la sérénité toute-puissante que les Grecs donnaient à leurs dieux, et que Raphaël a donnée à son saint Michel. Les paupières sont formées de lamelles de métal qui durent enchâsser des pierres précieuses. C'était la pratique des Grecs d'associer au marbre l'or, l'argent, l'ivoire, quelquefois les perles. Est-ce perfection ou raffinement? Il ne faut pas condamner à la légère ces maîtres de l'art. Je me demande pourtant si, pour exprimer la beauté humaine et la beauté divine, il existe en statuaire rien de plus puissant que le marbre nu.

Le *Faune endormi* a les honneurs d'une salle. C'est un morceau à part dans la sculpture grecque. L'imitation de la nature y est poussée à un point d'exactitude qui a fait prononcer le nom de réalisme. L'air du visage est celui de la rusticité, chose rare chez les Grecs. Il semble que leurs sculpteurs considéraient les Satyres comme des natures inférieures, malgré le sang divin qui coulait dans leurs veines. Ils en font le symbole des appétits grossiers; de là le soin de marquer sur leur visage une expression d'effronterie et de vulgarité, comme d'une âme soumise aux sens. Le Faune de Munich n'est pas un chèvre-pieds; il a la forme humaine, mais dépouillée de cette dignité suprême qui frappe dans les statues du même peuple.

Il est assis sur un rocher, et dort profondément. Ses yeux sont clos comme par un pesant sommeil, ses narines dilatées, tout son corps affaissé. Un mouvement imperceptible des muscles de la poitrine et un pli de la lèvre font sentir le souffle de la respiration. C'est le sommeil qui suspend la vie, c'est la vie qui anime le sommeil. L'imitation est merveilleuse. Elle rappelle cette statue de Michel-Ange dont un poëte a dit : « Tout endormie qu'elle est, elle vit. En doutes-tu ? réveille-la : elle va te parler. »

. . . . . E perchè dorme, ha vita.
Destala, se nol credi, e parlerà ti.

Le Faune a la tête appuyée sur un bras, l'autre bras est pendant. Les veines de celui-ci sont légèrement gonflées, et l'on sent l'engourdissement de la main. Ce détail est fort bien exprimé. Deux amateurs qui regardaient en même temps que moi la statue se pâmaient de joie.

« Quel génie! disait l'un; quelle observation! il n'y a que les Grecs!

— Quel goût! disait l'autre; un moderne eût outré l'effet, il n'est qu'indiqué. »

Et tous deux reprenaient en chœur :

« Il n'y a que les Grecs ! »

Or, admirez la prévention! le Faune a été trouvé tout mutilé dans les fossés du château Saint-Ange, et ce bras gauche presque tout entier est une restauration de l'italien Pacini.

La sculpture romaine occupe une galerie, la plus vaste de la Pinacothèque. Elle ne fait pas la grande impression du musée grec : chose naturelle. Les Romains n'ont pas ces élans d'une âme qui cherche l'inspiration aux plus hautes sphères. Dans les arts, comme dans la politique, ils se gouvernaient non par imagination, mais par raison. Tout, chez eux, tendait au réel et au positif. Ils rêvaient peu et calculaient beaucoup. Rien de divin, rien d'ailé. Horace l'a dit, qui les connaissait bien. Dans tous les arts, les Grecs ont cueilli la fleur; les Romains ont pris le solide et l'utile. Peu de poésie lyrique, et seulement par l'industrie de quelques ingénieux disciples de Pindare et d'Alcée. Nulle tragédie; pas de spéculations métaphysiques; mais la comédie, la satire, l'épître, le poëme didactique, la philosophie morale, l'histoire. J'excepte Virgile, qui fut un Grec parlant la langue de Rome. La statuaire religieuse n'a rien créé à Rome. Elle a reçu les formes transmises par les Grecs, et les a imitées assez fidèlement, non sans pesanteur. C'est l'infirmité native de l'artiste romain. Toutefois il excelle dans un genre, c'est le buste. Ici, en effet, la conception est bornée; la nature en fournit les traits. L'idéal est sous la main. C'est une œuvre d'observation, d'habileté, de raison. Œuvre de génie aussi, car il s'agit de démêler l'âme dans le modèle, et de la rendre dans la copie. Les Romains, dans ce genre, ont fait école. On sait quelle admirable collection renferme le Vatican. Celle de Munich a son prix. Il y a là des têtes de consuls et d'empereurs qui font songer à certains portraits de Tacite.

Munich, avec ses magnifiques collections, est un séjour peu récréatif. J'en ai dit plus haut la raison. Cette ville a quelque chose de factice et d'artificiel. J'y ai trouvé mortellement longues les heures que je ne passais pas dans les musées. Joignez à cela que la campagne environnante est des plus maussades. Munich est dans une grande plaine, auprès de laquelle notre plaine de Saint-Denis pourrait passer pour un Eldorado. Les promeneurs sont réduits à tourner dans un jardin anglais, voisin de la Résidence, lequel est assurément très-beau, mais ne saurait, tout enfermé de murs, remplacer la libre campagne. La moitié de

CHATEAU DE BRUNN.

LE DANUBE ALLEMAND ET L'ALLEMAGNE DU SUD.

la Bavière est ainsi formée de plaines fertiles, mais dénuées de pittoresque. Il faut, pour voir une belle nature, ou bien gagner les montagnes du Tyrol, ou bien franchir le Danube et suivre les rivières qui s'y jettent. Là on trouve de fraîches vallées et de gracieux paysages. L'Altmuhl, qui sert de voie de communication entre le Danube et le Rhin, traverse une contrée agreste et charmante. Quelques châteaux, bâtis sur ses rives, donnent au pays un air d'opulence seigneuriale. Celui de Brunn occupe un site délicieux. La rivière fait devant lui plusieurs petites cascades naturelles, dont profitent les moulins établis sur les bords.

LIVRE III

AUTRICHE (Iʳᵉ PARTIE)

CHAPITRE VIII

SALZBOURG ET SES ENVIRONS

La ville et le château de Salzbourg. — Les deux Mozart. — L'Untersberg. — Descente dans une mine de sel. — De Salzbourg à Lintz. — Ischl. — Le Salzkammergut, mœurs et coutumes.

Autrefois, c'était un long voyage d'aller de Munich à Salzbourg. Aujourd'hui le chemin de fer bavarois franchit la distance en quelques heures. Assez monotone tant que l'on chemine dans la plaine de Munich, le paysage s'embellit à mesure que l'on approche de la chaîne du Tyrol. La voie ferrée marche droit sur elle. Mais, arrivée à sa base, elle se bifurque. Un embranchement s'engage dans les montagnes, et poursuit sa route vers Inspruck; l'autre tourne brusquement à gauche, et par une suite de vallées pittoresques, rarement sous terre, il atteint Salzbourg.

Je voyageais le dimanche, par un soleil et un ciel qui n'ont presque pas cessé de bénir mon voyage. Les campagnes, si abandonnées chez nous ce jour-là, étaient animées d'un mouvement incroyable. L'Allemagne est le pays du monde où l'on pratique le plus la villégiature. Les campagnards eux-mêmes s'y livrent à leur manière. A leurs yeux ce n'est pas fêter le dimanche que de le passer dans les champs qu'ils ont labourés toute la semaine. Ils vont chercher une nature qui leur soit moins familière, qui ne leur présente qu'une image de repos et de plaisir. Chaque semaine, des villages entiers émigrent, et font visite à d'autres villages. Ainsi s'établissent entre eux ces relations d'hospitalité dont ils ont raison d'être fiers, et qui valent mieux que nos rivalités de clocher. La route était jonchée de familles endimanchées accourues à la station, soit pour monter dans le train, soit pour recevoir les hôtes qu'il leur amenait.

Leur costume annonçait déjà le Tyrol. C'étaient de grands chapeaux verts ornés de plumes ou de fleurs sauvages; des culottes de velours, des guêtres de peau, des vestes rondes à boutons de métal. Parfois un groupe de jeunes garçons à la taille élancée, à la physionomie douce sous le hâle qui les bronzait, passaient, leur carabine sur l'épaule, leurs grandes pipes de porcelaine à la bouche. Ils allaient, en compagnie de leurs femmes ou de leurs fiancées, disputer le prix à quelque tir rustique. Le soir, un cortége aux flambeaux devait ramener le vainqueur. Tout ce monde jasait et riait à plaisir, sans fracas. On n'entendait pas de propos bien piquants. Trois gamins de Paris, juchés sur une impériale, eussent fait une plus grande dépense de sel et de saillies. Mais l'on n'entendait pas de mot grossier. Ce peuple est naturellement mesuré dans son langage. Il a une façon de s'égayer douce et tranquille.

Les chemins de fer n'ont rien changé à ces mœurs. D'ailleurs les Allemands en usent à l'égard de la vapeur avec leur bonhomie ordinaire. La voie ferrée n'est nulle part enceinte d'une clôture, comme en France. Le public ne s'y enferme pas dans les salles d'attente. On attend en plein air le passage du train. Arrivé, on se répand sur la voie, on escalade les voitures, on ouvre les portières, on monte, on descend, on embrasse, on est embrassé, les paquets s'entassent, les petits enfants gambadent, les chiens jappent. Ceux qui ont connu une cour de messageries il y a vingt ans, s'y croiraient encore. J'ai même vu plus d'une bonne

SALZBOURG.

LE DANUBE ALLEMAND ET L'ALLEMAGNE DU SUD.

âme aller porter au mécanicien, au conducteur, au chauffeur, le verre de bière qui s'offrait naguère au postillon. De là, entre les agents et les voyageurs, une grande aménité de relations, un échange de bons offices point affectés, point mercenaires. J'en jouissais avec surprise. Nos compagnies françaises ne nous y ont pas accoutumés. J'ai vu un train s'arrêter pour recevoir un retardataire. Ici, l'on peut impunément oublier sa canne ou son manteau dans le fond d'un wagon. Le train ne partira pas que vous n'ayez retrouvé votre bien. J'en ai fait l'épreuve.

Et la régularité du service? me dira-t-on. — Il est vrai qu'elle n'est pas rigoureuse. En France, les retards se comptent par minutes, et ils sont rares. En Allemagne, ils se comptent par heures, et c'est le cas ordinaire. Un train qui passerait au temps indiqué surprendrait toute la ville, et n'aurait pas de voyageurs. Aussi les Allemands ne disent-ils pas : On partira *à* telle heure, mais *vers* telle heure. Leur langue n'a pas de mot plus précis pour marquer le temps. Dans les premiers jours, fidèle aux habitudes françaises, je me rendais tout essoufflé à la gare, dix minutes avant le temps officiel. Solitude complète. J'interrogeais avec anxiété : « Le train est parti? — Non, il va passer. » Et il passait, en effet, au bout d'une heure.

Conclusion : en Allemagne, il n'y a qu'un Allemand qui puisse manquer le chemin de fer.

Il m'en a coûté cher d'arriver à Salzbourg un dimanche! J'ai pensé coucher à la belle étoile. Hôtels, auberges, brasseries et maisons bourgeoises, tout était plein jusqu'aux combles. Un hôtelier dont j'accusais la complaisance m'ouvrit une espèce d'armoire : « Depuis huit jours, me dit-il, voilà mon gîte ! » Il pouvait dire son bouge.

J'obtins pourtant un cabinet et un lit de sangle. Ils prirent, sur la carte à payer, des dimensions magnifiques.

C'est d'ailleurs un charmant séjour que cette ville de Salzbourg. Impossible de souhaiter une plus heureuse situation. Partout des montagnes, et à leurs pieds de jolis vallons. Une rivière, la Salsach, traverse la ville de ses eaux larges, mais peu profondes. Elle a la réputation de rouler de l'or; j'ai vu des marmots qui, les pieds dans l'eau, et un panier à la main, en écumaient patiemment la surface. Les maisons forment un amphithéâtre. Leurs murailles blanches, leurs toits plats, leurs terrasses couvertes de fleurs, étincellent au soleil. De grands dômes d'églises dépassent les maisons. Eux-mêmes sont dominés par la forteresse, qui, plantée sur la cime d'un roc escarpé, montre les dents à toute la contrée. On y grimpe par des sentiers de chèvres hérissés de ronces, qui m'ont pris la moitié de mon habit, ou par de longs et tortueux escaliers de pierre, que dégrade la végétation. Du pied de la forteresse, une vue magnifique, à la fois champêtre et imposante. Le fond de la vallée est riant; les cimes des montagnes sont austères. L'œil compte vingt à trente pics, qui dressent dans le ciel leurs sombres aiguilles. Le plus élevé, le plus morne à voir, c'est l'Untersberg. Des neiges restées dans ses crevasses le signalent entre tous. La légende en fait un séjour de fantômes et de mystères.

La nuit, le berger qui roule sa cabane sur ces hauteurs voit des lueurs et entend des chants étranges. Ce sont des âmes captives qui célèbrent le Seigneur, et du fond de leur cachot prennent part à ses fêtes. Un jour, un de ces bergers redescendit tout hagard vers son village. Égaré à la poursuite de son troupeau, il avait vu briller devant lui une porte de diamants, et au-dessus une inscription en lettres d'or. Un moine tout blanc et tout cassé de vieillesse l'avait reçu sur le seuil, et, muni d'un trousseau de clefs énormes, l'avait conduit de cavernes en cavernes à travers un monde magique. Il avait vu des grottes creusées dans les plus riches métaux, des lacs de cristal, des jardins de pierres précieuses; une église, où deux cents autels allumés étaient entourés d'un peuple de fidèles vêtus de blanc, et de guerriers pâles dans leurs armures. Enfin, dans une caverne écartée, qu'une seule lampe éclaire, où pas un bruit ne pénètre, il avait vu l'empereur Frédéric Barberousse, endormi depuis sept siècles. Assis devant une table de pierre, dont sa barbe fait deux fois le tour, il attend l'heure de venir délivrer l'Allemagne [1].

Le berger sortit par la même porte qui lui avait livré passage; mais il ne reconnut plus rien autour de lui. Des pans de rochers s'étaient écroulés; les sentiers si bien connus de lui avaient disparu sous les ronces; des arbustes qu'il avait vus la veille étaient devenus de grands arbres. Il lut son nom sur une croix de pierre plantée au lieu où il gardait son troupeau. Il descendit vers son village; personne ne le reconnut. Son père et sa mère étaient morts depuis de longues années; ses frères étaient des vieillards. Lui-même, se mirant dans une fontaine, se reconnut blanc et ridé : sa vision avait duré trente ans.

Les montagnes de Salzbourg donnent un magnifique porphyre. Celui de l'Untersberg est particulièrement renommé. Depuis des siècles, on le creuse sans l'épuiser, sans atteindre la retraite où dort Frédéric Barberousse. Le marbre, à Salz-

---

[1] Cette légende a fourni à M. Victor Hugo le dénoûment de son drame des *Burgraves*.

FRÉDÉRIC BARBEROUSSE DANS LA GROTTE DE L'UNTERSBERG.

LE DANUBE ALLEMAND ET L'ALLEMAGNE DU SUD.

bourg, est d'un usage aussi vulgaire qu'il est rare à Munich. Mais qu'est-ce que la matière, si l'art n'y ajoute la beauté? Sur quatorze églises qui décorent Salzbourg, on ne peut nommer que la cathédrale, œuvre de l'Italien Scamozzi [1], dont le nom est illustre à Venise, à Gênes, à Florence. Encore son continuateur, Santino Solari, a-t-il défiguré son plan sous un luxe d'ornements que les modernes se sont efforcés d'accroître. Près de la cathédrale s'élèvent des casernes grandes comme un palais, et un palais épiscopal triste comme une caserne. Sur une place voisine, une fontaine de marbre offre quelque originalité. Ce sont des chevaux marins domptés par des géants, et des tritons qui soufflent dans leurs conques. Il y a un entassement de formes très-hardi, et façonné dans un style puissant. Chaque personnage est d'un seul bloc.

Salzbourg est une ville militaire. Sa forteresse, ses casernes, sa garnison, l'indiquent. Elles ont un autre air qu'en Bavière. On se sent tout de suite dans la belliqueuse Autriche. La ville est entourée d'une muraille continue percée de vingt portes. L'une d'elles est remarquable. C'est un long tunnel ouvert dans la montagne, qu'il traverse de part en part. Il est large, spacieux, et ne me-

[1] Né à Vicence en 1552, mort en 1616.

sure pas moins de cent vingt-cinq mètres de développement. Les piétons et les voitures s'y croisent dans une demi-obscurité. L'entrée est en forme d'ogive. On a taillé la roche vive en colonnade et en portique. Un médaillon naïvement ébauché rappelle les traits de l'archevêque Sigismond, bienfaiteur de la ville; et au-dessous cette inscription :

TE SAXA LOQUUNTUR.

Ce travail remonte au XVIIIe siècle, et lui fait honneur. Il n'a pas coûté moins de dix années de travail et quarante mille florins, qui vaudraient un peu plus du double aujourd'hui.

En creusant la montagne, et dans d'autres parties de la ville, on a trouvé de nombreuses traces du passage des Romains : des mosaïques, des statues, des armures. Cela forme une collection assez intéressante. L'art indigène en est devenu presque tout entier romain. L'école du peintre David compte à Salzbourg ses derniers disciples. J'ai vu dans le cimetière, sur la tombe d'un colonel autrichien, un Romain en bronze, coiffé d'un casque. Ce guerrier donnera quelque embarras aux érudits futurs. Ils le prendront pour un compagnon de Varus.

Salzbourg est la patrie de Wolfgang Mozart. Il naquit en 1756. Mozart est le premier dans un art où les Allemands se sont le plus approchés de la perfection. On l'a souvent comparé à Raphaël, avec raison. Il composa comme peignit Raphaël, sans effort, on dirait sans étude, et comme par une disposition spontanée de sa nature. Tous deux ont brillé de bonne heure, et pour peu de temps; ils ont exprimé tous deux, l'un par les sons, l'autre par les couleurs, cette beauté noble et sereine qui était l'idéal antique, et qui est bien moins un genre à part que l'union de ce qu'il y a de plus parfait dans tous les genres. Il y a donc dans leur génie une parenté singulière, et l'on a dit avec justesse : « Si les lèvres du jeune homme d'Urbin pouvaient s'ouvrir, elles chanteraient les mélodies du jeune homme de Salzbourg [1]. »

Il ne manque pas, en Allemagne et en France, de biographies de Mozart [2]. La plupart ne sont qu'un recueil d'anecdotes plus ou moins sérieuses; tout cela semble bien vide, quand on a lu ses propres lettres [3]. Voilà ses vrais mémoires; qui ne les connaît pas ignore assurément Mozart. Elles font aimer un grand cœur associé à un beau génie. On cherchait un artiste, et l'on trouve un homme; et dans cet homme, tout ce qu'ont de plus touchant la candeur, la simplicité, la foi.

[1] Tonnellé.
[2] Stendhal, et récemment Paul de Musset.
[3] Traduites en français par l'abbé Goschler.

Dieu, quand il forma ce vase d'élection, le mit en des mains dignes de le recevoir. Qui dira la part des vertus paternelles dans le génie d'un grand homme? Le vieux Mozart ne fut qu'un pauvre maître de chapelle, dont le nom ne devait pas sortir de l'obscurité; mais son âme se fait admirer même à côté de celle de son fils. Il n'eut pas seulement le mérite de croire aux grandes destinées de Wolfgang, il eut de bonne heure une haute et ferme conscience des devoirs qu'impose une telle paternité.

« Il importe, écrivait-il, que j'aie chez moi une existence qui convienne surtout à mes enfants. Dieu leur a donné des talents qui, abstraction faite du devoir paternel, m'obligeraient à tout sacrifier pour leur éducation. »

Il sentait la main de Dieu visiblement étendue sur cette tête sacrée.

« Je puis vous affirmer que Dieu fait chaque jour de nouveaux miracles dans cet enfant. »

De là une grande confiance et une pieuse résignation. L'enfant tomba gravement malade.

« Je prétends, écrit son père, tout abandonner à la grâce de Dieu; tout dépend d'elle. Il s'agira de voir si Dieu, qui a mis dans le monde cette merveille de la nature, veut l'y conserver ou l'en retirer. »

Mozart fut, dès l'âge de huit ans, conduit par son père dans les principales cours de l'Europe.

Le père a consigné dans des lettres ses propres impressions. Il est curieux et instructif de voir le jugement que portait sur la France de Louis XV ce bourgeois d'une petite ville allemande.

« Les femmes sont-elles, en effet, belles à Paris? Impossible de vous le dire; car elles sont peintes comme des poupées de Nuremberg, et tellement défigurées par ces artifices, qu'une femme naturellement belle serait méconnaissable aux yeux d'un honnête Allemand... On a de la peine à discerner ici la maîtresse de la maison. Chacun vit à sa guise; et sans une miséricorde toute spéciale de Dieu il en arrivera du royaume de France comme autrefois de l'empire des Perses...

« Quoiqu'on voie partout ici sans lunettes les déplorables fruits de la dernière guerre, les Français continuent à ne rien retrancher de leur luxe; aussi n'y a-t-il de riches que les fermiers généraux. Les seigneurs sont criblés de dettes. Les plus grandes fortunes se trouvent entre les mains d'à peu près cent personnes, dont quelques banquiers et fermiers généraux, et presque tout l'argent se dépense pour des Lucrèces qui ne se poignardent pas...

« Les Parisiens envoient leurs enfants nouveau-nés en nourrice à la campagne. Tout le monde le fait, grands et petits. Mais que de tristes conséquences! partout des estropiés, des aveugles, des paralytiques, des boiteux, des mendiants couchés dans les rues, jonchant le parvis des églises. Le dégoût m'empêche de les regarder[1]. »

Les lettres de Mozart datées de sa première jeunesse sont d'un esprit aimable et enjoué. Ni

[1] Lettre du 1er février 1764.

le génie ni la gloire, quoique si précoces, n'étouffèrent en lui les grâces de l'enfance. Les billets qu'il écrit à sa sœur Nanette sont un délicieux babil. Il mêle ensemble, pour l'amuser, les langues de tous les pays qu'il visite. Il la salue en français, lui conte en italien, risque trois mots d'anglais, et termine par le patois de Salzbourg, qui semble très-cher à son cœur. Sa gaieté s'aiguise, au besoin, d'une pointe de malice; témoin cet excellent trait :

« Nous avons l'honneur d'être en relation avec un certain personnage qui passe pour un saint. Moi, je n'y crois pas beaucoup, parce que je le vois déjeuner d'abord avec une bonne tasse de chocolat, et puis faire passer par-dessus un grand verre de vin d'Espagne. J'ai eu l'avantage de manger avec ce saint, qui a bu bravement du vin tout le long du repas, qu'il a clos par un grand verre du vin le plus fort, par deux bonnes tranches de melon, par des pêches, des poires, cinq tasses de café, une assiettée de petits-fours, et force crème au citron. Mais peut-être qu'il fait cela par mortification. Cependant j'ai de la peine à le croire. Ce serait trop à la fois; et puis, outre son dîner, il soigne trop bien son souper. »

Son génie musical étonnait déjà le monde. On en jugera par le programme d'un concert donné à Mantoue, en 1770 :

« Programme des compositions musicales qui
« seront exécutées au concert public de l'aca-

« démie philharmonique de Mantoue, le 16 jan-
« vier 1770, au soir, à l'occasion du passage du
« très-jeune et très-expert signor Amadeo Mozart,
« âgé de quatorze ans :

1° Symphonie composée par le signor Amadeo Mozart ;

2° Concerto sur le clavecin, exécuté à première vue, par le même ;

3° Air chanté par un professeur ;

4° Sonate pour le clavecin, exécutée à première vue par le jeune Mozart, et répétée avec des variations de sa composition, dans un ton différent de la première fois ;

5° Concerto de violon, par un professeur ;

6° Air improvisé et immédiatement chanté par le signor Amadeo, avec accompagnement de clavecin, sur des paroles faites exprès et non vues d'avance par l'auteur ;

7° Autre sonate pour le clavecin, composée et exécutée par le même, sur un motif musical proposé à l'improviste par le premier violon ;

8° Concerto de hautbois, par un professeur ;

9° Fugue composée et exécutée par le signor Amadeo sur le clavecin, et menée complétement selon les lois du contre-point, sur un simple thème présenté à l'improviste ;

10° Symphonie exécutée sur le clavecin par le

même, avec toutes les parties d'orchestre, d'après la seule partie de violon placée devant lui, à l'improviste;

11° Duo de deux professeurs;

12° Trio dans lequel le signor Amadeo jouera sur le violon une partie improvisée;

13° Symphonie composée par le même.

A vingt et un ans, Mozart se sépara pour la première fois de son père. Le vieillard retourna à Salzbourg; Wolfgang se rendit à Paris avec sa mère. La scène des adieux, racontée par le père, est touchante jusqu'aux larmes :

« Lorsque vous fûtes partis, je montai péniblement l'escalier, et me jetai dans un fauteuil. J'avais pris toutes les peines du monde pour me retenir au moment de nos adieux, pour ne pas les rendre plus douloureux, et, dans mon trouble, j'ai oublié de donner la bénédiction à mon fils. J'ai couru à la fenêtre, et je vous la donnai à tous deux de loin, mais sans pouvoir plus vous apercevoir. Vous aviez probablement traversé déjà la porte de la ville, car j'étais resté longtemps assis sans penser à rien. Nanette pleurait et sanglotait sans mesure, et j'eus bien de la peine à la consoler. Ainsi s'est écoulée cette triste journée, à laquelle je ne pensais pas être jamais destiné. »

C'est l'âme d'un père qui s'exprime ainsi; écoutez celle d'un chrétien :

« Mon fils, je te souhaite la grâce de Dieu. Qu'elle t'accompagne en tous lieux; qu'elle daigne ne t'abandonner jamais; et elle ne t'abandonnera pas tant que tu t'efforceras de remplir tes devoirs de bon chrétien, de vrai catholique. Tu me connais, je ne suis ni un pédant ni un dévot, encore moins un hypocrite. Tu ne repousseras pas une prière de ton père. Je te supplie de veiller sur ton âme de telle sorte, que tu ne sois pas un souci pour ton père à son lit de mort, et qu'à cette heure si grave il n'ait pas à se reprocher d'avoir négligé ton salut. Adieu! sois heureux! sois raisonnable! honore et respecte ta mère, qui, à son âge, a encore bien des soucis. »

L'âme est profondément émue et satisfaite, lorsqu'à côté de ces lignes on lit les réponses de Mozart. Quelle tendresse pour les siens! Quel respect pour son guide et son père! Quelle angélique confiance dans la parole et la bonté divines! Je trouve tous ces sentiments réunis dans une lettre qui marque la date la plus douloureuse de sa vie. Il faut la lire tout entière : c'est pendant son voyage de Paris. Mozart écrit dans une pauvre chambre d'auberge, près du lit où vient de mourir sa mère :

Paris, 9 juillet 1778.

« Monsieur mon très-cher père,

« J'espère que vous serez préparé avec fermeté à recevoir la plus triste et la plus douloureuse des nouvelles. Ma dernière lettre du 3 a dû vous disposer à ne rien attendre de bon. Le même jour, le 3, ma pauvre mère s'est saintement endormie en Dieu, vers 10 heures et 21 minutes du soir. Au moment où je vous écrivais, elle jouissait déjà de la paix du ciel. Tout était fini ; vous vous imaginez facilement ce que j'ai souffert, combien j'ai eu besoin de courage et de fermeté pour supporter avec résignation une maladie qui allait toujours en augmentant. Dieu, dans sa bonté, m'a accordé cette grâce. J'ai bien souffert, j'ai beaucoup pleuré. Mais enfin il a fallu se résigner ; faites de même, mon cher père, ma sœur bien-aimée, pleurez, pleurez beaucoup, pleurez toutes vos larmes, mais enfin résignez-vous : songez que Dieu tout-puissant l'a voulu ; et que voulons-nous faire contre sa volonté ? Mieux vaut prier, le remercier de ce que tout s'est si bien passé, puisqu'elle est morte saintement. Dans ces circonstances si pénibles, je me suis résigné, grâce à ma complète confiance, à mon entier abandon à la volonté divine, grâce à la pensée de sa mort si facile et si sainte, qui en peu d'instants a dû la rendre heureuse, bien plus heureuse que nous, au point que j'aurais souhaité avoir fait le voyage avec elle ; et enfin de ce pieux désir est née une pensée consolante, à savoir qu'elle n'est pas perdue pour nous à tout jamais, que nous la reverrons et que nous serons plus heureux, plus joyeux dans notre future réunion que sur cette terre... Prions Dieu avec ardeur pour son âme, et occupons-nous de tout ce qui réclame nos soins...

« Mon bien cher père, soignez-vous ; ma bonne sœur, soigne-toi. Tu n'as pas senti encore combien le cœur de ton frère est bon. Il n'a pu te donner des preuves de son affection. Mes bien chers amis, veillez sur vos santés, pensez que vous avez un fils, un frère qui consume toutes ses forces à vous rendre heureux, persuadé qu'il est que vous contribuerez aussi de tout votre pouvoir à réaliser ses vœux, à assurer son bonheur, et cette pensée fait sa gloire. Oh ! alors nous vivrons aussi paisiblement, aussi honnêtement, aussi joyeusement ensemble qu'il est possible sur cette terre, et enfin, quand Dieu l'ordonnera, nous nous retrouverons aux lieux pour lesquels nous sommes destinés et créés. »

Égal à son père par l'ardeur de sa foi et la bonté de son cœur, Mozart lui est bien supérieur par l'esprit. Je ne parle pas du génie musical, auquel l'autre ne prétendit jamais. J'entends cette élévation de sentiments, cette noblesse, cette distinction suprême qui fait que l'on fuit le commun et que l'on monte naturellement aux plus hautes sphères. Le vieux Mozart eut une vie trop chétive et trop misérable. Serviteur, on peut dire victime du devoir domestique, il soutint contre la pauvreté un trop dur combat. Elle ne le vainquit pas, mais il porta la marque de ses rudes étreintes. Chaque morceau de pain fut gagné par lui au prix de sueurs infinies. Sa vieillesse en fut attristée. Il faut l'entendre lui-même repasser avec amertume sa pénible carrière : il y a dans sa plainte une protestation secrète contre le destin. Le secret de cette âme résignée lui échappe, après soixante ans de silence et d'abnégation :

« Désormais la destinée de tes vieux parents, celle de ta sœur si jeune, si bonne et si aimable, est uniquement entre tes mains. Depuis votre naissance, et bien avant, depuis mon mariage, j'ai fait certes assez de pénibles sacrifices et mené une vie assez dure pour entretenir, avec 25 florins de revenu mensuel assuré, une femme, sept enfants, et ta grand'mère, pour supporter des frais de couche, de mort, de maladie, frais et dépenses qui, si tu veux y penser, te convaincront que non-seulement je n'ai pas employé un kreutzer pour le moindre plaisir personnel, mais encore que sans une grâce spéciale de Dieu je n'aurais jamais pu avec toutes mes spéculations et mes amères privations m'en tirer et vivre sans faire de dettes. »

Certes, la pauvreté a ses bienfaits. L'âme y reçoit la trempe des plus mâles vertus. Mais que dire de celle qui va jusqu'à l'indigence, use les forces, consume le courage, et, chaque jour renaissante, dévore le meilleur de notre vie! C'est de celle-là qu'un poëte a dit: « La pauvreté est un grand mal! » Oui, elle flétrit l'âme, l'asservit aux soins vulgaires, et empreint sur elle cette rouille du pécule, qui étouffe ses plus nobles instincts.

Le père de Mozart eut le sentiment de l'art. Ses lettres le prouvent, et plus encore la première culture dont il entoura l'enfance de son fils. Il semble qu'il l'ait insensiblement perdu, dans les mesquines nécessités d'une vie précaire. Le spectre de la pauvreté, qu'il a toute sa vie écarté, obsède ses vieux jours. Que dire des paroles qui lui échappent: « Pourvu qu'on obtienne du succès et qu'on soit bien payé, que le diable emporte le reste? » Ce cœur si bon et si tendre s'en est endurci. La pauvreté a fait tache sur cette belle âme. Dans une lettre où il prévoit la mort de sa femme, il associe à ses regrets trop de prudence et de calculs.

« Si toutes nos espérances étaient déçues, alors tu aurais besoin d'amis, d'amis véritables ; sans quoi tu perdrais ce que tu as. On va te tromper, te duper, te surfaire. On t'entraînera à des dépenses inutiles, on t'épuisera en frais de funérailles. Mon Dieu ! si tu n'as pas des amis honnêtes et dévoués, tu ne t'en tireras pas. Tu ne comprends pas cela. Si le malheur est arrivé, prie M. le baron Grimm de te permettre de porter chez lui tous les effets de ta mère, afin que tu n'aies pas à veiller sur tant de choses. Ou bien mets tout exactement sous clef. Car, comme tu t'absentes souvent des journées entières, on peut entrer dans ta chambre et te dévaliser. »

« Tu ne comprends pas cela, » disait-il à Mozart, et il disait vrai. Mozart ne comprenait pas davantage les conseils de son père sur l'art de faire fortune.

« Je te supplie, écrit le père, de ne pas songer uniquement en travaillant au public musical, mais de songer aussi au public non musical. Tu sais bien qu'il y a cent ignorants pour dix connaisseurs. N'oublie pas le populaire, dont *les longues oreilles* sont aussi chatouilleuses. »

Mozart répondait, avec sa simplicité ordinaire :

« N'ayez pas peur quant à ce que vous appelez le populaire ; car il y a dans mon opéra de la musique pour les gens de toute espèce, — *sauf pour les gens aux longues oreilles*. »

Mozart eut raison. Il ne connut jamais la fortune, pas même l'aisance. Il vécut du moins au-dessus de la misère et des tristes nécessités où s'était abîmée l'existence de son père. Une union heureuse répandit sa douceur sur les dernières années de sa jeunesse. Il mourut à l'entrée de l'âge mûr. L'homme aimé des dieux meurt jeune, selon le mot du poëte antique. Raphaël et Mozart le justifient par leur fin prématurée. Celle de Mozart eut quelque chose de mystérieux. Un inconnu, vêtu de deuil, vint un jour le visiter, refusa de se nommer, et demanda un *Requiem* pour une messe funèbre; il en laissa le prix. Cette visite fit impression sur Mozart. Il se mit au travail avec le pressentiment qu'il composait pour ses propres funérailles. Après une seconde visite de l'étranger, son esprit acheva de se frapper, et il se coucha pour ne plus se relever.

L'âme de ce sage, quoique abreuvée de mélancolie, ne fut pas surprise par la mort. Il s'y préparait depuis longtemps. Voici avec quelle sérénité il en parle, dans une lettre par laquelle nous terminerons sa biographie :

« Comme la mort, à le bien considérer, est le vrai but de notre vie, je me suis depuis plusieurs années tellement familiarisé avec ce véritable ami de l'homme, que son image, loin d'être effrayante pour moi, n'a rien que de doux et de consolant. Je remercie mon Dieu de m'avoir accordé la grâce de reconnaître la mort comme la clef de notre véritable béatitude. Je ne me mets jamais au lit sans penser que, tout jeune que je suis, je puis ne pas me relever le lendemain. Et cependant aucun de ceux qui me connaissent ne pourra dire que dans l'habitude de la vie je sois morose ou triste. Je rends grâces tous les jours à mon Créateur de ce bonheur, et le souhaite de tout mon cœur à tous les hommes, mes frères. »

Mozart écrivait ces lignes à trente et un ans; il mourut à trente-cinq.

Toute l'Allemagne voulut contribuer à sa statue. On l'ériga en 1842, sur une place de sa ville natale. Elle est de M. Schwanthaler, et fort belle. La tête de l'artiste est vraiment inspirée. Le sculpteur s'est servi du bronze. J'aurais choisi le marbre. Cette âme blanche et chaste devait revivre sous des contours purs comme elle. L'anniversaire de sa naissance est célébré par de grandes fêtes, et ce jour-là sa maison est l'objet d'une sorte de culte public. L'Allemagne se souvient dignement de son plus beau génie.

On rêve peinture à Florence et musique à Salzbourg. Si quelque fée du vieux temps m'eût prêté sa baguette pour m'en servir à ma guise, nul doute que je n'eusse évoqué un beau théâtre et d'habiles musiciens, pour entendre, dans la patrie de leur auteur, les immortelles mélodies de Mozart. Le hasard me tint lieu de magie. Il est une étoile pour les voyageurs. Un festival se célébrait ce jour-là à Salzbourg. Les musiques des régiments autrichiens et bavarois étaient venues de divers lieux, et, réunies à celle de la garnison, formaient un magnifique orchestre. Le soir, vers six heures, je me promenais sur la montagne en compagnie de deux jeunes Allemands, de qui j'avais fait rencontre. Nous regardions fumer sous nos pieds les cheminées de la ville, en songeant qu'il suffirait d'un faux pas pour nous précipiter dans les marmites de Salzbourg. Trois coups de canon partis de la forteresse éclatèrent sur nos têtes. C'était le signal. En Autriche, tout marche au bruit du canon. On y ouvre un concert comme une bataille. Presque aussitôt une délicieuse musique se fit entendre, et monta jusqu'à nous dans un air d'une pureté cristalline. C'étaient tantôt de grands morceaux exécutés avec une ampleur magistrale, tantôt des valses ailées, jouées sur ce rhythme dont la cadence est si bien sentie par les Allemands. Les musiciens se retirèrent aux premières étoiles; mais à leur place des orchestres ambulants s'établirent sous les arbres, dans les jardins publics et les brasseries d'été. Les danses et les chansons commencèrent; elles aussi étaient mélodieuses. Il n'y a pas de méchante musique en Allemagne. Dix paysans qui chantent un cantique touchent de plus près à l'art que certains chœurs de l'Opéra. Je ne pouvais souhaiter plus d'harmonies. De retour à l'hôtel, elles me firent oublier la dureté et l'exiguïté de ma couche, et je m'endormis bercé par les derniers concerts.

Salzbourg a de magnifiques environs, et ce sont eux qui, en ce temps des vacances, attirent cette grande affluence. Un Anglais en fit la découverte il y a quelques années, et dans son enthousiasme il s'écria : « Si l'on ne peut voir Naples avant de mourir, il faut au moins voir Salzbourg [1]. » Le même voyageur, comparant ces montagnes et celles de la Suisse, accorde aux premières « une supériorité décidée. » C'est pousser l'enthousiasme un peu loin. Je conseillerai plutôt au touriste d'oublier la Suisse, s'il veut jouir du pays de Salzbourg. Si la nature n'y a pas la grandeur alpestre, elle est agreste, sauvage, comme dans les Pyrénées. Il y a de longues gorges qui aboutissent à des cirques de rochers, où le voyageur, enfermé de toutes parts, éprouve un grand sentiment de tristesse et de mélancolie. De vieux sapins se penchent sur sa tête. Quelques troupeaux paissent une herbe rare. Des bûcherons et des bergers font entendre des chants dans une langue qu'il ne comprend pas. Un torrent, diminué par la séche-

---

[1] Sir Humphry Davy.

resse, élève sa voix monotone. Il sert de guide pour arriver jusqu'à un lac. Les lacs sont fréquents dans ces montagnes. Il y en a de toutes dimensions. Le plus beau est celui de Berchtesgaden, à quelques milles de Salzbourg [1]. Une muraille de marbre s'élève tout alentour, à une grande hauteur. Le roc est si abrupt, qu'on a désespéré d'y tracer aucun sentier. La mine et la sape y ont échoué. Le site en est plus sauvage. A midi, le soleil pénètre par les échancrures des montagnes, éclaire et réchauffe la surface du lac. Avant cette heure, son eau est sombre et glacée. Une flottille de barques pavoisées attend les visiteurs. Des bateliers, quelquefois des batelières, les conduisent dans les anses pittoresques. C'est une navigation de quelques heures et fort agréable. Des chamois se montrent sur les cîmes. On leur fait la chasse. Un bateau conduit les chasseurs au pied de la montagne. Une partie grimpent avec des crampons et des cordes; les autres demeurent dans la barque, la carabine chargée, et prêts à faire feu; car on a vu des chamois surpris s'élancer dans le lac à d'incroyables hauteurs, et tendre à la nage vers l'autre rive. Mais une balle les atteint dans leur course, et ils laissent de leur passage une trace sanglante. Je n'ai pas assisté à de

---

[1] Il s'appelle aussi le Kœnigsee, ou Lac du Roi.

telles scènes ; mais, pour me faire honneur, le patron de la barque déchargea toute son artillerie, consistant en un pistolet si rouillé, que c'est miracle comment il n'a pas éclaté. Cela fit dans les anses creuses une détonation formidable, cinq ou six fois répétée.

Outre ses lacs, le pays de Salzbourg a de jolies cascades. Celle de Golling est dans un site charmant. Elle jaillit à mi-côte, sous de grands ombrages, dans un lit de rochers et de mousse arrangé à souhait pour la recevoir. C'est d'abord une source limpide qui dort dans un bassin naturel suspendu à une grande hauteur, sous un dôme de feuilles. Un filet d'eau tombe et alimente la source. Cette eau amassée trouve une issue, et se précipite de toute sa vitesse dans un vide lumineux. Des pointes de calcaire la divisent, la mettent en poussière, lui font recommencer vingt chutes. Elle descend ainsi les pentes de la montagne, et par un lit rapide va se jeter dans la Salzach.

Une cabane de bûcheron est voisine, et sert de lieu de repos aux visiteurs. On y mange d'un miel exquis, parfumé de toutes les fleurs de la montagne. Cela forme, avec du pain bis, un goûter des plus champêtres. Mais il m'a semblé que les hôtes connaissaient trop bien la valeur des kreutzers. A la même table que moi, en plein air,

17

vinrent s'asseoir quatre jeunes gens, presque encore des enfants. Ils firent avec leurs provisions un repas plus solide de jambon, arrosé de vin blanc. Nous eûmes bientôt fait connaissance. C'étaient quatre écoliers de Vienne, en vacances. Ils étaient en chemin depuis une quinzaine, et ne semblaient pas pressés de retourner au logis. Je fis route avec eux tout le jour. J'ai été frappé de leur aisance, de leur entrain, de leur air libre et naturel. Le plus âgé pouvait compter seize ans. Leur petite république se gouvernait sagement et gaiement, ni guindée, ni turbulente. Un grain de raison tempérait un grain de folie. La nature faisait sur eux de vives impressions. Leur imagination avait de grands élans qui m'enchantaient; le plaisir de voir les enivrait. Avec cela, c'étaient d'enragés fumeurs. On n'est pas parfait.

La jeunesse allemande, comme celle d'Angleterre, est familiarisée de bonne heure avec la nature. Des excursions dans la campagne, des voyages de vacances, soit en liberté, soit avec des maîtres, apprennent au jeune homme à goûter les délices d'un beau site, d'une forêt, d'un lac. Grand résultat, selon moi, et qui se fait sentir en même temps sur l'esprit et sur le cœur. L'un s'épure et s'agrandit, l'autre s'enrichit de facultés nouvelles, auxquelles il devra des joies infiniment douces. C'était l'avis de Tœpffer, cet excellent

guide de la jeunesse, qu'il aima toute sa vie.
C'était l'avis d'un ancien, qui l'exprime à sa façon
dans ces vers :

« Tu descendras dans les jardins, dit-il à
« l'écolier de son temps, pour courir sous les
« oliviers sacrés, la tête ceinte du roseau blanc,
« avec un vertueux ami de ton âge, jouissant de
« ton loisir, et respirant le parfum de l'if et des
« pousses nouvelles du peuplier, heureux de voir
« le printemps renaître, heureux d'écouter le
« doux bruissement du platane et de l'orme [1]. »

J'ai visité avec mes jeunes amis les mines de
sel de Hallein. C'est une curieuse descente aux
enfers ; je veux la conter dans son détail.

Hallein est une petite ville sur la Salzach, à
dix-huit ou vingt kilomètres de Salzbourg. A côté
s'élève une grande montagne verte, le Durrenberg. C'est là qu'est la mine. On y parvient après
une ascension de trois quarts d'heure environ.
Des mineurs noirs et velus comme des cyclopes
nous reçurent avec une certaine gravité. De leur
vie étrange, ces hommes ont contracté quelque
chose d'austère et de morne. Habitués aux ténèbres, ils semblent mal à l'aise à la lumière du
jour. Nous inscrivîmes nos noms sur un registre

---

[1] Aristophane, *Les Nuées*.

honoré de plus d'un autographe illustre. Un visiteur avait signé: Franz-Joseph, *Austriæ Imperator*. Nous payâmes la cotisation fixée par un tarif, puis on nous apporta un costume propre à la circonstance. Alors commença la plus bouffonne mascarade. Imaginez une culotte et une veste de calicot blanc comme celle des apprentis pâtissiers; sur les reins, une pièce de cuir, comme en ont les ramoneurs; sur la tête, un informe bonnet de feutre noir; à la main gauche, un épais gantelet de cuir; à la main droite, une chandelle allumée. Nous nous cherchions les uns les autres sans nous reconnaître, et nous nous interrogions gravement, pensant parler à des mineurs. Une compagnie, dans le même costume, s'était jointe à la nôtre. Des dames en faisaient partie, et leur déguisement encore plus comique redoublait notre gaieté.

Ainsi équipés, sans trop savoir pourquoi, nous nous enfonçâmes dans une galerie voûtée, par une petite porte de bois blanc. Voilà pour un enfer une entrée peu infernale. Nos guides allaient devant. Nous marchions un à un, portant gravement nos flambeaux, en silence et avec ce léger sentiment d'inquiétude qu'inspire toujours l'approche de l'inconnu. La lueur de nos chandelles faisait étinceler les blocs de marbre brut qui composent la voûte. Le chemin tantôt montait, tantôt descendait. Cette promenade avait son charme; mais, comme elle se prolongeait, elle nous sembla monotone. On commença à murmurer; l'attirail du tablier de cuir et du gant nous parut inutile. Tout à coup nos guides s'arrêtèrent. L'un d'eux se pencha, promena sa lampe à ses pieds, éclaira un grand trou, plein d'ombre, dont on ne voyait pas la fin, s'y engagea à mi-corps, et disparut comme un magicien d'opéra, par une trappe.

« A mon tour, » dit le second. Et il en fit autant. Les rires s'arrêtèrent d'eux-mêmes, et plus d'un aurait voulu être bien loin; car nous avions suffisamment compris que nous étions arrivés à un puits, et qu'il fallait descendre par le même chemin.

Le puits ne s'enfonçait pas perpendiculairement comme fait une citerne, mais obliquement, en formant un plan incliné, d'une pente extrêmement rapide. Un corps abandonné au sommet eût roulé en quelques secondes jusqu'au fond. C'est une réflexion qui se présentait d'elle-même. On distinguait une espèce d'échelle appliquée contre la paroi inclinée; les montants en étaient gros comme la cuisse; ils semblaient polis et lustrés par un fréquent usage. Une corde grasse comme celle qui sert de rampe à certains escaliers pendait à la muraille. Deux guides étaient demeurés avec nous. Nous les interrogeâmes avec anxiété.

« Regardez, et faites comme moi, » répondit l'un d'eux.

Il sauta lestement dans le trou, s'étendit sur le dos le long de cette machine, serra les montants avec ses cuisses, ses jambes et ses pieds, empoigna la corde de la main gauche, éleva sa lampe de la main droite, et se laissa rapidement glisser, comme les précédents. Personne ne songea à lui souhaiter un bon voyage. On vit sa lumière flotter, décroître, puis disparaître. Il fallait le suivre. J'étais en tête de la bande. J'aurais volontiers dit à mes compagnons : « Passez les premiers, messieurs les Allemands ! » Mais ils me firent les honneurs du passage. J'entrai dans le trou; je me couchai sur le dos; j'imitai de mon mieux tous les mouvements du guide; je raffermis mon gant, et sous mes reins le tablier de cuir; je saisis la corde, et je me laissai aller. Le mouvement fut d'abord assez modéré, mais il s'accrut graduellement, et, vingt secondes après, la vitesse fut telle, qu'à travers l'épaisseur du gant je sentais la cuisson de la corde sur ma main; le frottement de l'échelle me déchirait les jambes, et une légère odeur de roussi accompagnait l'intense chaleur que je sentais dans toute la partie renversée de mon individu. Je me servis alors de mes pieds et de ma main comme d'un frein, pour me ralentir, et j'y parvins. Je goûtais le soulagement d'une allure plus douce, quand j'entendis sur ma tête un grand bruit et le roulement d'un corps qui arrivait sur moi avec vitesse. C'était un de mes compagnons. Je voyais déjà sa lumière vaciller à peu de distance au-dessus de ma tête. Une goutte de cire tomba sur ma main. J'allais l'avoir tout entier sur les épaules.

Je ne l'attendis pas. Je desserrai les doigts; je donnai de l'éperon, et je me laissai de nouveau rouler avec une grande vitesse sur la pente. Une minute après je touchais terre, avec un choc assez rude. Mes compagnons y arrivèrent successivement, comme des gouttes d'eau qui roulent le long d'une branche. Nous nous retrouvâmes debout, étourdis, ébahis, moitié contents, moitié fâchés; en somme, plus morts que vifs. On se remit à cheminer dans la galerie, sans rire et sans parler, reposant à l'air frais nos doigts crispés, et réfléchissant à l'utilité, pour un tel voyage, du gantelet et du tablier de cuir. Notre répit ne fut pas de longue durée. En moins de cinq minutes, nous arrivâmes au bord d'un nouveau trou. Il fallut recommencer l'exercice. On eut beau nous dire que ce puits-là s'appelait l'*Échelle de Jacob,* un beau nom assurément, personne n'en fut touché, et l'*Échelle de Jacob* fut reçue de toute la bande par une grimace. Cette fois, aussi bien que l'autre, tout alla le mieux du monde. Dès lors la confiance revint, et avec elle la gaieté. On goûta cette façon d'aller autant qu'on l'avait redoutée. Mes compagnons surtout en usèrent en vrais écoliers. On se fit un jeu de glisser sur le dos, on s'interpella, on chanta, on gourmanda la lenteur du voisin, on se défia à la course. Un fanfaron proposa de souffler les chandelles et de descendre sur la tête. Bref, on se vengea par un peu de bravades de l'excès de prudence du début.

Ces échelles s'appellent *rolles*. Nous en descendîmes quatre ou cinq. Les galeries qui les séparent contiennent quelques curiosités. Il y a une chambre creusée dans le porphyre, sur les parois de laquelle on a sculpté les armes de l'empire, l'aigle à deux têtes, ceint de la couronne et du glaive.

Une autre salle sert de musée géologique; on y a déposé des échantillons de tous les terrains traversés par les galeries. Ce serait une collection intéressante, si l'esprit, ému de tout ce qu'il voit, avait le loisir de s'y appliquer. Ailleurs, les guides signalent un curieux phénomène : deux sources sortent du même rocher; l'une est douce, l'autre salée.

Mais le plus extraordinaire, c'est, après de longs circuits dans les galeries et plusieurs voyages dans les rolles, de se trouver tout à coup au bord d'un grand lac. Une voûte convexe et surbaissée pèse sur lui. On dirait une grande cuve de marbre brut. Des lampes pendues alentour, et allumées en notre honneur, ne dissipaient qu'à moitié son ombre. On voyait ces lueurs flotter sur l'eau comme de mornes étoiles. Un grand radeau noir (tout est noir dans ce lieu) était amarré à la rive. Nous y entrâmes, il se mit à marcher de lui-même. Ni rames, ni matelots; la barque glissait lentement et silencieusement. Un homme, invisible à cause de la distance et de la nuit, nous halait sur l'autre rive. Je n'ai rien vu de plus imposant, de plus fantastique. C'était comme un tableau des enfers dans le poëme de Virgile ou de Dante. Le site ne ressemblait pas mal à la morne entrée du Tartare, l'eau du lac était d'une obscurité infernale ; la surprise nous rendait muets comme des ombres; et, debout à la proue, un vieux mineur, avec sa face pâle et barbue, figurait fort convenablement le nocher fabuleux.

La mine se termine par une longue galerie humide, étroite, basse, et tout à fait maussade à voir. On s'y sent mal à l'aise. L'eau dégoutte sur la tête, et suinte sous les pieds. A peine peut-on s'y tenir debout sans se heurter le front. Elle descend par une pente rapide. A l'entrée se trouvaient deux bancs de bois montés sur des roues en fer, lesquelles sont engagées dans des rails qu'elles ne peuvent quitter.

« Mettez-vous à cheval sur ces bancs, nous dirent nos guides; tenez-vous fermes, et, quoi qu'il arrive, ne remuez ni bras ni jambes, non pas même le petit doigt, sous peine...

— Sous peine de mort, interrompit un plaisant de la bande.

— Sous peine de mort, » répéta gravement le cyclope.

Son ton de voix nous donna à réfléchir; il n'était pas à la plaisanterie. D'ailleurs le lac et les rolles nous avaient préparés à tout. Nous enfourchâmes donc notre étrange monture; six cavaliers pour chacune. Nos guides en firent autant. Quatre jeunes garçons, dont la tête rasait la voûte, s'attelèrent au timon, et nous partîmes. J'étais du premier convoi.

Le train fut d'abord assez modéré; puis l'attelage s'anima; puis il courut à perte d'haleine, et bientôt, grâce à la pente, entraînés eux-mêmes plus qu'ils n'entraînaient, ils nous firent aller avec une effrayante rapidité. Nos fronts, nos épaules, nos genoux, nos coudes, tous les angles saillants de notre corps effleuraient le rocher. Nous n'avions garde de bouger; un mouvement à droite, à gauche, en bas, en haut, eût coûté le bras ou la jambe. Cette course a quelque chose de vertigineux et qui ressemble à l'ivresse. Le premier trouble passé, elle plaît extrêmement. Mais le charme n'est pas long. Un point lumineux apparaît dans le lointain. Il grandit rapidement. C'est l'issue de la mine. Nous nous retrouvons en plein soleil, tout aveuglés de lumière, en veste blanche, la chandelle à la main. Et de rire. Les coureurs vinrent recueillir leur pourboire, et ne nous trouvèrent pas avares. Les pauvres diables faisaient pitié. Ils haletaient et fumaient comme des chevaux fourbus. La sueur inondait leurs membres à demi nus.

Cette issue de la mine est à cinq ou six cents mètres plus bas que l'entrée. Nos habits y avaient été transportés. Nous les revêtîmes, et nous retournâmes vers Hallein en causant.

« A propos, dit l'un de nous, et le sel? »

Il est vrai que, hormis cette source où les visiteurs trempent leur doigt, il n'avait pas été question de sel.

Ceux qui connaissent l'exploitation des mines ne s'en étonneront pas.

« La gangue du sel est toujours une espèce de roche argileuse très-molle, où quelquefois on trouve du muriate et du sulfate calcaires. La manière d'extraire le sel est celle-ci.

« On a creusé d'immenses salles (il y en a trente-trois), d'une étendue et d'une forme irrégulières et différentes. Les parois, le mur et le toit de ces salles sont toujours de cette argile chargée de muriate de soude, ou de cette dernière substance elle-même en masses considérables et presque homogènes. On introduit dans ces vastes réservoirs de l'eau douce, que l'on fait venir des sources intérieures par des canaux pratiqués à cet effet. On en bouche les issues avec soin, et l'on remplit d'eau les salles jusqu'à leur comble. On laisse séjourner cette eau six semaines environ dans les réservoirs. Son action dissout les parties salines attachées aux parois qu'elle baigne. Ces particules salines forment une véritable saumure. Par des conduits ménagés vers l'entrée des salles on s'assure du degré auquel l'eau est imprégnée du muriate de soude, et, lorsqu'il est suffisant, on ouvre les tuyaux pratiqués dans le fond de ces réservoirs; alors l'eau salée s'écoule par ces tuyaux jusque dans ces bassins, où elle est soumise à d'autres opérations avant d'être versée dans les cuves, dans lesquelles on la fait bouillir pour en obtenir le sel pur.

« L'eau, en s'imprégnant des particules salines de la roche qui compose les parois des salles où on l'introduit, enlève successivement des couches de ces parois, de sorte que le plafond, qu'on appelle le ciel ou le toit, s'élève graduellement. Mais les parties argileuses, que l'eau a également détachées de la masse de la montagne, se précipitent au fond, et y forment des couches qui en élèvent le niveau dans une progression plus considérable, vu leur moindre degré de compacité; de sorte qu'on est obligé d'enlever en partie cette argile et de la faire sortir hors de la mine. De cette manière on conçoit que le niveau de ces salles ou bassins monte successivement, et qu'ainsi, par la seule action de l'eau, on déplace toutes les parties constitutives de la montagne où on la renferme, et que l'on convertit en sources salées la roche de sel dont elle est composée [1]. »

Un chemin de fer conduit de Salzbourg à Lintz. Je me gardai bien de le prendre. Les chemins de fer sont faits pour les pays de plaines. Dans ces belles montagnes de Salzbourg, comme dans celles de la forêt Noire, il faut préférer le modeste attelage. Il fait jouir de la contrée, il réserve les surprises des anciens voyages. J'ai donc choisi le chemin le plus long et les voitures les plus lentes. En cela j'ai été servi au delà de mes vœux par le stellwagen de Salzbourg à Ischl. Nous nous y entassâmes au nombre de six : deux marchands, un prêtre, et trois touristes; chacun de nation différente. Chemin faisant, nous nous serrâmes

[1] De Bray, cité par Joanne.

encore pour recevoir un naturaliste, qui nous attendait dans le creux d'un fossé. Il entra avec une guirlande de papillons et d'insectes piqués aux bords de son chapeau, des poches bourrées de cailloux, de racines, de plantes, dont les tiges paraissaient au dehors. Il posa sur ses genoux, ou plutôt sur les miens, une boîte de fer-blanc où s'agitaient un tas de bêtes : bref, il avait sur lui un vrai muséum. Au bout d'un quart d'heure, ce voisin incommode manifesta quelque agitation ; il se fouillait, il tâtait, il furetait.

« Qu'avez-vous ? lui dis-je.

— J'ai perdu ma couleuvre ! »

Grande alarme parmi nous. Chacun sentait le reptile dans ses jambes. A la fin on le trouva paisiblement endormi dans le gilet de son propriétaire. Il fut réintégré dans sa boîte; mais on ne se sentit tranquille que lorsque le savant eut mis pied à terre.

La route était tantôt enfermée dans les gorges de la montagne, qu'elle gravissait avec peine; tantôt côtoyait de jolis lacs, peu étendus, mais dont les rives sont gracieusement dessinées. Nous traversions de nombreux hameaux abrités sous les arbres. Les pauvres y sont plus nombreux que dans la forêt Noire. Ils ont en Autriche une manière lamentable de demander l'aumône. Ils tiennent les deux mains étendues devant leur poitrine, et attendent en marmottant, souvent à genoux, qu'un kreutzer y tombe. A chaque relais, des tables dressées en plein air devant les auberges attendent le voyageur. Ici, comme en Bavière, autant de haltes, autant de repas.

A l'une de ces haltes, le postillon nous amena un pauvre diable, soldat et estropié, qui demandait à monter avec nous. Il se traînait péniblement sur des béquilles, et tremblait la fièvre. Les médecins l'envoyaient se guérir aux eaux d'Ischl. Je l'interrogeai avec curiosité; mais je n'entendis guère ses réponses. Le jargon populaire en Autriche est de l'hébreu pour les étrangers. Je compris pourtant qu'il était écloppé de Solferino, et qu'il avait reçu les premiers soins à l'ambulance française. La journée, disait-il, avait été rude, et les canons français cassaient les jambes de loin. Nous le prîmes avec nous, et j'organisai à son profit une collecte, qui fit entrer quelques florins dans sa poche.

Ischl, où nous arrivâmes dans l'après-dînée, est le bain fashionable de l'Autriche. On s'y rend de tous les points de l'Allemagne. Les routes, aux environs, sont couvertes de chaises de poste, qui amènent d'illustres malades et de riches désœuvrés. Notre postillon faillit nous verser dans un lac pour laisser passer les équipages de Sa Majesté Impériale.

Le lieu ressemble à tous les bains possibles. C'est un amas de villas et d'hôtels prétentieux et bizarres. Il y a aussi un casino et une buvette, logés dans un temple qui se croit grec. A côté un portique de même style sert aux promenades des buveurs. Les bains sont d'eau salée, comme les boissons. Une inscription l'annonce, laquelle est en même temps une réclame :

IN SALE ET IN SOLE OMNIA.
Tout est dans le sel et dans le soleil.

Une rivière, la Traun, traverse la ville. Desséchée par l'été, elle se traîne et languit dans un coin de son lit. Au bord, sous de maigres ombrages, s'étend une allée fréquentée du beau monde. C'est là que les belles indolentes de Vienne, de Munich, de Dresde et de Berlin viennent promener leur ennui et faire admirer leurs toilettes françaises. A Ischl tout se fait à la mode française : c'est le mot d'ordre général. On s'habille, on se gante, on se coiffe à l'instar de Paris. La table seule est demeurée allemande. C'est la dernière chose que nous emprunteront les Allemands.

La contrée d'alentour est délicieuse. Elle a le même genre de beauté qu'à Salzbourg. Ce sont des lacs, des torrents, des cascades, encadrés dans la verdure des forêts et le marbre des montagnes. On l'appelle le Salzkammergut; c'est de là que se tire presque tout le sel qui se consomme en Autriche. Les rivières sont couvertes d'une flottille de barques pontées chargées de sel. On évalue la production à six cent mille quintaux.

Les mœurs du pays sont curieuses. Les montagnards ont un caractère jovial qui dépasse la mesure ordinaire de la gaieté allemande. Leur verve se dépense en danses et en fêtes pleines d'originalité. Ils en ont pour toutes les saisons. La nuit de Noël, des chanteurs vont de maison en maison portant une étoile de lumière, et chantant, dans le dialecte populaire, des cantiques au Nouveau-né.

Au printemps, ils célèbrent la fête des *quatre Conditions*. Quatre hommes revêtus de costumes différents représentent la noblesse, les soldats, les marchands, les laboureurs. Dans une scène moitié chant, moitié pantomime, ils se disputent la prééminence. Un vieillard les met d'accord, et ils scellent l'union par une ronde champêtre.

La *danse de l'épée* semble une tradition venue du Nord, des lieux où les adorateurs d'Odin célébraient sur un mode guerrier les fêtes du Mars scandinave. Neuf danseurs s'avancent ceints d'une épée. A un signal, ils jettent le fourreau, et, l'épée nue à la main, aux sons d'un orchestre où domine la voix du tambour, ils exécutent des pas et des figures. Quelquefois deux bouffons, bizarrement vêtus et armés d'un fifre perçant, se mêlent aux danseurs, les provoquent, les évitent, et font rire ou trembler l'assistance par leurs grimaces et leurs témérités.

Mais ces mœurs primitives s'altèrent chaque jour au contact des étrangers. Il en est de ces montagnes comme de nos Pyrénées. Les montagnards du Salzkammergut, comme ceux de la vallée d'Ossau, laissent déjà le costume et le dialecte de leurs pères. Ils quittent leurs chalets, ils vendent leurs troupeaux, ils descendent à Ischl, à Hallstadt, à Ebensee, où les attirent de gros salaires et l'espérance d'une rapide fortune. Ils se font aubergistes, voituriers, âniers, guides, et augmentent cette nuée de serviteurs parasites dont le revenu se fonde sur la simplicité ou la vanité des voyageurs.

D'Ischl, en suivant le cours sablonneux de la Traun, on arrive au lac de Gmunden. Un peu trop vanté en Allemagne, ce lac satisfait pourtant ceux qui savent jouir des beautés moyennes de la nature. Un bateau à vapeur conduit d'une rive à l'autre. C'est un trajet fort agréable. Au temps où il se faisait en barque, il y avait une coutume curieuse. A peine en pleine eau, les bateliers quittaient leurs rames.

« Est-ce votre première traversée sur le lac? » demandaient-ils au voyageur. S'il répondait: « Oui.

— Préparez-vous donc à recevoir le baptême. »
Au même instant l'équipage se découvrait, puisait
de l'eau du lac, en arrosait la tête du passager, en
prononçant la formule consacrée : « Je te baptise
au nom du Père, etc. » La cérémonie se terminait
par un large pourboire, que donnait le néophyte.

La ville de Gmunden, à l'autre bout du lac,
présente un port animé, qui m'a rappelé ceux du
lac de Constance. Des pyramides de planches
neuves, des troncs d'arbres, des amas de sel encombrent les rives. Des wagons traînés par des
chevaux transportent les marchandises jusqu'aux
parties hautes de la ville.

Près de la ville, la Traun forme une chute que
les indigènes comparent à celle du Rhin, près de
Schaffhouse. C'est en vertu du droit qu'on a de
comparer le petit au grand. Ils se gardent d'ajouter qu'elle est artificielle. En ouvrant ou en fermant des écluses, on peut à volonté exténuer ou
gonfler la cascade. Un gardien en a la clef. Un
tarif est établi. On paie un florin pour une chute
ordinaire. Pour deux florins, l'honnête fonctionnaire y met du zèle, et double la cascade. Mettez
encore un florin, il vous donnera une inondation.
Je me suis empressé de tourner le dos à cette
cascade mercenaire. Le chemin de fer m'a conduit de Gmunden à Lintz. Il était, il y a quelques
années, traîné par des chevaux. Aujourd'hui l'on

y a attelé la vapeur, sans aller beaucoup plus vite. La voie décrit de telles courbes et descend de telles pentes, qu'il serait téméraire de souhaiter même une vitesse moyenne.

A peu de distance de Gmunden, à Lambach, on m'a signalé une singulière église. Elle fut élevée au dernier siècle par un architecte allemand, qui voulut y symboliser le dogme de la sainte Trinité. Il n'imagina rien de mieux que de lui donner trois façades, trois tours, trois portails, trois fenêtres, trois autels, trois orgues, trois sacristies. Même il arrêta son devis au chiffre trinaire de trois cent trente-trois mille trois cent trente-trois florins.

C'est la seule curiosité de notre route. Pressé de reprendre le Danube à Lintz, je me contentai du récit d'un indigène.

LINTZ.

LE DANUBE ALLEMAND ET L'ALLEMAGNE DU SUD.

CHAPITRE IX

LE DANUBE EN AUTRICHE

Lintz. — Retour au Danube. — Le Strudel et le Wirbel. — Les pèlerins de Maria-Taferl. — L'abbaye de Mœlk. — Aggstein et Durrenstein. — Souvenirs et légendes. — Nussdorf; arrivée à Vienne.

Un peu rassasié de lacs et de cascades, je me flattais de retrouver à Lintz le mouvement d'une grande cité. Les dessins des peintres me la représentaient assise comme une reine au bord du Danube, et du haut de sa colline reflétant dans le fleuve les dômes et les coupoles de ses nombreuses églises. Lintz est ainsi. Mais rien de plus trompeur que sa beauté. C'est un magnifique décor, digne, je le veux, de la scène qu'il occupe; rien de plus. Les rues sont inanimées, les places désertes; des officiers et des soldats bâillent sur les promenades; les monuments luttent de pesanteur et de mauvais goût. Vous voyez d'abord, sur la grande place, une colonne de marbre façonnée en forme de nuages, de dix mètres de haut. A sa cime, à sa base, même à ses flancs s'accrochent vingt personnages, dont chacun se contourne et grimace à l'envi. L'ensemble est dédié à la Trinité. L'empereur Charles VII fit élever, au dernier siècle, cette colonne votive. Avec un à-propos merveilleux, il la plaça entre un Jupiter porte-foudre et un Neptune porte-trident. Leurs grâces mythologiques achèvent d'embellir le marché.

Lintz a de grandes églises; mais elles sont toutes de cette architecture ambitieuse et vulgaire qui inspire la haine du marbre et des dorures, par l'usage qu'elle en fait. A les voir, on dirait que la perfection consiste dans le prix de la matière. Les formes, les proportions, l'élégance, la légèreté, le goût, bagatelles! Voilà de l'or, de l'argent, du bronze; voilà des pierres somptueuses, tirées à grands frais des veines les plus rares de Salzbourg, d'Italie, de Sicile. On est oppressé sous le marbre, aveuglé par la dorure.

C'est un luxe imité du moyen âge de revêtir les voûtes des cathédrales d'un ciel constellé. En France, on se contente de points d'or marqués au pinceau, sur un firmament bleu. L'effet en est charmant; on dirait une voie lactée. A Lintz, l'architecte a cloué un cent de grosses planètes en cuivre doré, dont il n'en faudrait qu'une, se détachant de la voûte, pour assommer son homme. Cela rappelle le portrait d'Hélène peint par je ne sais quel disciple d'Apelles. « Ne pouvant la faire belle, lui disait le maître, vous l'avez faite riche. »

Le mot peut s'appliquer à toute l'architecture autrichienne. En fait de construction, ne sortez pas l'Autrichien des casernes et des bastions, où il excelle. Partout ailleurs, vous n'en ferez qu'un gâteur de marbre.

Lintz fut deux fois pris par nos troupes, presque sans coup férir, en 1805 et en 1809. Il ne céderait pas si facilement aujourd'hui. L'évènement ayant démontré que cette ville était la clef de l'Autriche et de la Bohême, on l'a munie, il y a trente ans, d'un système de fortifications formidable. Tel est du moins le jugement des Autrichiens. Je les crois sur parole. Représentez-vous trente-deux tours, chacune ayant douze mètres de haut et trente-cinq de diamètre, retranchées dans un profond fossé, armées d'un triple rang de canons, communiquant entre elles par un chemin couvert, contenant des magasins, des greniers, des citernes, des arsenaux, des poudrières; bref, munies comme il faut pour arrêter l'armée la plus entreprenante, et prendre tour à tour l'offensive ou la défensive. Ce système, différent de celui de Vauban, puisqu'il se passe d'angles et d'enceinte continue, est dû à l'archiduc Maximilien. Il a rencontré parmi les ingénieurs étrangers de fougueux détracteurs. Il n'y a qu'une guerre qui puisse décider la question. Souhaitons qu'elle reste longtemps indécise.

La vue du Danube à Lintz est admirable. Du haut des collines qui l'enferment on dirait, tant il est large et répandu, un grand lac que le vent pousse à sa rive, et qui va s'endormir aux approches du soir. Si l'on descend sur le pont de bois branlant et vermoulu qui le traverse, on mesure de plus près la grandeur de ses flots, qui semblent faits, comme ceux de la mer, pour porter des navires; on admire ce géant; on jouit de l'avoir sous ses pieds, calme et docile, lui dont la colère s'est fait tant de fois sentir aux cités qu'il arrose. Ici, le soleil couchant prend une beauté imposante. Je l'ai vu, près de descendre derrière les créneaux de la montagne, mouiller sa pourpre dans le lac limpide, tandis qu'à l'est l'œil commençait à confondre dans une grande ombre le fleuve avec ses rives et le ciel qui les enveloppe.

Les quais de Lintz n'offrent plus la même animation qu'il y a dix ans. Les bureaux du bateau à vapeur ne sont plus assiégés, ni les billets enlevés de vive force. Le chemin de fer fait au Danube une rude concurrence. Les voyageurs pressés, les négociants pour qui le temps est de l'argent, préfèrent la voie la plus rapide. Les touristes, les flaneurs, les écoliers en vacances, les pauvres diables qui ne dédaignent pas une économie d'un florin, sont restés fidèles à l'autre. Ils suffisent pour composer une masse de passagers respectable.

Nous quittâmes Lintz vers sept heures, heure matinale en Autriche, où l'on aime les longs sommeils et les grasses matinées. Aussi le pont était-il plein de gens assoupis qui reprenaient sur un banc, au grand air, leur somme interrompu. Quelques retardataires, arrivés après le dernier coup de cloche, demeurent sur la rive, le pied suspendu et les bras dirigés vers nous. Le bateau donne une leçon d'exactitude au chemin de fer.

Celui-ci s'appelait *Attila,* et portait à la proue le nom de son sauvage patron. Il était à aubes, assez lourd, assez lent, de moyenne grandeur, et d'une propreté douteuse. L'avant était occupé par des voyageurs de toute mine et de toute condition, où dominait le touriste. Chacun était campé dans un grand désordre. Bancs, pliants, cordages, ballots, cages à poules, cabestans, tout était bon pour se coucher ou s'asseoir. « Tout est aux *voyageurs* couchette et matelas. » On s'arrangeait le plus commodément possible pour passer les douze heures de navigation. C'est le temps que dure en été, pendant les eaux basses, le voyage de Lintz à Vienne. A la proue, deux grands Écossais au teint pâle, aux yeux bleus, coiffés du bonnet national, et drapés comme deux frères dans le même manteau, prenaient d'avance l'air sentimental, et posaient, aux yeux de l'équipage, pour deux statues de l'Admiration. Ailleurs, une bande d'étudiants allemands, tous blonds et joufflus, de bonne heure attablés devant des pots de bière et du jambon, attendaient patiemment l'heure du déjeuner. Appuyé sur une futaille vide, un bonhomme à barbe grise s'était paisiblement endormi, et pressait tendrement le fourneau de sa pipe éteinte. Au centre, un essaim de petites filles, sous la conduite de deux religieuses, étaient assises sur de longs bancs de bois. C'étaient des écolières en vacances, gaies de visage, gaies de parures, gaies de langage, comme un jour de fête. Les bonnes sœurs avaient quelque peine à les tenir captives, et l'essaim ne demandait qu'à s'envoler. Il ne tardera guère; à la première escale, une barque va les conduire à terre. Historien du bord, j'allais passer de l'avant à l'arrière, quand une inscription m'arrête : *Défense, sous peine d'amende, de franchir la ligne.* Tout règlement est respectable, nulle part autant qu'en Autriche. En Autriche, où vous voyez un écriteau, soyez sûr que les moustaches d'un caporal ne sont pas loin. C'est dommage. Il doit y avoir à l'arrière de bons originaux, sans compter de jeunes et jolies Anglaises, dont je vois de loin les boucles blondes sous leur grand chapeau de paille. Mais la ligne est là : ce sont nos colonnes d'Hercule.

Au-dessous de Lintz, la navigation du Danube demeure un assez long temps monotone. Le fleuve roule entre des rives plates ; les arbres et les habitations sont rares. Nous cheminons pendant deux heures avant d'atteindre un bourg de quelque importance. De nombreux bancs de sable obstruent le lit du fleuve, plus dangereux dans ce moment de l'année. Le pilote se dirige avec précaution. Des matelots éprouvent la profondeur de l'eau. Munis de longues perches, ils sondent et tâtonnent. On les entend annoncer d'une voix monotone des chiffres auxquels le capitaine est attentif. Il est debout sur son banc ; d'une voix brève il accélère ou suspend le mouvement des aubes. *Schnell! langsam!* (Vite! doucement!) voilà tout son langage. Le fleuve est désert comme sa rive. Pas une voile, pas une chaloupe. Seulement de longs radeaux, qui descendent et portent à Vienne les planches et les troncs d'arbres dont ils sont formés. L'un d'eux avait bien trente-trois mètres de long. Dix hommes à l'avant, et dix hommes à l'arrière, debout sur les poutres submergées, se courbaient avec effort sur d'énormes rames. Elles étaient faites d'une seule pièce, avec un arbre entier à peine équarri. Une planche adaptée à l'extrémité donne à cette machine une certaine apparence d'aviron. Des liens d'osier gros comme le bras attachent le manche au radeau. Au passage du bateau, on vit ces énormes nageoires se plonger à la fois dans l'eau, s'y mouvoir obliquement, et imprimer à la lourde machine une impulsion à peine sensible. Au milieu du radeau, une hutte de branchage abritait quelques femmes. Une marmite fumait sur le feu. Accroupies à côté, les ménagères apprêtaient le repas des rameurs, et, près d'elles, cinq ou six petits drôles en cheveux jaunes et en haillons gambadaient autour du foyer. Nous les rasâmes de près; ils dansèrent dans le remous, et du steamer au radeau il se fit un échange de saluts.

« Bon appétit, mariniers.

— Passagers, bon voyage. »

Peu d'instants après nous rencontrons les premiers rapides.

On appelle ainsi les bas-fonds semés d'écueils contre lesquels l'eau se brise en bouillonnant. Là, sa pente se précipite, et elle acquiert une vitesse extrême. Il y a deux passages semblables, et qui sont peu éloignés entre eux. On les appelle le Strudel et le Wirbel. Jadis c'était la terreur des bateliers et la cause de nombreux sinistres. Que de fois les barques de nos pères s'y sont-elles brisées, couvrant le fleuve de cadavres et de débris! Aujourd'hui la poudre a fait sauter les plus gros obstacles; un étroit chenal préserve les bateaux. Cependant nous sommes entraînés avec violence entre deux tourbillons d'écume. Il se fait sous nos pieds un grand murmure. Une roche énorme se dresse devant nous comme pour nous barrer le passage. Le pilote nous mène droit sur elle. Attend-il qu'elle se dérange? Nous interrogeons avec anxiété le visage du capitaine. Il est impassible. Un mouvement du gouvernail nous éloigne à temps du dangereux passage. Mais le pas est difficile, et un équipage paierait cher une distraction de son pilote.

Pendant que ces péripéties nous tenaient en suspens, la nature a changé d'aspect. On dirait un décor nouveau. La scène est transformée. Les rives s'élèvent et s'escarpent. Des collines, presque des montagnes, dressent leurs hautes murailles. Le fleuve redevient aussi beau qu'à Lintz; c'est un lac aux sinueux contours, mais plus sauvage, plus imposant, plus solitaire. Les rochers prennent la couleur du bronze. D'autres, aux veines rougeâtres, exposent leurs flancs déchirés comme par d'horribles blessures. Quelles batailles se sont livrées sur ces rives? quels coups ont fait ces profondes entailles? D'épaisses forêts pendent sur le fleuve et le couvrent d'ombre. Le soleil, ce jour-là, faisait défaut; de gros nuages s'étaient amoncelés dans le ciel, et de légers brouillards flottaient sur l'eau. Un vent violent tordait les arbres et faisait voler nos manteaux. Toute la scène était sombre. On s'en plaignait autour de moi; on regrettait le soleil de la veille et la face bleue du firmament. Je sentais tout autrement. J'aimais ce cadre sévère d'un tableau qui est imposant. Je jouissais de cette morne nature plus que si je l'eusse vue riante comme sur les rives de Constance. Le Danube n'est pas un ruisseau d'idylle qui mène à travers les prés la troupe enrubanée des bergers et des bergères. C'est le vieil enfant d'une terre brumeuse, couverte de frimas pendant l'hiver, en tout temps séjour de tristesse et de mélancolie. Il était vieux déjà quand Arminius teignait ses eaux du sang des légions romaines; vieux quand Attila allumait sur ses rives l'incendie qui devait dans sa pensée dévorer Rome et l'empire; plus vieux encore quand Charlemagne se frayait à travers ses forêts un chemin jusqu'à Vienne. Les anciens eurent raison de représenter les fleuves comme des vieillards à barbe blanche. Le sentiment qu'ils inspirent est celui de la vénération. Qu'ils ont de majesté ces contemporains du monde, ces aïeux de l'humanité! qu'ils ont vu de choses, et, s'ils avaient cette voix que leur prêtait la fable, que de récits leurs flots feraient entendre! Mais leurs rives, les ruines, les monuments qui les couvrent, et le nom même des lieux, parlent à leur place. De Lintz à Vienne, dans un si court espace, ils racontent une étrange histoire. L'homme s'y montre à chaque page dans son triple rôle d'oppresseur, de victime et de libérateur; et Dieu, comme sur la scène antique, y vient plus d'une fois trancher le nœud et hâter le dénoûment. Cette histoire, il faut la lire sur les lieux mêmes. J'en dirai quelques épisodes; je recueillerai quelques légendes. Ici, comme sur les bords du Rhin, les légendes croissent en foule. C'est la fleur naturelle des beaux sites. Chaque cime a la sienne, chaque rocher m'en présente. J'en vois sous le lierre qui cache les ruines. Il y en a jusque dans le sein du fleuve, épanouies et suspendues comme ces fleurs dont le calice vogue et flotte de rive en rive.

On aperçoit sur la gauche le village de Marbach; au delà, une montagne qui le domine, et qu'on appelle le Taferlberg. A sa cime ni maisons ni cultures, seulement deux grands clochers appartenant à la même église. Cette église est vénérée en Autriche à l'égal de nos plus fameux sanctuaires.

Jadis un vieux chêne croissait sur la montagne, et dans le tronc du chêne était enchâssée une image de la Vierge. L'arbre et l'image étaient là de toute antiquité. Les vieillards ne se souvenaient pas de les avoir vus moins vieux. C'était un lieu saint dans la contrée. Deux fois par an les paysans se réunissaient alentour, et, sur une table de pierre aussi vieille que l'arbre, tels que les chrétiens de la primitive Église, ils prenaient en commun un repas de fête, et se donnaient le baiser de paix. Cependant l'arbre mourut et cessa de reverdir. Conseillé par l'avarice ou par l'indigence, un bûcheron résolut de l'abattre. Il gravit la montagne par une nuit noire, et brandit sa cognée. Mais la hache se détourne de l'arbre sacré, et va frapper à la jambe le malheureux bûcheron. Il tombe, et, près de mourir, il implore avec ferveur l'image de la Vierge. Celle-ci parut s'incliner sur lui, et sa blessure se referma à l'instant; mais la trace de son sang demeura longtemps sur la terre. Le bruit de ce miracle se répandit. La réputation de Maria-Taferl (Marie de la Petite-Table, c'est encore son nom en Allemagne) alla croissant. Elle n'a pas diminué. Le chêne est tombé; mais on a consacré la place, relevé la statue, et bâti l'église qui couronne la montagne. Plus de cent mille pèlerins y viennent chaque année de tous les points de l'Allemagne.

Nous avons reçu à Marbach une troupe de ces pèlerins. Rangés sur la rive, ils attendaient avec tout le village le passage du bateau. C'étaient les habitants d'une commune rurale de Vienne. Ils étaient venus la veille, et avaient passé la nuit en prières dans l'église de Maria-Taferl. Ils s'en retournaient en priant encore. Ils s'avancèrent en bon ordre. Une bannière marchait en tête. Le cortége suivait. Nous leur fîmes place sur le pont. Ils étaient une centaine, hommes, femmes et jeunes gens. Quelques enfants, fatigués du voyage, dormaient dans les bras de leurs mères. C'étaient de pauvres gens, laboureurs pour la plupart, s'il en faut juger à leur teint hâlé, à leurs mains calleuses. Les hommes étaient couverts du grand chapeau noir qui sert au paysan allemand comme au Breton. Les femmes avaient la tête enveloppée dans de grandes coiffes de laine. Il était tombé un peu de pluie pendant la nuit, et leurs souliers étaient devenus boueux dans les sentiers de la montagne. Une bure usée formait leurs pauvres habits de fête. Ils avaient dans les mains des rameaux fraîchement coupés, des médaillons de cuivre, des madones enluminées, des scapulaires, seul luxe de ces pauvres gens. Quand le bateau eut repris sa marche, ils ne s'assirent pas d'abord. Leur chef, un grand vieillard blanc comme un patriarche, les rassembla autour de la bannière, et, debout, tête découverte, tournés vers la rive, ils firent par un cantique leurs adieux à la Madone de Maria-Taferl. Les paroles n'étaient pas pompeuses; leurs voix, rauques et fatiguées, ne flattaient pas l'oreille; pourtant il se fit autour d'eux un grand silence. On venait de toutes parts pour les entendre, et la curiosité faisait soudain place au recueillement.

De toute prière prononcée par des voix sincères s'élève une secrète émotion qui touche le cœur et l'incline devant Dieu. Et quelle grandeur n'ajoutaient pas à cette scène la vue du fleuve, la beauté de ses rives, la présence des montagnes, l'étendue de l'horizon! Ainsi se présentaient à mon esprit ces barques qui, huit siècles avant, portaient vers les lieux saints les soldats de Conrad et de Barberousse. Que nous sommes loin de ces temps! que d'années écoulées, que d'événements accomplis! Un nouveau droit règne au lieu de l'ancien; la glèbe se cultive par des mains libres; l'imprimerie répand ses lumières et perpétue les fruits de la pensée; la poudre et le boulet ont rasé la forteresse féodale, et servi à leur manière la cause du progrès; l'industrie enfante des prodiges; la vapeur prête à l'homme le levier que cherchait Archimède. Mœurs, lois, arts, tout est né d'hier, tout est renouvelé, tout, excepté la foi, excepté la prière, qui, depuis dix-huit siècles, se transmet dans ces pauvres familles. Il y a donc quelque chose de fixe dans l'homme; une partie de son cœur qui survit à tout le reste, un sentiment qui demeure quand tout s'écoule. Grand sujet de réflexion pour toute âme sincère dans son doute ou dans sa croyance.

A peu de distance de Maria-Taferl s'élève l'abbaye de Mœlk, sa métropole. L'Allemagne n'a pas de plus riche ni de plus puissante communauté. Sa façade et ses ailes de pierre se déploient sur tout le plateau de la montagne. Une coupole et deux clochers la signalent de loin. Le Danube, épandu comme un lac, passe lentement à ses pieds. Vignes, forêts, prairies, moissons, toute la contrée voisine lui appartient. A l'intérieur, les dorures sont si abondantes, dit un voyageur, que lorsque le soleil éclaire le sanctuaire, il est difficile de le regarder sans être ébloui. Ses caves sont immenses; des chariots y circulent à l'aise. Dans les campagnes de 1805 et de 1809, pendant quatre jours soixante mille pintes de vin furent distribuées à nos soldats sans que la provision fût épuisée.

On conserve dans l'abbaye, sous le nom de chambre Impériale, la chambre habitée par Napoléon. Une marque de son passage qu'on montrait aux curieux a disparu dans de récentes restaurations. C'était une trace de brûlure profondément imprimée dans le parquet. Napoléon avait reçu à Mœlk une dépêche qui lui annonçait un engagement malheureux. Irrité, il alluma la feuille de papier à un flambeau et la jeta sur le plancher, où elle acheva de se consumer. Les moines tinrent un registre exact des faits et gestes de l'empereur. Ces éphémérides existent dans les archives de la communauté. Un Allemand, qui les a feuilletées, en rapporte cette phrase : « Napoléon disait qu'il estimait l'ordre des bénédictins à raison de ses services et de sa science; qu'il avait encore une raison de les tenir en haute considération : c'est que les trois quarts de ses généraux avaient été formés et élevés par des bénédictins [1]. »

Les rives du Danube sont peuplées de ruines. La plupart viennent de ces forteresses féodales, vrais nids de brigands, d'où la terreur s'étendit durant le moyen âge sur toute la contrée. Presque toutes sont plantées sur des cimes aiguës et escarpées; aussi n'ont-elles pas résisté aux attaques de l'artillerie. Agstein peut servir de type. Agstein est le nom d'un château dont il ne reste que des débris. Il occupe le sommet d'un cône élevé qui s'avance dans le fleuve. Sa base, minée par l'eau, menace de s'écrouler avec les ruines qu'elle supporte.

Le maître d'Agstein était, au XIIIe siècle, un certain sire de Schreckenwald, l'effroi du pays. Bateliers, marchands, voyageurs, soldats même,

---

[1] Kohl, *Die Donau von ihrem Ursprunge bis Pesth.*

il détroussait tout le monde. L'homme avisé qui voyageait sans argent était retenu prisonnier, et au bout de quelques jours, si la rançon n'arrivait pas, Schreckenwald l'envoyait faire visite à son *jardin des roses*. Il appelait ainsi une trappe couverte de gazon, par où les prisonniers étaient précipités dans un gouffre hérissé de pointes de fer. Ce brigand porta sa tête sur l'échafaud; mais on n'y gagna rien. Ses domaines passèrent à deux hommes encore plus cruels : Hadmar et Leutold. On les appelait les *deux limiers*. Outre le château d'Agstein, ils possédaient Durrenstein et vingt autres lieux. Ils tenaient en échec les forces réunies des barons voisins. L'évêque de Passau les excommunia vainement, et le duc d'Autriche se vit enlever par eux, dans sa propre capitale, son trésor, avec le sceptre et le grand sceau de l'État. Un marchand de Vienne, dont ils avaient tué le fils unique, vengea tous ces crimes. Il s'appelait Rudiger. Sa ruse est une réminiscence du cheval de Troie.

Il fit construire une barque pontée, la chargea des plus riches denrées, et prit soin que le bruit de son voyage se répandît. Il arriva au pied du donjon, la nuit, comme pour tromper l'œil des brigands. Il avait eu soin de les faire prévenir par un faux affidé. On l'arrête; les deux limiers se hâtent d'aller visiter la barque et le butin; mais au lieu de l'or qu'ils cherchaient, ils rencontrent trente archers qui les garrottent. Une chose manque au dénoûment : ils ne furent pas pendus; le duc se contenta de confisquer leurs trésors et de raser leurs forteresses.

Durrenstein, à quelques milles au-dessous, est le plus beau site de tout le Danube autrichien. Sur un rocher inaccessible s'étend une longue ligne de murailles, de pignons, de tourelles, où l'œil démêle encore parmi les débris la grandeur du plan primitif. On dirait les ruines d'une ville entière. D'énormes assises sont restées enfoncées dans le roc, et l'étreignent comme des griffes de lion. Leurs blocs sont intacts. La guerre, la tempête, le temps, rien n'a pu les entamer. Ils ont mieux résisté que la montagne, qui s'en va miette à miette dans le fleuve. Mais ils ne supportent plus que des parcelles de murailles, des créneaux interrompus, des donjons éventrés. Une végétation touffue s'est emparée de ces pierres, et achève de les briser. De grands aigles y ont leur aire. Pirates aériens, ils décrivent avec leurs ailes de grands cercles d'ombre, et règnent dans ce séjour de rapines abandonné par l'homme. Le Danube, encaissé dans un lit étroit, roule au pied de la montagne, et deux murailles de granit donnent à ses eaux une sombre couleur. Un joli village s'étale au pied des ruines.

DÜRREN STEIN.

LE DANUBE ALLEMAND ET L'ALLEMAGNE DU SUD.

C'est dans ce lieu que la légende ou l'histoire,— il y a doute sur ce point[1], — représente Richard Cœur de Lion captif et chantant, quand son serviteur Blondel vint le délivrer.

Une violente tempête l'avait jeté sur les côtes de Dalmatie, à son retour de Palestine. Pressé de rentrer en Angleterre, il voulut traverser sous un déguisement les terres du duc d'Autriche, qu'il avait mortellement outragé dans la dernière croisade. Le duc se saisit de son rival, et le jeta dans le donjon de Durrenstein. Le roi y demeura longtemps dans une étroite captivité. Un pauvre ménestrel, qu'il avait recueilli et protégé, se mit à la recherche de son maître. Blondel allait de ville en ville, en disant les romances qu'ils avaient composées et chantées ensemble. Il arriva ainsi aux bords du Danube, près des murs habités par Richard. Là, il se mit à chanter des vers que le roi avait écrits en l'honneur de sa dame :

> Dame, votre beauté
> Et vos belles façons,
> Vos beaux yeux amoureux
> Et votre gentil corps gracieux,
> Voilà ce qui m'emprisonne
> Dans votre amour qui m'enchaîne.

---

[1] Il y a deux Durrenstein en Autriche. L'autre est sur la route de Trieste à Vienne. On ne sait pas très-sûrement lequel servit de prison à Richard.

La voix de Richard répondit derrière les grilles; elle chantait la fin de la romance :

> Si vous le trouvez bon,
> Je ne me séparerai plus de vous,
> Car j'ai plus grand honneur
> Seulement en votre poursuite
> Que je ne ferais. . . . .
> . . . .[1].

Blondel servit de messager à son maître, et, moyennant une rançon de cent cinquante mille marcs, le duc laissa partir son prisonnier.

Nos drapeaux ont vu deux fois Durrenstein. La première rencontre fut assez bouffonne. En 1741, dans la guerre de la succession d'Autriche, un détachement français se présenta sur des barques au pied de la forteresse. Il croyait la surprendre. Il trouva des gueules de canon à toutes les embrasures, et sur les créneaux les plumets et les casques de plusieurs régiments bien armés. Il se retira sans risquer une attaque. Leur retraite dut

---

[1] M. Marmier cite le texte de cette chanson d'après Warton (*History of english poetry*), corrigé par M. Guessard.

> Domna, vostra beutas,
> Ellas bellas faissos,
> Eh bels oils amorosos
> Els gens cor ben taillatz,
> Don sieu empresonnatz
> De vostra amor que me liatz.
>
> Si bel trop affar sia,
> Ja de vos non partrai,
> Que maior honor ai
> Sol en vostre doman
> Que faria. . . . . .
> . . . .

être saluée d'un grand éclat de rire. Ces plumets coiffaient des paysans déguisés en soldats, et ces canons étaient des cylindres de bois peint. L'intrépide commandant autrichien avait imaginé cette ruse.

Nous eûmes notre revanche en 1805.

C'était après la capitulation d'Ulm. Nous marchions sur Vienne. L'armée russe, encore intacte, se retirait devant nous, par la rive droite du fleuve. Le maréchal Mortier occupait la rive gauche. Par suite de mouvements précipités, il se trouva, avec une seule division, en avance d'une marche sur les troupes qui devaient l'appuyer. Les Russes en eurent connaissance. Ils passent le fleuve au nombre de quarante mille, brûlent les ponts derrière eux, et rencontrent Mortier près de Durrenstein. Mortier n'avait que cinq mille hommes. Il ordonna l'attaque. Une lutte furieuse s'engagea sur une route encaissée.

Les régiments ne pouvaient se déployer; on se battait homme à homme, corps à corps, comme une armée antique. Après six heures de combat, nous restâmes maîtres du champ de bataille. Mortier était tranquille pour le lendemain. Deux divisions qui suivaient à une marche d'intervalle l'auraient rejoint, et grâce à elles il écraserait les Russes, s'ils étaient assez hardis pour l'attendre. Mais dès le début de l'action, les Russes, guidés par un excellent officier autrichien, le colonel Schmidt, avaient envoyé un corps de quinze mille hommes pour tourner les hauteurs de Durrenstein, tomber sur nos derrières, et nous séparer entièrement des deux divisions dont nous attendions l'arrivée.

« La nuit approchait, aucun espoir de secours; mais personne ne songea à capituler. Tous, depuis le maréchal jusqu'aux simples soldats, résolurent de mourir plutôt que de se rendre. On s'était avancé, en combattant, jusqu'à Stein. On retourna en combattant jusqu'à Durrenstein, au-devant de la division Dupont (celle qu'on attendait). Mais les Russes étaient si nombreux, qu'on désespérait de se rouvrir une route qui se refermait sans cesse. Quelques officiers, ne prévoyant plus de salut, proposèrent à Mortier de s'embarquer seul, pour ne pas laisser tomber un maréchal au pouvoir des Russes. « Non, répondit-il, « on ne se sépare pas d'aussi braves gens. On se « sauve ou on périt avec eux. » Il était là, l'épée à la main, combattant à la tête de ses grenadiers, et livrant des assauts répétés pour rentrer à Durrenstein, lorsque tout à coup on entendit sur les derrières de Durrenstein un feu violent. C'était la division Dupont qui arrivait en toute hâte, et qui sauva la division Gazan.

« La perte était cruelle des deux côtés; mais

la gloire n'était pas égale, car cinq mille Français avaient résisté à plus de trente mille Russes, et avaient sauvé leur drapeau en se faisant jour... [1] »

Krems et Stein, deux sœurs et deux voisines, sont les villes les plus importantes des bords du Danube, entre Lintz et Vienne. Une belle promenade va de l'une à l'autre ; c'est de bon augure pour leurs relations réciproques. Quelle discorde peut exister entre deux voisines de campagne qu'un jardin sépare? Elles se parlent par-dessus la haie, et se saluent à travers les arbres. D'un amas de maisons qui ont bonne mine, au bord du fleuve, s'élèvent de gros clochers ventrus. C'est la forme de l'architecture autrichienne.

Un pont de bois, le premier depuis Lintz, réunit les deux rives. Grand branle-bas sur le bateau. Il s'agit d'abaisser la cheminée. L'équipage est prêt pour la manœuvre. Au coup de sifflet du capitaine, les cabestans tournent, les chaînes de fer se dévident, les câbles crient. Un vieux Turc, qui est sur le pont, crie plus fort qu'eux. Il s'est laissé prendre par un bout de cordage, et il est en bon train d'être pendu. On s'en aperçoit à temps, et on le repose sur ses jambes. Mais son turban est tombé dans l'eau, et descend à vue d'œil vers la mer Noire. Son maître le suit d'un

---

[1] Thiers, *Histoire du Consulat et de l'Empire*.

œil mélancolique, et couvre d'un bonnet rouge sa tête rasée.

A peu de distance, une grande tour carrée se dresse devant nous comme un observatoire du Danube. C'est l'antique château de Greifenstein. Walter Scott eût tiré tout un roman de sa légende.

Rheinhart, sire de Greifenstein, était, au XI° siècle, possesseur de ce lieu. C'était un méchant homme, dur pour les siens, cruel pour les étrangers. Sa jeune femme mourut en donnant le jour à une petite fille, qui fut nommée Ételina. L'enfant grandit entre une vieille nourrice, le chapelain de Greifenstein et son père, que la chasse et la guerre appelaient souvent hors du château. Elle était d'une grande beauté, et de nombreux prétendants aspiraient à sa main. Le plus pauvre fut celui qu'elle aima : c'était le chevalier Rudolph; mais l'orgueil de Rheinhart refusa de ratifier son choix.

Cependant lui-même fut appelé au camp de l'Empereur. Il confia sa fille au chapelain, et partit. Peu de temps après, le bruit de sa mort s'étant répandu, Ételina s'unit à l'époux qu'elle aimait. La nouvelle de la mort de Rheinhart était fausse. Il avait été seulement blessé. Il fit au bout de huit mois annoncer son retour, et prévenir sa fille qu'il lui amenait un époux digne d'elle et digne de lui. L'infortunée se jeta dans les bras du chapelain qui avait élevé son enfance, car elle redoutait comme la mort le retour de son père. Le prêtre la fit descendre, ainsi que Rudolph, dans un des souterrains du château. Ils devaient y attendre que le courroux de Rheinhart fût apaisé. On déposa avec eux un panier de pain, du vin et une cruche d'huile pour entretenir une lampe. Tous les trois jours leur provision devait être renouvelée.

Le comte arriva avec le prétendant qu'il destinait à sa fille. Il demanda à la voir. On lui répondit qu'elle était malade, et si faible, qu'il fallait la laisser reposer. Le lendemain, il courut lui-même à la chambre d'Ételina, et, ne la trouvant pas, il entra dans une violente colère. Le chapelain lui raconta ce qui s'était passé, et chercha vainement à l'adoucir. Le comte jura de tuer Rudolph; et comme le prêtre refusait de lui livrer le secret de sa retraite, il le fit descendre par une corde dans une prison souterraine du château, et sceller une pierre sur sa tête. Le vieillard ne recevait l'air et la lumière que par une étroite ouverture, et c'est par là aussi qu'on lui faisait passer sa nourriture. Chaque jour Rheinhart renouvelait ses instances avec d'horribles imprécations; mais il ne pouvait vaincre la constance de son prisonnier.

Une année se passa ainsi; le château était désert, et son sauvage possesseur errait dans les cours en proie à une sombre fureur. Un jour d'hiver, chassant sur les bords du Danube, il fut surpris par une neige épaisse au milieu de la forêt. Les chemins, couverts de neige, étaient devenus méconnaissables, et, croyant revenir au château, il s'égara dans le site le plus sauvage de la contrée. La nuit était arrivée. Il appela plusieurs fois à son aide, mais en vain. Il recommença à marcher à tâtons, et aperçut à travers les branches une faible lueur. Guidé par elle, il arriva auprès d'une caverne creusée dans le roc. Un grand feu brûlait sur le seuil. A l'éclat de la flamme, il aperçut deux êtres humains endormis sur des feuilles, couverts de peaux de bête; et entre eux un petit enfant, que sa mère tenait pressé contre son sein. Rheinhart les éveilla, et un grand cri s'échappa des lèvres de la jeune femme. C'était Ételina. Elle était parvenue à s'échapper du souterrain avec Rudolph, et tous deux avaient vécu dans cette affreuse solitude. Ils se nourrissaient de la chair des bêtes que Rudolph prenait à la chasse, et les peaux avaient remplacé leurs vêtements en lambeaux.

Rheinhart, ému de pitié, revint avec eux au château, et il courut délivrer le chapelain; mais, en se penchant au bord du cachot descellé, le pied lui manqua, et il alla se briser le crâne contre une pierre. Ce caveau lui servit de sépulture. Son âme, ajoute la légende, y demeure enfermée, et sa captivité durera jusqu'à ce que la pierre qui le couvre soit usée de vétusté.

Notre navigation s'achève avec un peu de monotonie. Le Danube est retourné dans son lit plat et dans ses maigres rives. Nous rasons pourtant la belle montagne du Kahlenberg, promenade chérie des Viennois à cause de ses ombrages, et, vers la fin du jour, nous débarquons à Nussdorf. C'est là que les bateaux s'arrêtent. Des omnibus nous font franchir la distance qui nous sépare de Vienne.

CHAPITRE X

VIENNE

Vienne et Paris. — La ville et les faubourgs. — Le Prater. — Saint-Étienne. — Le papier-monnaie. — Le tombeau de Joseph II. — Deux chefs-d'œuvre de Canova. — La galerie de peinture. — La vie à Vienne. — Le théâtre, la musique et la danse. — État politique en 1862. — Le Reichsrath.

Vienne, première cité du continent allemand (Berlin lui fait une concurrence de jour en jour plus menaçante), soutient assez bien son rang de capitale d'empire. Son aspect a de la grandeur; un mouvement continu anime ses rues; de nombreux édifices s'élèvent du massif des maisons; et, du haut des collines qui l'entourent, la ville, dans sa plaine, au bord du Danube, présente une vue imposante. Il s'en faut pourtant qu'elle puisse entrer en comparaison avec Paris, dont le nom, dans l'histoire, se place si souvent auprès du sien. Étendue, population, richesse, agrément, beauté, elle est battue sur tous ces points par sa rivale des bords de la Seine. L'étranger qui veut s'y

VIENNE.

LE DANUBE ALLEMAND ET L'ALLEMAGNE DU SUD.

plaire fera sagement d'écarter les souvenirs de la vie parisienne. Il oubliera nos boulevards, nos places, nos jardins, nos squares, nos fêtes prolongées dans la nuit, nos illuminations quotidiennes, ce déploiement de faste et de splendeur, cette incroyable variété de plaisirs, qui font de Paris une ville unique au monde.

Vienne a cela de particulier que la vieille ville, berceau de la cité, est restée enfermée dans ses anciennes murailles. Paris, dans sa croissance, a renversé plusieurs fois son enceinte. Les bastions du vieux Vienne sont restés debout. Au delà sont les quartiers dont les progrès de la population ont nécessité la construction. On les appelle les faubourgs; mais rien ne ressemble moins aux nôtres. Ce sont autant de villes opulentes groupées autour de la métropole, qui les domine comme une citadelle. Quelques-uns en sont séparés par le Danube, ou par la Vienne, rivière assez bourbeuse qui méritait peu de prêter son nom à la capitale. Tous ont entre eux et la ville les fossés des fortifications et de larges glacis plantés d'arbres. Ils servent de promenades, et mettent un peu d'air pur et un semblant de campagne dans cette vaste agglomération d'hommes; mais ils doublent les distances, et, par un ardent soleil, leurs grands espaces dénués d'ombre sont funestes à parcourir.

Le plus beau et le mieux situé des faubourgs est celui de Léopold (Leopoldstadt). Il est dans une île formée par deux bras du Danube. C'est là qu'est le fameux Prater; l'origine en remonte à l'empereur Joseph II. Mme de Staël l'a peint sous des couleurs séduisantes. « Une nature tout à la fois agreste et soignée. Une forêt majestueuse qui se prolonge jusqu'aux bords du Danube. De loin en loin des troupeaux de cerfs traversant la prairie. L'ombrage d'arbres magnifiques sur les gazons dont le fleuve entretient la fraîcheur. » Il faut ou que l'imagination de l'auteur de *Corinne* lui ait singulièrement embelli les lieux, ou qu'ils aient bien changé depuis. J'ai vainement cherché ces troupeaux de cerfs. Les gazons m'ont paru très-pelés, très-arides, très-jaunis. Les grands arbres étaient tout poudrés de blanc par la poussière de la route. Un gamin qui était grimpé dans l'un, faillit, en secouant une branche, nous aveugler tous. Les promeneurs n'étaient ni nombreux ni brillants. Quelques guinguettes étaient installées sous les arbres; mais je les vis chômer toute la semaine, et le dimanche même les tables restaient dégarnies et les danses languissantes. J'en ai conclu ou que la saison n'était pas favorable, ou que le Prater était en décadence.

Quand on quitte les grandes allées du Prater

et les larges rues du faubourg Léopold pour rentrer dans la ville proprement dite, on est étonné de l'exiguïté des rues, de l'entassement des maisons, du défaut d'air et d'espace. C'est pourtant la ville officielle, la résidence de la cour, des ministres, de la noblesse, de la banque et du haut commerce. Elle ressemble plutôt à une ruche de travailleurs. Il s'y fait un grand murmure de voix, un grand bruit de voitures, un grand fourmillement de peuple. La variété des costumes est extrême. Tant de nations diverses composent l'Autriche! La variété de langage n'est pas moindre. Cinq ou six langues différentes frappent à la fois l'oreille, toutes parlées par des sujets autrichiens. A Vienne, il ne suffit pas de savoir l'allemand; il faudrait, pour n'être pas embarrassé, connaître encore le polonais, le hongrois, le bohême, sans compter les dialectes des provinces méridionales : c'est une Babel.

La cathédrale de Saint-Étienne marque assez exactement le centre de la ville. C'est une des plus belles églises gothiques de l'Europe. Sa flèche est surtout remarquable. Par malheur, le moment pour la visiter n'était pas propice. Un violent orage venait d'en abattre le sommet. Le reste ayant été ébranlé, il avait fallu en démolir une grande partie. Des échafaudages la masquaient depuis la base jusqu'au faîte, et une pluie de briques et de moellons écartaient le plus déterminé curieux. L'intérieur est solennel et imposant; mais les modernes l'ont cruellement mutilé. Les beaux piliers de la nef sont défigurés par des autels d'ordre grec, appliqués contre leur base. Les vieux vitraux du moyen âge ont été remplacés par des vitres blanches. Il en reste trois qui éclairent l'abside, et composent un fond d'une grande magnificence. On a trouvé moyen d'en gâter l'effet, en construisant un immense maître-autel, derrière lequel ils disparaissent. Les murailles et les voûtes ont jusqu'ici échappé au badigeon, et leur belle teinte brune concourt à l'harmonie générale. Les piliers portent de vieilles statues admirablement drapées dans leurs robes de pierre. Les siècles y ont déposé leur poussière; rien n'est plus vénérable. Les Grecs, qui peignaient leurs statues avec tant d'appareil, n'ont rien trouvé de comparable à cette teinte d'or bruni. Par malheur, des mains barbares ont commencé de gratter celles-ci. Dieu sait ce qu'il adviendra de leur beauté, quand on les aura mises à neuf!

Le pavé de l'église est jonché de tombes et d'inscriptions profondément gravées dans la pierre. Il y a des figures et des dessins sur lesquels l'œil s'attache avec respect, et qu'on gémit de fouler aux pieds. Quelques-unes sont presque entièrement effacées. Une des ailes renferme le tombeau de l'empereur Frédéric IV. Deux à trois cents figures sculptées sont groupées assez confusément alentour. Sur le sceptre de l'Empereur, on lit les cinq lettres, initiales mystérieuses de la célèbre devise :

A, E, I, O, U.

Austriæ Est Imperare Orbi Universo.

En allemand :

Alles Erdreich Ist OEsterreich Unterthan.

C'est-à-dire : « A l'Autriche appartient l'empire du monde [1]. »

La place Saint-Étienne est un des points les plus animés de Vienne. Exiguë et resserrée de toutes parts, le mouvement qui y règne tourne facilement en confusion. C'est le quartier des affaires. Les changeurs y tiennent leurs comptoirs, et l'on sait qu'à Vienne l'établissement de changeur peut se dire d'utilité publique. La question du change est, par toute l'Allemagne, fort embarrassante, nulle part comme à Vienne. L'Autriche est, comme on sait, soumise au régime

---

[1] M. Kohl propose une interprétation nouvelle :

Austriæ Ex Istro Omnium Ubertas.

« L'Autriche tire tout du Danube. »

du papier-monnaie. Ni or ni argent (hormis dans la Vénétie). Il y a seulement des kreutzers en cuivre, qui servent pour l'appoint, comme nos sous et nos centimes. Toute somme, à partir de dix kreutzers, se solde en chiffons. On imagine facilement ce que devient un carré de papier d'une valeur inférieure à cinquante centimes, après quelques jours de circulation. Cela fait entre les doigts un horrible mélange. Les florins résistent plus longtemps. Ils s'impriment par groupes de un, cinq, dix, cinquante et cent florins. Une jolie vignette en taille-douce les décore. Elle représente une tête de femme auguste et souriante. Le sourire veut dire : « Je suis papier, mais je vaux de l'or! » L'or et le papier français font une prime considérable, assujettie d'ailleurs aux variations du commerce et de la politique; car le taux de l'escompte et le change se règlent à la bourse, comme nos effets publics. Étant arrivé dans le plus fort de l'agitation hongroise, je gagnai au change de cinq cents francs près de cinquante florins. Le louis d'or français, qui vaut en argent d'empire neuf florins vingt kreutzers, fut reçu pendant deux jours pour onze florins. Il retomba les jours suivants à neuf et à dix. J'admirais mon portefeuille gonflé de papier, comme celui d'un millionnaire; mais j'admirais encore plus la rapidité avec laquelle tous ces chiffons s'envolaient. Ajoutez que cette figure de femme, gravée sur le papier, a une telle façon de vous regarder, qu'on sent redoubler son regret de s'en séparer.

La place Saint-Étienne est le point de départ ou d'arrivée de tous les omnibus. Rien ne ressemble moins à nos omnibus français que ceux de Vienne. Au lieu de ces énormes machines qui font gémir le pavé et craquer les vitres, représentez-vous d'élégantes berlines richement tapissées à l'intérieur, soigneusement closes, et décorées à l'extérieur de panneaux armoriés et de lanternes dorées. Deux chevaux bien caparaçonnés piaffent ou galopent, et le cocher, comme un postillon espagnol, fait gaiement claquer son fouet.

Son confrère le conducteur se tient à l'autre bout, perché sur une tige de fer large comme une pelle à feu. Il ne peut s'y maintenir qu'au prix d'un tour d'équilibre constant. Sans abri, il reçoit directement le soleil et la pluie. L'Allemand, d'ordinaire si bon homme, l'a fort maltraité. Il y a, comme dans les chemins de fer, un coupé pour les *non-fumeurs (für die Nichtraucher)*, faible minorité en Allemagne. Le reste des voyageurs fume à son aise. C'est d'ailleurs l'unique plaisir de la route, car on s'ennuie fort dans ces jolies berlines. La division des voitures, la brièveté du trajet, peut-être aussi le luxe, en sont la cause. Que de fois ai-je regretté nos omnibus avec leurs dures banquettes et l'amusante variété du voyage.

Vienne a des fiacres plus confortables aussi que les nôtres, mais conduits par les plus grands coquins du monde. Je ne connais de plus pillards que les gondoliers de Venise. Quoi d'étonnant? Si nos tarifs et nos ordonnances nous défendent mal contre la cupidité et la rouerie des cochers, qu'attendre dans une ville où ils ne sont soumis à aucun tarif? A Vienne, c'est au piéton de débattre son prix. Chaque course est précédée d'un marché, qui devient souvent une enchère; car il arrive que les cochers voisins s'en mêlent, et se disputent le voyageur au rabais. Mais malheur à celui qui se livre par négligence ou naïveté à la bonne foi d'un cocher. Celui-ci lui réserve, au bout de sa course, une méchante surprise. J'ai vu des coquins exiger bruyamment dix florins, qui étaient trop heureux d'en toucher trois.

Ces fripons ont une mémoire remarquable. Toutes les maisons de la ville sont numérotées, non par rues, comme en France, mais en une seule série. Telle maison porte le numéro mille deux cent quarante-quatre. Ayez trois ou quatre maisons de ce genre à visiter, vous jugez quel chaos de mots tudesques. L'étranger ne s'en tire pas. Ces têtes allemandes le supportent sans broncher.

Tout près de la place Saint-Étienne, une relique vénérée des Viennois attire l'attention. C'est un vieux tronc d'arbre, dernier débris, selon la légende, de la forêt qui s'élevait jadis à la place de Vienne. Ce fut longtemps l'usage, chez les apprentis de tous les métiers, avant de partir pour leur tour d'Allemagne, de planter un clou dans le tronc fatidique. L'arbre en est tellement couvert, que le bois a disparu sous une cuirasse de métal. Il serait impossible d'en placer aujourd'hui un seul. Cela s'appelle le *Stock in Eisen, la souche en fer.*

Saint-Étienne est la seule église de Vienne qui mérite une visite. Toutefois l'on va voir aussi l'église des Capucins, à cause de ses caveaux, et celle de la cour, pour son beau marbre de Canova.

Les caveaux de l'église des Capucins renferment les sépultures impériales depuis plusieurs siècles. Un moine, s'éclairant avec une torche, me fit descendre dans une crypte humide, où régnaient l'odeur et le froid des tombeaux. Je distinguai plusieurs salles voûtées, dans lesquelles étaient rangés de nombreux sarcophages de bronze ou d'argent, avec des ornements de marbre et d'or. La lueur incertaine de la torche ne permettait pas d'en distinguer nettement les formes; des génies, des anges, des statues d'hommes, de femmes et d'enfants sortaient à moitié de l'ombre, et s'y replongeaient, comme des ébauches fantastiques. La voix de mon guide résonnait sous les voûtes longtemps après qu'il avait parlé, et un involontaire sentiment d'effroi pénétrait dans le cœur. Le moine s'arrêta devant deux tombes d'une forme très-simple, quoique d'argent massif. Il souleva sa torche, et du doigt me montra une inscription et des noms. C'était la tombe de l'empereur François, et celle de Napoléon II : François, ce prince médiocre et lent, mais qui finit par détrôner son vainqueur; Napoléon II, ce jeune homme qui n'a pas vécu, ce roi qui n'a pas régné. L'aïeul et le petit-fils dorment en paix l'un près de l'autre, comme si le premier n'avait pas fait perdre au second sa couronne. Et je me disais, en regardant la tombe de celui qui fut le roi de Rome : « De cette famille environnée de pourpre et de gloire, puis frappée et dispersée par la tempête de 1815, voilà le dernier proscrit. Sainte-Hélène a rendu son captif. Un retour inouï de fortune a rouvert aux exilés les portes de la patrie et le chemin du trône; pour celui-là seul l'exil dure encore. Et pourtant, ce serait une chose juste que sa dépouille revînt en France, pour être déposée près de celle de son père, afin qu'on vît en même temps, dans le caveau des Invalides, le père et le conquérant; le génie qui concevait Austerlitz ou Marengo, et l'homme qui, captif et mourant, baignait de ses larmes le portrait de son enfant [1]. »

[1] Voici l'inscription latine gravée sur le tombeau du roi de Rome :

>Æternæ memoriæ
>Jos. Car. Francisci ducis Reichstadtensis
>Napoleonis Gall. Imperatoris
>et
>Mar. Ludovicæ arch. Aust.
>filii
>nati Parisiis XX Mart. MDCCCXI
>in cunabulis
>Regis Romæ nomine salutati
>ætate omnibus ingenii corporisque
>dotibus florentem
>procera statura, vultu juveniliter decore
>singulari, sermonis comitate
>militaribus studiis et laboribus
>mire intentum
>phthisis tentavit
>tristissime mors rapuit
>in suburbano augustorum ad Pulchrum Fontem
>prope Vindobonam
>XXII Jul. MDCCCXXXII

>A la mémoire éternelle
>de Jos. Ch. François, duc de Reichstadt,
>fils
>de Napoléon, empereur des Français,
>et
>de Marie-Louise, archiduch. d'Autriche,
>né à Paris le 20 mars 1811,
>salué roi de Rome à son berceau,
>doué de son vivant
>de toutes les qualités physiques et morales,
>haute taille, figure charmante,
>douceur de langage,
>application extrême aux études militaires;
>il fut atteint de phthisie
>et mourut très-tristement
>à la résidence impériale de Schœnbrunn
>près Vienne,
>22 juillet 1832.

L'empereur Joseph II est enseveli dans le même caveau. Il a de plus une statue sur une des places de Vienne. C'est assurément l'un des meilleurs princes qui aient gouverné l'Autriche. Tout ne fut pas grand en lui. Il eut une impatience d'agir qui corrompit ses meilleures entreprises. On eût dit qu'il pressentait la courte durée de son règne. L'amour du bien qui fermentait dans son âme, le forçait d'enfermer en peu d'années beaucoup d'actions. Dès le début, cet amour éclate en résolutions, dont quelques-unes étaient prématurées. Il ne sut pas attendre, grande science dans un homme d'État, et qui est le secret de plus d'une haute fortune. La fièvre qui dévora sa vie dévorait aussi son génie. Mais ses peuples n'étaient pas mûrs pour un tel prince, et il les devança. Il est beau de périr par un tel excès. De ses onze années de règne (empereur dès 1765, il ne gouverna qu'à la mort de sa mère), les cinq dernières furent employées à réparer les fautes des premières. Bien des résultats trompèrent ses espérances, quelquefois par sa faute, plus souvent par le malheur des temps et la médiocrité des hommes de sa nation. Il vit ses armées battues, la Hongrie et la Bohême frémissantes, ses intentions méconnues, son œuvre compromise. La fin de sa vie en fut mortellement attristée. C'est lui qui voulait qu'on mît ces mots sur sa tombe : « Ci-gît Joseph II, qui fut malheureux dans ses meilleures entreprises. » Son règne n'en est pas moins un des plus bienfaisants qu'ait connus l'Autriche. Elle lui doit d'utiles réformes, l'unité de législation, l'unité d'impôt et les germes de sa liberté civile et religieuse. Il a plus fait pour elle que tous ses successeurs, et s'il eût eu des héritiers de sa politique, nul doute que la monarchie des Hapsbourg n'éprouverait pas la crise qu'elle traverse aujourd'hui.

Il y avait dans ce prince un cœur d'homme, et c'est par où je le trouve plus admirable et plus grand. Sa piété filiale fut sans bornes. Il connut l'amitié, et mérita de l'inspirer. Il en avait en lui les tendresses, les effusions, la sincérité, la constance. Il est à propos de relire devant son tombeau les touchants adieux qu'il adressait de son lit de mort au maréchal Lascy, précepteur de son enfance, confident de son âge mûr, exécuteur parfois malheureux de ses desseins :

« Mon cher feld-maréchal Lascy,

« Ma main tremblante ne me permet pas de
« vous écrire moi-même, et m'oblige de me servir
« d'un étranger pour vous entretenir avant le mo-
« ment qui doit nous séparer, et que je vois arriver
« à grands pas. Je serais bien triste si je quittais
« ce monde, mon cher ami, avant de vous témoi-
« gner tous les sentiments de reconnaissance que

« je vous dois pour tous les services rendus en
« tant d'occasions, et si je n'avais le plaisir de les
« reconnaître à la face du monde entier. Oui, si
« j'ai valu quelque chose pendant ma vie, c'est
« à vous que je l'ai dû, à vous, qui m'avez élevé,
« qui m'avez éclairé, qui m'avez appris à con-
« naître les hommes; de même que mon armée
« vous doit également sa force, sa discipline et sa
« renommée. La sûreté de vos conseils dans toutes
« les circonstances, votre dévouement pour ma
« personne, qui ne s'est jamais démenti un mo-
« ment, toutes ces qualités, mon cher feld-maré-
« chal, font que je ne suis pas en état de vous
« témoigner comme je voudrais mes sentiments.
« Je vois vos larmes couler sur mon sort : les
« larmes d'un grand homme et d'un sage sont la
« plus belle apologie des souverains!

« Recevez-donc, mon ami, mes derniers adieux
« et mes embrassements. La seule chose que je
« regrette, en quittant ce monde, est de me sé-
« parer d'un petit nombre d'amis, parmi les-
« quels vous m'êtes le plus cher. Souvenez-vous
« de moi, votre sincère ami,

« Joseph. »

Le temps a marché depuis 1791; l'heure de la justice est venue pour Joseph II. Son nom est devenu populaire dans les contrées qui jadis le maudissaient. Une tradition veut qu'il ne soit pas mort, et que, semblable à Barberousse, il attende le moment de reparaître. Ce sujet a inspiré à un poëte allemand des vers d'une énergie admirable :

Des paysans sont attablés dans une pauvre auberge de Bohême. L'un d'eux revient de Vienne, et il leur raconte ce qu'il a vu. Il est descendu dans le caveau impérial. « Un moine, dit-il, m'a conduit sous terre. J'ai vu tous les cercueils enchâssés dans l'argent et l'or, alignés dans un ordre funèbre. Un seul manque de blason et d'airain émaillé. Sans pompe (ainsi l'a voulu le défunt) doit reposer ce noble cœur. Ah! comme je sentis se serrer ma poitrine, quand le pieux moine ajouta : « Là dedans gît notre père à tous; l'empereur Joseph gît dans ce tombeau! » Ces mots font sourire les paysans d'un air de doute : « Bah! s'écrient-ils à l'unisson, c'est un mannequin qu'on a placé dans ce trou; tu en as été pour tes frais de douleur crédule, l'empereur Joseph n'est pas mort, l'empereur Joseph vit toujours. »

Le conteur insiste; il fait le calcul des jours : l'empereur aurait cent ans. Mais au lieu de l'entendre ses compagnons se fâchent, et le chassent de leur table. Puis le calme renaît, et ils réfléchissent.

« Cinquante ans, murmure l'un d'eux, cinquante ans! c'est un long intervalle! » Puis un autre : « Et dire que c'est justement son cercueil qui est si simple et si dépourvu d'ornements ! » Puis un troisième : « Ne sommes-nous pas asservis ? ne sommes-nous pas toujours les esclaves corvéables de nos maîtres ? Ton garçon n'est-il pas toujours étendu honteusement sous les verges de la caserne ? Ta fille n'est-elle pas ignominieusement destinée aux plaisirs des nobles seigneurs futurs ? Mangeons-nous autre chose que du pain noir ? Ne sommes-nous pas orphelins et foulés aux pieds ? Ah ! l'empereur Joseph est mort ! il est mort ! — Ils poussent tous ce cri avec des gémissements, et se découvrent la tête pour prier [1]. »

L'œuvre de Canova, dans l'église de la cour, est le tombeau d'une archiduchesse d'Autriche, sœur de Joseph II. C'est une composition originale, conçue sur un très-beau plan.

Imaginez une pyramide en marbre blanc, haute de dix mètres. Au centre s'ouvre une porte, par où l'œil plonge dans un profond caveau. C'est le lieu de la sépulture. Sur les degrés qui y conduisent se développe une marche de personnages symboliques. La Vertu mène le deuil. Enveloppée de ses longs voiles, elle porte l'urne qui contient les cendres de la princesse. Derrière elle marche

[1] Maurice Hartman, ap. N. Martin, *Poëtes contemporains en Allemagne.*

la Bienfaisance; elle soutient un vieillard accablé d'années, qui gravit pesamment les marches du tombeau; un enfant le suit, et vient porter à sa bienfaitrice le tribut de ses larmes. De l'autre côté, un Génie, les ailes repliées, appuyé sur un lion, pleure la Grâce et la Beauté, moissonnées dans leur fleur.

Cette composition est expressive et touchante. Les figures, les attitudes sont d'une grande harmonie; les lignes, d'une exquise pureté. Tout est plein d'une affliction profonde et communicative. L'œil ne se détache pas facilement de cette scène éloquemment rendue, et, chose rare en sculpture, l'âme en est émue, peu s'en faut jusqu'aux larmes. Je doute que Canova ait exécuté rien de plus pathétique; je doute même que la sculpture puisse aller plus loin dans l'expression de la douleur et du deuil. Cet art paraît plutôt fait pour le grandiose et le solennel que pour le tendre et le touchant. Il est merveilleux comme le marbre s'est amolli entre les mains du statuaire, et quelle âme plaintive il a su lui donner. Ce que nous avons de lui en France, — j'en excepte son buste de Napoléon, — ne donne pas l'idée d'une pareille élévation.

A ces beautés s'ajoutent quelques-uns de ses défauts ordinaires. Les draperies paraissent travaillées avec trop de soin. Un Grec eût donné à ces femmes en deuil plus de simplicité et d'abandon. Il eût composé avec moins de recherche les pièces de leur parure. Plus de sobriété eût convenu au sujet.

Le Génie qui pleure sur son lion devrait avoir des formes plus mâles et moins efféminées. Canova en a fait une sorte d'amour adolescent pleurant sa première défaite. Enfin, un Grec se fût bien gardé de redoubler l'allégorie et de renchérir sur sa pensée, dans un médaillon en bas-relief qui surmonte l'entrée du caveau. Cela distrait la vue et rompt la belle unité du tout.

Vienne possède un autre morceau de Canova : c'est le groupe de Thésée vainqueur du Minotaure. Les connaisseurs s'accordent pour le placer beaucoup au-dessus du précédent. « C'est, disent-ils, l'œuvre d'un artiste consommé, le plus savant et le plus beau qu'on ait vu, depuis le Milon de Pierre Puget jusqu'au Philopœmen de David d'Angers. » Les gens du monde, à qui les finesses du métier échappent, et qui jugent un tableau, une statue, plutôt par les qualités générales et par la conception, que par l'exécution technique et en vertu des principes propres à chaque art, ont peine à souscrire à certains arrêts des connaisseurs. Un sentiment bien rendu, une pensée éloquente, c'est assez pour nous séduire; nous ne voyons pas les défauts du dessin, de la couleur ou de la forme; l'artiste les sent vivement : de là la différence de nos jugements.

Un jeune peintre que je rencontrai plusieurs fois dans mon voyage, fut pour moi un guide précieux. Il parlait fort bien de son art, et, chose peu commune, il en parlait volontiers avec les profanes; il tenait que le goût est en toute chose le juge définitif, et que les gens du monde qui en ont quelque parcelle ont le droit d'apprécier les œuvres de l'école. Il les voulait seulement plus éclairés, et s'efforçait, en ce qui me concerne, d'opérer cette réforme. Il me conduisit devant le Thésée de Canova. Je sortais de l'église de la cour, et j'étais encore sous le charme. Le groupe du Thésée me laissait un peu froid; il n'eut pas de peine à m'en démontrer l'excellence. Les qualités constitutives de la statuaire, précision des formes, développement harmonieux des lignes, justesse et grandeur des proportions, imitation, ou plutôt interprétation libre et savante de la nature, sobriété, simplicité, beauté, il me fit voir et sentir tout cela, et me découvrit dans un seul marbre l'abrégé de l'esthétique de son art.

« Canova, me dit-il en terminant, n'a rien fait de plus grec que cette statue-là. Vu de face, le corps du héros forme, en se déployant sur la droite, une ligne sculpturale de toute beauté. Les muscles, surtout ceux de la poitrine, sont divisés par groupes et simplement traités, à la manière antique. La face est expressive, mais dans le degré qui convient à un groupe colossal. Le mouvement du genou qui presse le monstre, et celui de la main qui lui serre la gorge, sont superbes. C'est d'un vainqueur, presque d'un Dieu. On sent râler le vaincu, et ses doigts crispés font pitié. Quant au bras qui brandit la massue et qui s'apprête à écraser le Minotaure, il est certain qu'un ancien en eût suspendu le mouvement et adouci la violence. Dans cet idéal de sérénité et de grandeur qu'ils poursuivaient, les Grecs n'admettaient pas les expressions violentes et dont la durée est difficile à soutenir. La vie qu'ils donnaient à leurs statues était douce et mesurée. Ils les représentaient dans un état permanent de leur existence; les modernes au contraire. Nos sculpteurs font comme vos poëtes tragiques du xviie siècle. Ils choisissent une crise dans la vie de leur héros; leur art consiste à la rendre dans toute son énergie. On a fait de très-belles phrases sur ce double idéal; on a pris parti pour ou contre. Pourquoi ne pas les admettre l'un et l'autre? Tous deux sont dans la nature, tous deux font impression. Laissez au tempérament de l'artiste la liberté de choisir, et si l'œuvre est vraie, puissante, si elle vous saisit et vous touche, laissez l'impression agir sur vous. Un sculpteur qui émeut est un grand artiste. Il n'y a dans son art ni surprise ni prestige. C'est le plus sévère, le plus sincère, je dirais le plus ingrat, si tant de belles œuvres, et si cette statue même ne protestaient contre moi. »

Le Belvédère ou galerie de peinture est un grand palais situé sur une colline, à l'extrémité d'un faubourg. Il est entouré de jardins dans le goût français, dont l'imitation se fait sentir dans toutes les constructions princières, au XVIIIe siècle. Ses gazons, ses pièces d'eau croupissante, ses cascades taries, lui donnent l'air d'un lieu abandonné. Les portes du palais, quand je me présentai, étaient ouvertes à deux battants, et toute la livrée impériale sous le vestibule. Je monte, et d'abord on me barre le passage.

« Mais il me semble...
— On n'entre pas.
— Les portes sont ouvertes !
— On n'entre pas.
— Je suis étranger, et je pars demain !
— On n'entre pas.
— Je donnerai un pourboire !
— Entrez !
— A la bonne heure ! voilà d'honnêtes coquins; » et je me rappelai qu'à Munich j'eusse été fort heureux de trouver à certaines portes des gardiens à corrompre.

Il s'en faut que le Belvédère réunisse les heureuses dispositions qui sont dans la Pinacothèque. Il y a des salles trop sombres et d'autres trop lumineuses; il y a des tableaux placés hors de leur jour. L'ordre est assez arbitraire. On s'est contenté de mettre ensemble les italiens, les allemands, les flamands. Pas de subdivisions. Toutes les écoles secondaires sont confondues. C'est ainsi qu'on a dispersé et mélangé les vénitiens, les florentins, les romains, les bolonais. Il y a de belles toiles de Titien, de Tintoret et de Véronèse, quoique pas une capitale. Le premier n'en compte pas moins de trente-cinq, d'inégale valeur. Il y a dans le nombre un *Ecce homo* très-curieux. Les personnages sont presque tous historiques. On a reconnu, dans Ponce Pilate, le fameux Arétin. Le peuple est formé de dames et de seigneurs dans le costume du XVI° siècle; des hérauts d'armes portent sur leur écusson l'aigle à deux têtes. Titien, nouvellement créé chevalier de l'Empire, fit ce tableau pour Charles-Quint, en guise de remercîment. Il porte cette signature:

TITIANUS EQUES CÆSARIANUS, 1543.

De l'école florentine, j'ai gardé la mémoire d'une toile de Fra Bartolomeo, plus souvent nommé *il Frate*. Bartolomeo, ami et partisan de Savonarole, après la mort tragique de son maître, entra dans un cloître. Le tableau qui est au Belvédère est du temps de ses premiers vœux. C'est une *Présentation au temple*, traitée avec grandeur et simplicité. On lit cette touchante inscription :

Orate pro pictore olim, sacelli hujus novitio.

« Jadis peintre, aujourd'hui novice dans ce couvent; priez pour moi. »

Deux madones du Pérugin représentent bien le génie de ce maître. Son pinceau fut tendre et naïf, mais il ne put se dégager entièrement de la tradition du moyen âge. Cette gloire était réservée à son disciple, au divin Sanzio. Sur quatre toiles attribuées à Raphaël dans la collection du Belvédère, une seule passe pour authentique. C'est une madone de petite proportion, dans le goût de *la Belle jardinière* du Louvre. La Vierge est assise dans une prairie, d'où le nom du tableau : *Madonna del verde*. Il est de la jeunesse de Raphaël, qui le fit à vingt-trois ans, comme l'indique le chiffre MDVI, inscrit sur le bord d'une draperie.

Nommerai-je le Guide, les Carrache, Corrège, et leur mille tableaux, *Ecce homo,* Madeleines repentantes, scènes religieuses, scènes mythologiques, tous les sujets familiers à leurs pinceaux, et empreints de cette grâce un peu molle, mais toujours séduisante, qui fut le propre des Bolonais ?

L'école allemande est reléguée au second étage, disposition malheureuse. Comment goûter sainement Wohlgemuth et Albert Durer, après Raphaël et Guido Reni?

Michel Wohlgemuth, ce Pérugin d'un autre Raphaël, n'a qu'une toile, mais capitale. C'est un tableau d'autel « dont le panneau central est recouvert de volets doubles peints sur les deux faces, ce qui forme une vaste composition de neuf tableaux. Les sujets sont multiples aussi. Après un saint Jérôme qui trône en habit de cardinal, on voit les autres Pères de l'Église, saint Augustin, saint Ambroise, saint Grégoire, puis les apôtres saint André, saint Thomas, saint Barthélemi; puis l'empereur saint Henri avec sainte Élisabeth, reine de Hongrie; puis sainte Élisabeth, reine de Portugal, avec saint Martin; puis saint Joseph, saint Kilian, sainte Ursule, sainte Catherine; puis les personnages et les instruments de la Passion [1]. » Cette énumération suffit pour donner l'idée de la bizarrerie de la composition. Ce qu'elle a d'admirable, c'est la finesse de la touche, l'excellence du coloris, la douceur des traits, la ferveur religieuse des expressions.

Plusieurs toiles d'Albert Durer sont dans la même salle. Il y a d'abord l'une de ses plus

---

[1] Viardot, *Musées de l'Allemagne*, p. 177.

belles madones. Certes, il dut la faire à son retour d'Italie. Il avait encore dans l'œil un rayon du beau ciel de Florence, et dans l'âme un souvenir de ce qu'il avait vu au delà des Alpes. Elle justifie l'enthousiasme d'Hoffmann, plus qu'aucune autre du même peintre. A côté est la légende des dix mille soldats chrétiens martyrisés par Sapor, roi de Perse. Le nombre des personnages est inouï. L'œil se fatigue à les compter comme dans une foule vivante. C'est un tour de force. D'ailleurs nul ensemble ; ce sont vingt tableaux enfermés dans le même cadre. Mais quelle saisissante expression! quel éclat! quelle vigueur! Il semble que l'imagination d'Albert Durer se soit exercée à représenter toutes les formes de tortures; nulle part on ne sent la fatigue ou l'épuisement. Le peintre s'est représenté vêtu de deuil, au milieu des groupes. Il est appuyé sur le bras d'un ami, et tient une banderole où sont ces mots : *Iste faciebat anno Domini* 1508 *Albertus Durer, Alemanus.*

Bien au-dessus de cette toile étrange, il faut placer la *Trinité glorieuse,* du même peintre. Pour l'éclat, pour la magnificence, pour la grandeur, c'est une œuvre souveraine. On dirait le rêve d'une âme pieuse, de qui l'art s'est élevé au niveau de sa croyance. L'œil se porte d'abord sur les cieux entr'ouverts. Une lumière éblouissante les inonde. Dieu le Père, « vêtu de gloire comme d'un manteau, » selon les termes du Psalmiste, porte dans ses bras le Christ crucifié, et le présente à l'adoration du monde. Sur sa tête l'Esprit-Saint, sous les traits de la colombe, se balance dans un nimbe d'or. Des deux côtés à la fois, un pieux cortége s'avance pour adorer le Christ et baiser ses plaies sanglantes. Ce sont les saints et les saintes couronnés des palmes du martyre, phalange innombrable et légère, dont les derniers rangs s'évanouissent dans l'azur des cieux. Au-dessous un essaim de personnages, rois, pontifes, nobles et bourgeois, s'envolent vers le Christ. Ils flottent sur les nuages dorés, avec leurs grands vêtements étendus comme des ailes; et comme Dante, qu'élevait vers le ciel l'attraction des yeux de Béatrix, ainsi des regards du Christ et de son Père semble tomber sur eux la force qui les élève.

Bien loin de cette scène, dans le bas du tableau, s'étendent la terre et la mer, près de s'endormir dans le calme du soir, illuminées par le soleil couchant, dont le globe disparaît lentement derrière les cimes bleues des montagnes. Admirable conception! de cet univers calme et recueilli, il semble qu'un hymne s'élève aussi vers le trône des nuées. J'entends la voix de l'homme et celle de la nature, et toutes deux, dans un long hosanna, racontent la gloire du Dieu triple et un.

Comme dans le tableau précédent, le peintre s'est représenté assistant à sa propre conception, non plus en deuil, mais revêtu de vêtements magnifiques, avec ses longs cheveux, qui s'échappent en boucles sur ses épaules. Près de lui, un écusson porte ces mots : *Albertus Durer Noricus faciebat anno a Virginis partu* 1511.

Rembrandt n'a que des portraits au Belvédère, et je ne l'en plains pas. Il y a le sien et celui de sa mère. Ce portrait de Rembrandt et celui qui est à Dresde démentent, à mon avis, ses biographies. Cette belle figure, un peu épaisse, comme toute figure hollandaise, mais franche et hardie, ne laisse pas soupçonner les vices de cœur dont la légende s'est plu à l'affubler. Qu'en penser? J'aimerais à croire qu'il nous manque une bonne biographie du peintre, et que les anecdotes qui courent sur son compte sont imaginaires.

Sa mère me plaît davantage encore. Sa figure est ridée par l'âge; mais chaque ride étincelle. Le regard est d'une vivacité juvénile. En elle tout vit, tout se meut, tout pétille. Le cadre la contient à peine. Courez au bout de la salle, l'alerte petite vieille y sera avant vous.

Une riche bourgeoise de Flandre ou de Hollande est à côté. Celle-ci est dans la fleur de la jeunesse et de la santé. Sa beauté est un peu robuste; mais quelle perfection dans la peinture! Le visage, tout en lumière, se détache sur un fond noir. Il est encadré dans une large fraise blanche dont l'éclat, chose merveilleuse, ne fait aucun tort à celui du visage. Les contours du front, des joues, de la bouche, sont d'une exquise finesse : le sourire se devine plus qu'il ne s'observe. Je me rappelais certains portraits de Holbein. Celui de Rembrandt a la même touche légère; il a bien plus de puissance. C'est une rare alliance de la douceur et de la force. Et quant à la lumière, dont il pouvait ce jour-là se passer, elle répand sur ces lignes si pures son admirable magie.

Une vingtaine de toiles sont la part de Van Dyck, dans la galerie. Elles n'agrandissent pas l'idée qu'on se fait du peintre, dans les musées de Munich ou de Dresde; il suffit qu'elles la confirment. Ses vierges, ses christs, ses saintes femmes, ont la même expression de douleur, de pureté, de résignation. Ses portraits ont la même dignité. C'est partout cet idéal si élevé et si pur que nous avons tant admiré. Qui s'en lasserait? Les mêmes sentiments, exprimés sous des formes peu différentes, sont avidement reçus par l'âme, quand ils satisfont cette soif de beauté qui est en elle. N'avons-nous pas vu, de nos jours, un peintre tirer d'un seul type vingt créations, toujours admirées et populaires [1]?

[1] Ary Scheffer.

Rubens règne au Belvédère comme à la Pinacothèque. Mon esprit a été singulièrement satisfait de retrouver, dans cette collection, des traits de son génie religieux, plus éclatants que dans aucune autre. Vous vous rappelez le *Jugement dernier* de Munich? Vienne possède un tableau qui peut lui être comparé. C'est l'*Apparition de la Vierge à saint Ildefonse*. La mère de Dieu apporte au saint prêtre, devenu archevêque de Tolède, les ornements sacerdotaux. La composition est admirable. Dans un des deux panneaux attachés au tableau central (car c'est un triptyque), un vieil Espagnol est représenté dans l'attitude de l'adoration et de la prière. On sent son âme abîmée devant Dieu. Sans parler de la lumière et du coloris qui étincellent, cette scène est rendue avec une onction, une éloquence, que je ne crains pas d'opposer aux plus belles compositions religieuses de l'Italie.

Le même peintre nous offre, sans sortir de la galerie, des tableaux mythologiques qui ont la fraîcheur de ceux de l'Albane, avec une touche plus vigoureuse. Ce sont des nymphes endormies, des amours, une cour de Vénus, des faunes et des fleuves, merveilles d'élégance et de naturel, où le peintre de la galerie Médicis se reconnaît pourtant à un certain luxe de chairs.

En voyant ces toiles, aussi parfaites dans leur

exécution que les toiles religieuses, en songeant à d'autres exemples, je faisais cette réflexion que la peinture, et peut-être aussi la musique, souffrent dans le même homme une variété de génie qui ne se conçoit pas dans la poésie. Qui d'entre les poëtes peut se flatter d'avoir embrassé tout son art, de façon à enfanter avec la même perfection dans le drame, dans l'épopée, dans l'ode? Poëte lyrique, il échouera au théâtre; poëte épique, l'ode se dérobera à son génie. L'un excelle à m'attendrir, celui-là à m'élever, cet autre à m'égayer. Nul n'a excellé dans les trois genres. Les peintres au contraire. Voyez Rubens, voyez les Italiens. Est-ce que le poëte sera jugé par là inférieur au peintre? Nullement; mais le premier dans son œuvre met davantage de son âme. Le second emprunte davantage au monde extérieur. Tous deux prennent la nature pour fond de leur travail; mais l'imitation du peintre est directe : tout ce qui est forme, ligne et couleur, lui appartient; il lui suffit de voir pour reproduire. La vie dont il anime le front d'une madone, il lui est aussi facile d'en animer la face avinée d'un Silène, ou même des objets inertes, comme une campagne, une forêt, des eaux vives. C'est le même art. Chez le poëte, l'œuvre de transformation est plus personnelle, plus lente. Il peint beaucoup moins des formes que des sentiments; c'est par ses impressions qu'il nous fait connaître la nature. Ce que je vois d'abord, dans toute création de lui, c'est lui-même. L'homme et l'œuvre ne font qu'un, et on ne peut les séparer. Il n'y a pas ici, comme dans la peinture, un côté uniquement matériel exécuté par la main, et qui s'adresse aux sens. Tout relève de la pensée, tout est inspiré par elle. De là cette unité si visible dans le talent du poëte. Elle existe en réalité chez le peintre; mais il faut la chercher et la découvrir. On retrouvera bien dans la *Kermesse* de Rubens des traits qui font sentir la main qui peignit la galerie Médicis; mais on ne niera pas que l'inspiration de chaque œuvre ne soit ce qu'il y a de plus dissemblable.

Le Belvédère, et quelques autres galeries publiques ou privées, telles que celle du prince Esterhazy et la collection Ambras, viennent fort à propos faire oublier ce qui manque à Vienne du côté des arts et du goût. Nulle capitale n'est plus complétement privée de beaux monuments. Nous savons ce qu'il faut penser des églises. Le palais impérial est un mélange de constructions informes, où l'on trouve tous les styles, hormis le bon. C'est, dans son espèce, une chose curieuse, image fidèle de la monarchie autrichienne, composée, comme lui, de pièces mal assorties et d'éléments disparates. Les places publiques, qui ne sont ni fréquentes ni spacieuses, sont ornées d'un nombre raisonnable de statues et de fontaines, quelques-unes monumentales, presques toutes au-dessous du médiocre. On se demande quelle mauvaise influence a condamné les arts à cette stérilité. Que nous sommes loin d'Ulm, de Munich, de Nuremberg. Est-ce le même peuple qui, à si peu de distance, sur les rives du même fleuve, témoigne d'un génie si différent?

Les Allemands du Nord triomphent de cette dissemblance; ceux de Vienne ne s'en soucient guère. En rien la poursuite de l'idéal ne les tourmente. Ils ne se fatiguent pas à concevoir le beau ni à l'atteindre. Privés pendant de longs siècles de la vie politique, ils devaient, ce semble, se jeter avec plus de passion dans ces nobles luttes de la poésie et des arts; si elles ne valent pas celles de la liberté, elles peuvent au moins en faire oublier l'absence. Le contraire s'est produit. L'esprit de ce peuple s'est engourdi pour les grandes choses. Il s'est endormi dans l'aisance de la vie matérielle. La fécondité du sol, la facilité de l'existence, le calcul intéressé de ses maîtres, tout a favorisé ce sommeil.

A défaut d'architecture et de sculpture, y a-t-il une poésie nationale? Non. Assurément l'Autriche compte des poëtes, et de grands poëtes. La poésie est comme ces fleurs qui semblent tirer d'elles-mêmes leur subsistance. Elle croît sur les landes les plus arides. Si appesantie que soit une nation, il naîtra toujours dans son sein des âmes qui s'en échapperont, et dont rien n'étouffera l'essor. Mais quel écho trouveront leurs chants? De quel prix seront-ils payés? Voyez sur les bords du Rhin, voyez en France! Le grand poëte est salué de toute la nation. L'admiration lui décerne une couronne; il règne véritablement sur ceux qu'il enchante. Chateaubriand, Lamartine, Hugo, quels applaudissements leur ont manqué? quels honneurs? En ne leur mesurant pas la gloire, la nation s'est montrée digne de les avoir.

A Vienne, la défiance des gouvernements ou l'indifférence du peuple glace la poésie. Ajoutons que la matière fait défaut. Un peuple qui n'est pas libre, mais que la reconnaissance, l'admiration, l'amour, attachent à son prince, peut avoir une admirable poésie; c'est ce que la France a vu sous le règne de Louis XIV. Dans ce siècle, le plus beau de notre histoire littéraire, l'éclat de la monarchie, ses conquêtes et ses triomphes, la grandeur de nos luttes et de nos victoires, le prestige du nom français et ce je ne sais quoi d'héroïque qui soufflait sur la royauté aussi bien que sur le peuple; tout échauffait les esprits, tout excitait et nourrissait en eux cette flamme sacrée de l'enthousiasme, sans laquelle il n'y a dans les arts ni fécondité ni vertu. Je cherche d'où serait venu à Vienne un pareil élan. Réservons le temps présent, les hommes actuels et les espérances qu'ils font naître. Que voyons-nous avant eux? Sur le trône, une succession de princes médiocres, dont le passage ne laissera dans l'histoire aucune trace durable; dans les conseils, des ministres attachés à une politique sans générosité, sans force, sans grandeur; dans les camps, une armée disciplinée, aguerrie, mais humiliée par des défaites, mal commandée, manquant tantôt de confiance en elle-même, tantôt de réserve dans la confiance. Quel tableau! et que nous sommes loin de la France de 1661!

Le genre de poésie qui manque le plus à l'Autriche, c'est le dramatique. Le théâtre est encore une tribune; c'est la dernière qui élève la voix, quand toutes les autres sont muettes. De là le peu de faveur qu'un genre réputé dangereux obtient auprès des maîtres. Au reste, c'est une singulière histoire que celle du théâtre à Vienne. Qui croira que pendant toute la durée du XVII° siècle, tandis que la France comptait un Corneille, un Racine, un Molière; l'Angleterre, un Shakespeare; l'Espagne, un Calderon, un Guilhem de Castro, un Lope de Vega, la capitale d'un empire de trente millions d'hommes ne possédait pas même une scène, et se trouvait réduite, ainsi qu'un peuple enfant, au spectacle des marionnettes! Ce sont des marionnettes qui ont fait connaître à l'Autriche *les Précieuses ridicules, le Malade imaginaire;* que dis-je? *Cinna, Polyeucte, Britannicus.* C'est en 1713 seulement que fut établi, à la porte de Carinthie, le premier théâtre de comédiens. L'histoire nous apprend qu'ils eurent longtemps à souffrir de la concurrence des marionnettes. Celles-ci avaient trois théâtres : sur le marché des Juifs, sur la place de la Freyung et au faubourg Léopold. Elles possédaient d'importants priviléges, et dans la lutte qu'elles engagèrent avec les comédiens la victoire fut quelque temps indécise. Qu'on se rappelle le grand Joseph Haydn écrivant des mélodies pour les marionnettes des jeunes princes Esterhazy. Qu'on se rappelle aussi Goethe, tirant d'une pièce de marionnettes le germe de son drame de *Faust.* Aujourd'hui *Hans Wurst, Jean Boudin* (c'est le nom du polichinelle allemand), est relégué sous les arbres du Prater, et son dernier privilége, celui qu'il ne perdra pas, est d'amuser les petits garçons et les petites filles.

Du reste, l'absence de poëtes dramatiques n'empêche pas les Viennois de se livrer au goût trèsvif, quoique tardif, qu'ils ont pour la comédie. Goethe et Schiller leur offrent un fonds commun à toute l'Allemagne. C'est le patrimoine de la nation. Les pièces de ces grands hommes, retranchées dans ce qu'elles ont de trop hardi, se jouent sur le théâtre de la cour, qui est la première scène du royaume. J'y suis allé une ou deux fois, et je n'en dirai pas grand'chose. Les acteurs, comme dit Gil Blas, ne jouaient pas assez bien ou assez mal pour m'amuser.

Les théâtres de genre et les théâtres populaires vivent uniquement de la desserte de notre table. Nos dramaturges croient travailler pour le public parisien; c'est pour l'Allemagne. Il n'y a si méchant vaudeville ni si pauvre drame qui n'en fassent le tour. Mais je pense qu'ils se donnent rendez-vous à Vienne, et y séjournent. Que de pièces réputées mortes parmi nous se relèvent et vivent de longs jours dans la capitale autrichienne! Les cinq ou six scènes de second ordre qu'elle possède sont pleines de ces revenants. Quand l'auteur français s'appelle Scribe, ou Alexandre Dumas, on conserve son nom et le titre de la pièce. S'il est obscur, le traducteur change le titre, les noms des personnages, et signe à sa place, ou bien l'ouvrage demeure anonyme. Le public ne s'en inquiète guère : il va au théâtre pour jouir et non pour juger. Tout ce qui n'est pas traduit du français s'appelle sur l'affiche *pièce originale*. J'en ai vu suffisamment de ce genre pour savoir à quoi m'en tenir sur la valeur du mot. Telles qu'elles sont, le public s'en contente; car il n'y en a pas de plus accommodant. Que diraient nos Français dédaigneux et blasés, de certains spectacles qui font pâmer d'aise ces excellents bourgeois de Vienne? Je me souviens d'être allé voir une féerie-ballet à l'Opéra-Impérial. Cela s'appelait, je crois, *Satanella*. C'était l'enfance de l'art. Nos scènes de provinces quand elles se mettent en frais, déploient un plus grand appareil de sortiléges et de diableries. Un changement à vue se fit mal. Un palais qui devait s'abîmer dans la terre s'obstina à ne pas quitter la place, et un grand arbre, étourdiment sorti de la coulisse, prit racine au milieu d'un salon. Il y eut un moment d'attente. On entendit les cordages grincer derrière les toiles; et, comme rien ne bougeait, quatre machinistes en souquenille vinrent enlever l'arbuste récalcitrant, et ouvrir au décor l'entrée des enfers. Tout cela se fit dans le meilleur ordre. Il n'y eut pas un sifflet, pas un murmure; le parterre ne cessa pas d'envoyer des applaudissements et des fleurs à une danseuse qui faisait, avec une grâce villageoise, des pas élémentaires.

La musique est le seul art qui ne court pas disgrâce en Autriche. Ce peuple l'adore et y excelle. Ceux qui prétendent expliquer le caractère d'une nation par la constitution physique du sol me diront-ils par quel mystère un peuple impropre à la poésie, à l'éloquence, aux arts plastiques, compte dans son sein tant de connaisseurs passionnés et de musiciens habiles? La musique y semble un art national; on la cultive avec ferveur. Nul n'en prend ombrage; loin de là. C'est un goût que les gouvernants encouragent de leur faveur et de leur complicité.

De toutes les formes par où se manifeste la pensée humaine, la musique est la plus vague. C'est une enchanteresse qui nous berce et nous endort dans l'oubli des choses réelles. Au lieu que la poésie nous fait attacher sur nos semblables et sur nous des yeux plus courroucés ou plus attendris, la musique nous arrache au commerce des hommes, elle nous arrache à nous-mêmes. Elle laisse flotter l'âme dans une région imaginaire; elle la plonge, captive et ravie, dans la langueur des rêves. Ne craignez rien d'un peuple de dilettantes, de qui l'être et la vie sont uniquement suspendus aux flancs d'un violon, aux lèvres d'une cantatrice, jusqu'au jour où le poëte, se glissant parmi eux, dictera d'ardentes paroles, et jettera dans les cœurs la flamme des patriotiques désirs. C'est à quoi l'on veille prudemment à Vienne. Tous les opéras n'y sont pas chantés; d'ailleurs, le premier théâtre lyrique ne m'a pas semblé supérieur au nôtre. Quant aux concerts, j'en ai entendu d'excellents. Les Allemands sont médiocres chanteurs, si ce n'est dans les chœurs; leur voix manque de souplesse et de charme. Mais ce sont les premiers concertistes. Rien ne vaut une soirée d'été dans le jardin de Strauss. On se réunit aux premières étoiles dans un parc brillamment illuminé. Les glaces et les sorbets circulent. Les belles Viennoises se placent autour des tables. Au langage près, et sans le type qui est ici plus blond et moins fin, on pourrait se croire en France, tant les toilettes se ressemblent. « Nos modes règnent « ici universellement. On y envoie de Paris fort « régulièrement des poupées tout habillées, sur « lesquelles les femmes modèlent leur habillement « et leur coiffure. Les hommes mêmes reçoivent « souvent des bulletins, qu'ils donnent à méditer « à leurs tailleurs et à leurs valets de chambre. « Toutes les femmes sont peintes jusqu'aux yeux « et aux oreilles, comme nos Françaises [1]. » Le voyageur qui écrivait ces lignes au XVIIIe siècle n'y changerait rien aujourd'hui.

Les promeneurs affluent : bourgeois, étudiants et militaires; ces derniers en plus grand nombre. La musique commence. Elle est douce, harmonieuse, ample, sans éclats violents. Les morceaux sont habilement variés, et choisis avec impartialité, dans le répertoire allemand, italien, et quelquefois français. L'exécution est parfaite. Cela

---

[1] Risbeck, *Voyage en Allemagne*, t. Ier, p. 220.

n'empêche pas le public de causer, de rire, de discuter presque tout haut. Je savais les Viennois passionnés pour la musique; je les croyais plus recueillis. Cette dissipation est un vice qu'ils se donnent. « Il y a dix ans, me disait mon voisin, vous n'eussiez pas entendu un murmure. Encore une mode venue de France. » Comme il s'animait en disant cela, des *chut* nombreux le rappelèrent à l'ordre. Strauss venait de se lever pour exécuter un solo. Toute la famille des Strauss est chère aux Viennois, dont elle fait depuis trente ans les délices.

Strauss, a dit spirituellement un voyageur, est le roi de Vienne. Un jour d'émeute, il suffirait de l'envoyer aux révoltés. D'un coup de son archet il pourrait, comme jadis Orphée, calmer les passions et faire fléchir les volontés. Celui-ci était un jeune homme à figure très-fine, très-nerveuse, plus italienne qu'allemande. Il joua de la clarinette avec une rare perfection. On l'écouta dans un grand silence, où la sympathie et le respect avaient part. Il fut plusieurs fois applaudi, et méritait de l'être.

Vers neuf heures, chacun se mit à souper. C'est l'heure en Allemagne. La bière et le jambon circulent. L'orchestre va toujours son train, à demi couvert par le bruit des fourchettes. Mais en somme, c'est un plaisir princier de souper aux sons d'une si bonne musique. Cela termine la soirée.

Le peuple a ses concerts comme les riches et les oisifs. Chaque soir les brasseries, les jardins, les guinguettes, se changent en salles d'orchestre. Les ouvriers s'y entassent. La danse complète la fête. Il y a longtemps que Mme de Staël a signalé cet amour des Viennois pour la danse. « Les jours de fête, vous verrez des hommes et des femmes exécuter gravement, l'un vis-à-vis de l'autre, les pas d'un menuet, dont ils se sont imposé l'amusement; la foule sépare souvent le couple dansant, et cependant il continue, comme s'il dansait pour l'acquit de sa conscience; chacun des deux va tout seul, à droite et à gauche, en avant et en arrière, sans s'embarrasser de l'autre, qui figure aussi scrupuleusement de son côté : de temps en temps seulement ils poussent un petit cri de joie, et rentrent tout de suite après dans le sérieux de leur plaisir [1]. » Cette gravité naturelle au peuple allemand est animée aujourd'hui par la valse, qui a remplacé le menuet. Les couples dansants tournent entre les tables, dans l'épaisse fumée qui obscurcit la salle. Ils font trois ou quatre tours, reviennent s'asseoir devant l'assiette et le verre servis devant eux, puis repartent en dansant, et atteignent ainsi l'heure du couvre-feu.

[1] Mme de Staël, *De l'Allemagne*.

Celle-ci ne se fait pas attendre. L'Allemand aime les longs sommeils. Il prend son plaisir de bonne heure, pour ne rien sacrifier de son bien-être. L'heure qui donne à Paris le signal des fêtes donne ici le signal du repos. Concerts, bals, spectacles, commencent à sept heures, et se terminent à dix. Une demi-heure après, tout le monde est couché. En rentrant au logis, vous trouvez les lumières éteintes, les boutiques fermées, la ville endormie. Vous cherchez en vain un café ou un restaurant ouvert. Surtout, malheur à l'étranger qui s'égare à la poursuite de son domicile. Il marchera pendant une heure, avant de trouver une âme qui le remette dans son chemin; à moins qu'il ne rencontre un soldat ivre, lequel lui répond en polonais ou en hongrois, ou bien l'envoie sans malice tourner le dos à son quartier.

Les limites et le caractère de cet ouvrage ne nous permettent pas de tracer un tableau de l'histoire de Vienne. Je le regrette. Le lecteur assisterait avec intérêt à cette longue période de formation, pendant laquelle l'empire d'Autriche se fonda laborieusement et s'étendit par la conquête, par la ruse, par les alliances, par l'habileté à susciter l'occasion et à la saisir, enfin par je ne sais quel ascendant qui était dans ce peuple, et qui finit par lui soumettre de gré ou de force les nations

SCHŒNBRUNN.

LE DANUBE ALLEMAND ET L'ALLEMAGNE DU SUD.

voisines. Ses guerres avec les Turcs nous fourniraient l'occasion de raconter l'épisode le plus héroïque de son histoire, le second siége de Vienne, en 1683. Une poignée d'intrépides soldats, commandés par un véritable grand homme, le comte de Stahremberg, jura de s'ensevelir sous les ruines de la ville. Un autre grand homme les délivra : c'était Jean Sobieski, roi de Pologne. Comment, un siècle après, l'Autriche put-elle, je ne dis pas participer, mais seulement consentir au démembrement de ce malheureux royaume [1] ?

Les temps modernes nous offriraient le souvenir des grandes luttes de l'empire. La campagne de Vienne est pleine des noms glorieux et sanglants de nos victoires. A Schœnbrunn, résidence d'été des empereurs, nous trouverions la trace des pas de Napoléon. Lobau, Essling, Aspern et Wagram, sont des lieux à jamais mémorables. J'ai visité ces champs de guerre; j'ai recommencé ces batailles. C'est chose facile, grâce au récit de M. Thiers. Mais je n'éprouvais pas (l'avouerai-je?) ces élans dont j'étais transporté sous les murs d'Ulm, au pied du Michelsberg, dans la plaine qui vit défiler

---

[1] L'histoire des siéges de Vienne a été racontée avec un grand intérêt, chez les Allemands, par Schimmer (*Wien's Belagerungen*); chez nous, par M. Marmier (*Du Danube au Caucase*, p. 47). Voyez aussi la lettre de Jean Sobieski dans le recueil de M. de Plater, publié par Salvandy.

le général Mack et son armée prisonnière. Au patriotisme satisfait se mêle une invincible tristesse. Ils ont coûté trop cher, ces triomphes; ils sont trop voisins de nos désastres. Quelles effusions de sang! quelles hécatombes d'hommes! J'y songeais malgré moi, dans cette vaste plaine de Marschfeld qui monte vers Wagram. Jamais la guerre ne me parut si funeste et si dure.

Détournons-en les yeux. Détournons-les aussi des années qui suivirent la chute de Napoléon. A ne considérer que la politique, ces longues années de paix furent pour la monarchie sans profit et sans gloire. Au moment où j'écris, l'Autriche offre un spectacle plus intéressant. C'est celui d'un peuple qui s'essaie à l'usage de la liberté. La liberté! c'est son éternel honneur, et c'est la garantie de son existence, d'être l'unique remède aux maux enfantés par le despotisme. L'Autriche en fait sous nos yeux l'expérience. Renversée par l'explosion populaire de 1848, la politique oppressive de Metternich s'était relevée plus forte qu'avant sa défaite. Elle eût mené la monarchie dans l'abîme. Les grands coups de la guerre d'Italie, la crise qu'ils ont provoquée dans tout l'empire, la nécessité de s'appuyer sur d'autres bases que sur les bases ruinées de l'absolutisme, le cri de l'opinion, et ce progrès du temps auquel rien n'échappe, ont éclairé le prince et ses conseillers. Le diplôme d'octobre 1860 et celui de février 1861 ont fondé un commencement de gouvernement constitutionnel. Ce sont deux faits importants, les plus grands assurément qui se soient produits depuis un siècle dans l'histoire de la monarchie. Vienne en fêtait hier l'anniversaire.

Le Reichsrath (c'est le nom de la chambre législative) siége dans un grand édifice bâti à la hâte pour cet usage. On a comparé ses murailles de briques et de plâtre aux bastions crénelés d'une caserne qui est voisine. Celle-ci semble bâtie pour l'éternité; l'autre est comme une tente dressée pour un hôte de passage. Ceci n'est qu'un jeu d'esprit. J'ai entendu des bourgeois de Vienne s'expliquer différemment sur l'avenir du régime libéral en Autriche. Ils y avaient foi, et je crois qu'ils ont raison. C'est pour eux une question de dignité suprême. C'est pour l'empire une question de vie et de mort.

Quatre races bien distinctes de mœurs, d'origine et de langage composent les 32 millions de sujets autrichiens :

1° Les Slaves, se divisant en Tchèques, Polonais, Croates et Dalmates; ils sont au nombre de 16 millions;

2° Les Allemands, 8 millions;

3° Les Madgyars (Hongrois), 5 millions;

4° Les Gréco-Latins, 3 millions.

Toutes ces races ont été invitées à nommer des députés. Les Madgyars et les Croates s'y sont refusés. Le Reichsrath siége donc incomplet, incapable, aux termes de son mandat, de voter certaines lois d'intérêt général. Le budget même n'a pu être présenté que par violation de la constitution et par raison de salut public. Le vote du budget et l'exposé de la situation financière ont mis à nu les plaies faites par douze années de gouvernement absolu. Voici le pénible aveu que le ministre dut faire. En douze ans, la dette s'est accrue de treize cents millions de florins, l'impôt de six cents millions. Ajoutez cent millions provenant de la vente des domaines de l'État [1].

Trois partis se dessinent dans l'assemblée.

Les fédéralistes, composés des députés tchèques et polonais, voudraient attribuer les pouvoirs légis-

---

[1] Voici, sauf erreur, la part de chaque année dans le déficit :

1848.	81 millions de florins.
1849.	154 —
1850.	71 —
1851.	72 —
1852.	79 —
1853.	83 —
1854.	157 —
1855.	138 —
1856.	81 —
1857.	53 —
1858.	51 —
1859 (guerre d'Italie).	280 —

latifs aux diètes provinciales, c'est-à-dire investir les diètes de Prague, de Pesth, d'Agram, de la prérogative reconnue dans la patente impériale, au seul Reichsrath.

Les centralistes ont des vues entièrement opposées. Ils supportent impatiemment le réveil des nationalités, et réclament contre elles, au nom de l'unité de l'empire : c'est le parti allemand.

Enfin un tiers parti, celui du gouvernement, se groupe autour du ministre de l'empereur, M. de Schmerling. La majorité lui est acquise.

Cette majorité a déjà voté des lois importantes; un grand nombre d'autres lui sont soumises. Liberté de la presse, liberté religieuse, liberté d'enseignement, tout est à fonder. Et à ces questions si hautes vient s'en joindre une autre non moins grave, celle qui consiste à satisfaire dans leurs justes aspirations les Tchèques, les Polonais, les Madgyars, sans rompre le lien de l'empire, sans sacrifier cette unité sur laquelle repose l'existence d'une nation.

L'Autriche hérite d'une situation aggravée par bien des fautes. Il faudrait le génie d'un grand homme à la fois résolu et prudent, pour l'en faire sortir. Un grand ministre ou un grand roi, voilà ce qui lui manque depuis un siècle. Mais à la place du génie, c'est quelque chose que le patriotisme éclairé, l'intelligence des temps, la sincérité

dans la pratique du gouvernement, et la confiance dans les institutions libérales. C'est cette sincérité, c'est cette confiance qui ont le plus fait défaut à la politique autrichienne : politique cauteleuse, jalouse, craintive de tout éclat, de tout bruit, et, par amour de l'ordre, supprimant la vie; surtout politique sans franchise, qui emprunte aux plus mauvais jours de l'empire romain cette triste devise : *Divide et impera*. Un ambassadeur français vantait à l'empereur François les avantages que son gouvernement retirait de l'unité de population. « Mes
« peuples, répondit François II, sont étrangers
« l'un à l'autre; c'est pour le mieux. Ils ne pren-
« nent pas les mêmes maladies en même temps.
« Je me sers des uns pour contenir les autres. Je
« mets des Hongrois en Italie, des Bohêmes et des
« Italiens en Hongrie. Chacun garde son voisin.
« Au contraire, vous; quand la fièvre vient, l'ac-
« cès vous prend tous, et le même jour [1]. »

Tristes moyens, qui ont amené avec le temps la crise redoutable à laquelle nous assistons.

« Divise pour régner : profonde parole; unis pour gouverner: meilleure garantie. »

Cette maxime est de Goethe [2]. J'oserais la proposer aux hommes d'État dont les mains conduisent

---

[1] Saint-Marc Girardin, *Souvenirs de voyages*, etc.
[2] Goethe, *Pensées*.

les destinées de l'Autriche. Le règne absolu et la division n'ont enfanté que des maux : le gouvernement et l'union des peuples dans la liberté en ont guéri de plus grands.

LIVRE IV

AUTRICHE (IIᵉ PARTIE)

CHAPITRE XI

PRAGUE

La Moravie. — Brünn. — Le Spielberg et Silvio Pellico. — Prague. — Souvenirs des Hussites et de Jean Ziska. — Le Ghetto et le romancier du Ghetto. — La Moldau. — Le patron de la Bohême. — Le Hradschin. — Légendes. — Souvenirs historiques. — Ottocar, Jean l'Aveugle, et Charles IV. — Guerre de Trente ans. — *Défenestration* de Prague. — Wallenstein.

Je ne sais quel personnage de Shakespeare se vante d'avoir abordé en Bohême sur un vaisseau à toutes voiles. Cet homme n'aimait pas les sentiers ordinaires. Avec son sol élevé et ce carré de montagnes qui l'enferme, la Bohême est peut-être, de tout le continent, le point le moins exposé aux visites de la mer. Le jour où Prague sera port de mer, la moitié de l'Europe aura sombré dans les abîmes.

Voyageur moins fantastique, je suis parti de Vienne par le chemin de fer. Ce chemin, pour éviter les hauteurs, double son trajet, décrit une vaste courbe dans les plaines de la Moravie, semble gagner l'est, se rabat lentement sur la capitale des Tchèques, et s'y glisse par une échancrure des montagnes. Vue ainsi à vol d'oiseau, la Moravie n'offre rien de très-intéressant. C'est un terrain plat, monotone, sans accidents. On dit que les brumes et les frimas lui prêtent en hiver une beauté sauvage.

La contrée a donné naissance à une secte fameuse. L'origine des frères Moraves remonte au xve siècle. Ils vénèrent pour fondateur le curé Michel Bradacz. Ils s'appelèrent d'abord frères de l'Unité, ou bien frères Bohêmes. Ils étaient composés des derniers hussites, obstinément attachés à la foi de Jean Huss et de Ziska. La guerre de Trente ans fut pour eux cruelle. Ils goûtèrent ensuite un peu de repos. La ville de Fulneck, en Moravie, leur offrit un asile. C'est une vieille cité, sombre, crénelée, dans un site mélancolique, très-propre à inspirer et à nourrir l'exaltation de l'esprit. Ils se répandirent de là dans la contrée, dont ils adoptèrent et retinrent le nom. Il y eut à cette époque une sorte de consécration nouvelle et d'institution définitive de la secte.

Aujourd'hui les frères Moraves ne comptent guère plus de cent mille adeptes, dispersés en Allemagne, en Angleterre, en Hollande, en Amérique. L'Évangile est leur unique livre. C'est à la fois leur code civil, religieux et politique. Leurs mœurs sont austères comme celles des quakers anglais, mais avec moins de roideur. La bonhomie du pays natal se fait sentir sous la rigidité de la doctrine. Comme les quakers, ils se reconnaissent à la simplicité de leur extérieur et à la couleur sombre de leurs vêtements. Ils s'assemblent à certaines fêtes, pour des prières et des repas en commun. L'idée politique paraît effacée de leur secte. Ils poursuivent l'idée sociale, c'est-à-dire l'éternelle chimère de l'égalité du genre humain, de la paix universelle, du bonheur réalisé pour l'individu et pour l'État. La vieillesse est en grand honneur parmi eux. C'est l'unique distinction qu'ils voudraient admettre. Mais il leur faut bien accepter malgré eux celles de la sagesse, de la science, de la vertu, du talent : tant l'égalité est un rêve, même chez ces apôtres de l'égalité. Ils croient à une révélation constante, à une communication perpétuelle de la Divinité avec l'homme. L'état d'extase est fréquent chez eux, suite naturelle de ce dogme.

Quelques-uns, véritables illuminés, sont sujets à de longs sommeils, profonds comme des léthargies. C'est en Bohême surtout, où la nature âpre et sauvage agit violemment sur l'esprit et nourrit ces dispositions bizarres. Ajoutez l'empire de la tradition. De bonne heure ces hommes entendent de la bouche de leurs mères et de leurs nourrices des récits étranges, de fantastiques légendes du temps de leurs ancêtres. On y parle de grottes et de cavernes sous le lit mystérieux des fleuves, où les sages endormis pendant de longs jours étaient visités de l'Esprit, et d'où ils venaient eux-mêmes instruire et gouverner les peuples.

Brünn, capitale de la Moravie, ne paraît pas donner dans la chimère. C'est une ville industrieuse et commerçante; ses fabriques de draps, de cotonnades, de chapeaux, sont prospères. Elle est au pied d'une montagne, le Spielberg, laquelle porte une forteresse. C'est la fonction de toute montagne en Autriche. Je ne pense pas qu'il y ait au monde de pays plus fortifié, et je ne crois pas qu'il s'y trouve beaucoup de bastions qui n'aient reçu de nos boulets. Ceux du Spielberg ont entendu le canon d'Austerlitz. Austerlitz est un petit village situé à une poste environ, sur la route d'Olmutz. Je m'étais promis de visiter le champ de bataille. Rien ne rend belliqueux comme de voyager. Un orage affreux et une trombe d'eau diluvienne me forcèrent de rebrousser chemin. J'y perdis mon chapeau, dommage réparable dans une ville qui en fabrique par milliers. Voilà mes impressions sur le soleil d'Austerlitz.

Brünn et sa forteresse sont devenus célèbres par la captivité de Silvio Pellico. C'est là que l'infortuné languit pendant neuf années; c'est là qu'il laissa quelques-uns de ses compagnons de misère, dont les os reposent dans ce cimetière où il enviait leur place; enfin c'est là qu'il écrivit ces mémoires tout pleins de ses larmes, et qui ont fait depuis couler tant de larmes. *Le mie Prigioni* de Silvio est un des livres les plus vrais, les plus émouvants qu'on ait écrits, et cela nullement par art, mais par la seule éloquence des faits. Les romanciers dans leurs fictions ne sauraient aller au delà. Un écrivain dont l'imagination eût inventé ces scènes mériterait les honneurs décernés au génie. En parlant de Silvio, le mot de génie est impropre, et les seuls honneurs qui lui conviennent sont ceux qu'il a reçus, une pitié profonde, une universelle sympathie; car il n'a rien créé, mais il a tout souffert. Son mérite est de le raconter avec la candeur et la sincérité d'une belle âme.

J'arrive dans la ville de Prague, et le premier coup d'œil m'étonne un peu. Quoi! manque-t-elle de beauté? — Au contraire, elle en a trop.

Ces capitales d'empires issus du moyen âge, et disparus avec lui, dont le passé fut glorieux, et qui l'expièrent par de longs siècles de douleurs; ces villes que l'histoire représente éternellement ballottées entre la révolte et l'oppression; tantôt déchaînées contre leurs maîtres, tantôt écrasées de représailles et noyées dans le sang, l'imagination n'attend pas de les avoir vues pour s'en faire une image. A ces drames de l'histoire, il faut une scène triste et lugubre comme eux. Les événements sinistres font rêver un lieu plus sinistre encore, et l'on ne doute pas que les murs n'aient gardé la trace de tant de misères et de larmes. C'est un mirage. Je m'en suis bien aperçu dans la ville des Tchèques. Ces opprimés habitent la plus somptueuse capitale de toute l'Allemagne. On dirait une ville bâtie par un Louis XIV allemand, auquel n'auraient manqué que Mansard et Perrault. Chaque monument est fortement empreint de pesanteur autrichienne; mais les proportions ont quelque chose de grand, et l'ensemble est fastueux. J'avais peine à m'y résigner. Venir dans la patrie de Jean Huss, de Ziska et de Procope, et se croire à Nantes ou à Bordeaux! Avoir devant soi des rues spacieuses, bordées des plus riches magasins du monde, de magnifiques boulevards, où circulent des calèches et des cavalcades! Voir des palais, des marchés, des statues, des fontaines de bronze et de marbre, dédiées aux derniers empereurs, et décorées de leurs images! Prague est-il tout entier ainsi? — Non, Dieu merci. Il y a une autre ville ; mais il faut la découvrir. Çà et là, une vieille tour, haute et crénelée, dressait dans le lointain ses pignons pointus. J'y courais, et je reconnaissais les restes des constructions féodales. Je me servais de ces débris pour recomposer la ville du xv° siècle. Dans cette course pleine de charme à la poursuite du passé, j'arrivai, guidé par un vieux clocher, sur la place de l'hôtel de ville. Elle m'arracha un cri de satisfaction. J'échappais enfin au style officiel et moderne. Je sortais du banal et du convenu ; je rentrais du même coup en plein moyen âge, en pleine renaissance. Prague s'offrait à peu près telle que je l'avais conçue, non pas aussi sinistre, mais aussi curieuse, avec des monuments de forme originale et saisissante. D'un côté c'était la tour de l'hôtel de ville, presque nue sur ses flancs quadrangulaires, crénelée à son faîte, couronnée de pignons, et à sa base ornée de trèfles, de vitraux et d'ogives; de l'autre, une église suspendait sur ma tête son double clocher hérissé de pointes. Le gothique, en Bohême, offre cela de particulier : la flèche, au lieu de s'élever toute nue, engendre à sa tige quatre flèches plus menues, et quatre autres à la moitié de son trajet, lesquelles s'accrochent et se groupent autour de

PRAGUE.

LE DANUBE ALLEMAND ET L'ALLEMAGNE DU SUD.

ses flancs. De ce faisceau surgit la flèche centrale. J'ai ouï dire que c'était une forme propre aux Slaves. Je ne sais si on ne la retrouverait pas ailleurs. Quoi qu'il en soit, l'effet est très-frappant. Dans l'église de Prague, il est doublé par le clocher jumeau, qui reproduit la même disposition. Représentez-vous ces faisceaux de flèches élancées dans l'air, fixez sur chaque pointe une étoile d'or; faites que ces étoiles étincellent au soleil ou luisent vaguement dans la nuit, vous n'aurez rien vu de plus rare et de plus imprévu.

L'histoire des troubles civils et religieux qui ont agité Prague est tout entière écrite sur les murs de son hôtel de ville, et sur la place qui les entoure. C'est dans ce lieu que Jean Huss parut souvent, suivi de ces milliers d'étudiants qui faisaient à leur recteur une garde princière. Ils l'aimaient, et tout le peuple l'aimait aussi; car il était du peuple comme eux, issu de simples paysans, une pauvre *oie* de Bohême, comme il s'appelait lui-même en jouant sur son nom. Il avait une bonté douce dans un vaillant cœur; avec cela une vaste science, une vertu austère, une certaine éloquence. Surtout il était attaché aux anciennes coutumes et à la gloire des ancêtres. Il avait remis en honneur les vieux souvenirs, et restauré la langue nationale, presque oubliée des siens. Il rêvait pour sa patrie un règne comme celui d'Ottocar et de

Charles IV, et se montrait en tout l'ardent champion des Slaves, l'ennemi redoutable des Allemands. C'est lui qui les fit exclure de l'université. Prague perdit du même coup vingt-cinq mille étudiants, sur trente mille qui fréquentaient ses cours. Les universités de Heidelberg, de Leipzig et de Cracovie se fondèrent avec ces débris. Même dans les réformes religieuses, c'est la passion politique qui l'inspire. Le dogme du calice, la communion sous les deux espèces, le festin mystique changé en un banquet où le pain se rompt par les mains d'un peuple entier, où le vin circule dans des coupes de bois, symbole de l'égalité, qu'est-ce autre chose qu'un retour vers le passé, un gage de patriotisme, placé sous la tutelle sacrée de la foi? De là l'immense popularité du novateur. Il ajoutait au sentiment national l'ardeur du sentiment religieux; il fermait aux Allemands l'entrée du temple, comme il les avait chassés de l'université; il les excluait de la communauté des prières; il jetait entre son peuple et eux l'abîme des inimitiés religieuses.

Lorsqu'il partit pour Constance, une grande foule l'attendait sur la place. Il parut, appuyé sur son disciple Jérôme. Une grande acclamation se fit entendre. Il y répondit par de touchants adieux, promettant de revenir bientôt. Nous savons quelle destinée rendit cette promesse vaine. Sa mort livra la Bohême aux plus horribles calamités. De Prague et des campagnes de la Bohême sortit un peuple de sectaires et de soldats. Le cri de mort retentit contre les Allemands. Ce fut une guerre d'extermination. Des crimes odieux et innombrables y furent commis de part et d'autre. « Les mœurs du temps étaient farouches et impitoyables sur toute la face de la terre. L'esprit de parti et le fanatisme religieux la rendirent plus terrible encore, et la Bohême fut l'épouvante de l'Europe. Ce ne sont d'une part que meurtres, incendies, pestes, bûchers, destruction, églises profanées, moines et religieux mutilés, pendus, jetés dans la poix brûlante ; de l'autre, que villes détruites, pays désolés, trahisons, mensonges, cruautés, hussites jetés par milliers dans les mines, comblant les abîmes de leurs cadavres, et jonchant la terre de leurs ossements et de ceux de leurs ennemis [1]. »

Les hussites mirent à leur tête un homme en qui se personnifièrent les passions de son pays; homme étrange, à la fois prophète et général, dur aux siens et funeste aux ennemis, vengeur impitoyable des maux soufferts, auteur de maux cent fois plus cruels, guerrier intrépide, et qui serait le héros de cette guerre, s'il n'en était le démon

---

[1] Georges Sand, *Consuelo*

et l'horreur. Tel est Jean Ziska. La guerre l'avait affreusement mutilé. Il avait successivement perdu les deux yeux, et leurs plaies béantes rendaient horrible l'expression de son visage. Il n'en marchait pas moins à la tête des siens, sur un char conduit par deux braves de son armée, le casque sur la tête, la cuirasse sur le dos, les yeux couverts d'un bandeau ensanglanté. Des noms sinistres marquent pour le voyageur les lieux où il passa.

« Durant une nuit profonde, le farouche aveugle ayant commandé à sa troupe de donner l'assaut à la forteresse des Géants, alors gardée pour l'Empereur par les Saxons, il avait entendu murmurer ses soldats, et un entre autres dire non loin de lui : « Ce maudit aveugle croit que pour agir chacun peut comme lui se passer de lumière ! » Il y avait auprès, à droite, sur une éminence, un village. Ziska fait appeler le soldat mécontent : « Enfant, lui dit-il, tu te plains des ténèbres ; va-t'en bien vite mettre le feu au village qui est sur l'éminence, à ma droite, et à la lueur des flammes nous pourrons marcher et combattre. » L'ordre fut exécuté. Le village incendié éclaira la marche et l'assaut des hussites. Le lendemain, au jour, on remarqua et on lui rapporta qu'un chêne était resté debout et verdoyant sous les décombres du village.

A ses pieds était une citerne. « Je connais la citerne, dit Jean Ziska. Dix de nos frères y ont été enfermés par les habitants de ce village, et y sont morts. Qu'elle leur serve de tombeau. Quant au chêne, c'est une superbe potence, qu'on y attache vingt moines augustins. L'ordre barbare fut exécuté. Depuis lors la pierre de la citerne fut appelée *la pierre d'épouvante,* et le chêne *le hussite :* sombres renommées [1] ! »

En 1419, la capitale de la Bohême tomba aux mains de ce furieux. Ce fut pour les hussites un court moment de triomphe. J'en retrouve le souvenir sur la place où je suis encore. C'est là que le peuple assemblé reçut de l'évêque Augustin le pain et le vin, et que, suivant l'usage de la primitive Église, les fidèles se donnèrent, après l'agape, le baiser de paix. C'est de là encore qu'au tocsin du donjon sonnant la vengeance, les soldats de Ziska se précipitèrent dans les églises, brisèrent les statues, déchirèrent les images, profanèrent les vases sacrés, dépouillèrent les autels de leurs ornements et le temple de ses insignes. Ce fut une dévastation impie, et c'est pour l'art une perte irréparable. Un contemporain la déplore.

« Nulle part je n'ai vu, dit-il, des églises plus nombreuses, plus augustes, ni plus riches qu'en Bohême. Partout des temples, aux dimensions magnifiques, qui s'élèvent vers le ciel; des voûtes

---

[1] Georges Sand, *Consuelo.*

de marbre; des autels, pour ainsi dire, suspendus dans les airs, et chargés de l'or et de l'argent où étaient contenues les saintes reliques; les vêtements pontificaux brodés de perles, les ornements somptueux, les vases sacrés splendides. Des fenêtres larges et spacieuses laissaient passer le jour à travers des vitraux magnifiques et d'un travail merveilleux. La fureur des hussites a tout anéanti [1]. »

Le même chroniqueur fait le tableau suivant des soldats de Ziska, dans leur ville fortifiée de Tabor :

« Nous envoyâmes demander l'hospitalité aux Taborites. Ils reçurent avec empressement nos envoyés, donnèrent leur parole, et vinrent à notre rencontre. C'était un spectacle curieux que celui de cette foule en désordre et grossière, malgré son désir de nous rendre honneur. Le temps était froid et pluvieux. Parmi eux les uns étaient nus, d'autres vêtus seulement d'une chemise, ceux-là de peaux de bêtes. Les cavaliers manquaient de selle, de mors ou d'éperons. Celui-ci était botté, l'autre allait nu-jambes. L'un n'avait qu'un bras, l'autre qu'un œil; et c'était, comme dit Virgile, un horrible mélange d'oreilles arrachées, de nez mutilés et sanglants. Nul ordre dans leur marche, nulle mesure dans leur langage. Ils nous reçurent en

---

[1] Æneas Sylvius, *Historia Bohemica*, cap. XXXVI.

sauvages et en barbares. Nous entrâmes dans la ville. Au côté extérieur de la porte, il y avait deux boucliers; sur l'un était peint un ange avec un calice, qui semblait inviter le peuple à communier sous l'espèce du vin; sur l'autre, on voyait Jean Ziska vieux et aveugle. Un aveugle, voilà le chef que les Taborites ont suivi, accomplissant en eux cette parole du Sauveur: « Lorsqu'un aveugle con-
« duit un aveugle, tous deux tombent dans la fosse
« creusée sous leurs pieds [1]. »

Quand j'eus quitté cette place si féconde en souvenirs, je m'engageai avec une nouvelle ardeur dans les rues de la ville. Après de longs détours dans des quartiers équivoques, j'arrivai à la ville juive. Qu'on imagine un dédale de ruelles infectes, où le pied glisse dans une fange humide qui résiste à la plus âpre sécheresse; des maisons vermoulues, délabrées, branlantes, pointues par le haut, minées par le bas, suintant l'humidité, si serrées et si entassées, que le soleil dore leurs toits sans jamais visiter le pied des murailles; à toutes les fenêtres, des vitres sales, qui donnent à la face humaine un air cadavérique; des linges flétris, des guenilles suspendues en guirlandes, et que le vent fait danser sur la tête du passant; en bas,

---

[1] Epistola Æneæ Sylvii ad reverendissimum Dominum Johannem de Carvajal, Cardinalem. — Apud *Historiam Bohemicam*.

des boutiques obscures, malsaines, livrées au commerce des fripiers et des revendeurs, tristes bazars où s'entassent des monceaux d'objets sans nom; sur le seuil, et jusque sur les pavés, une population misérable, chétive, à l'air craintif, aux regards inquiets; des vieillards en haillons, des femmes défroquées, des enfants à demi nus, qui se roulent dans la boue du ruisseau; de jeunes garçons et de jeunes filles au teint hâve, prématurément flétris dans cet air vicié : tel est le quartier des Juifs. Je voulais du sinistre, je voulais de l'horrible; je n'avais plus rien à souhaiter. Mon rêve avait pris des formes visibles; ma chimère devenait réalité. J'en étais oppressé. L'imagination supporte les tableaux qu'elle enfante; elle purifie tout dans l'idéal. Quand la nature nous les présente, le dégoût nous saisit. L'idée de l'homme jouet et victime de l'homme est insupportable. Le pittoresque s'évanouit où se fait sentir la souffrance. Et quelles souffrances que celles qui depuis mille ans ont eu pour témoins ces murailles? Demandez-en le récit à ces maisons infectes, à cet air empesté, aux faces dégradées de ces pauvres êtres qui fuient le regard.

La voilà, la ville opprimée que je souhaitais voir! Voilà le passé après lequel je me hâtais. Goethe enfant allait, dans la rue des Juifs de Francfort, évoquer l'image du moyen âge, et de ces impressions d'enfance naquit plus tard son drame de *Goetz*. Il n'avait point vu le ghetto de Prague. L'horreur lui eût ôté le courage d'écrire. J'ai cherché un visage serein dans cette foule qui grouillait autour de moi. J'ai vu partout la même expression de misère et d'abjection. C'est une plaie incurable, triste conséquence de dix siècles d'oppression!

Dès mon entrée dans la rue d'Or (ainsi s'appelle comme par dérision la principale rue du ghetto), une nuée de mendiants s'étaient attachés à moi, et me tendaient leurs doigts crochus. Je me fis conduire par l'un d'eux à la synagogue. Prague a plusieurs synagogues. Celle qu'on appelle ainsi, comme par excellence, est la plus ancienne. Hélas! la maison de Dieu, chez ce peuple infortuné, ne vaut pas mieux que la demeure de l'homme. Quelle sombre prison! Pas de fenêtres : le jour pénètre par de longues embrasures étroites comme des meurtrières. On distingue, dans cette obscurité, des voûtes de briques émiettées par le temps, des piliers à demi ruinés, un pavé disjoint, usé, creusé; des murs où la fumée des lampes a déposé de larges taches noires; des siéges et des pupitres de bois souillés et sordides.

Muni d'un flambeau, le *schamess* ou bedeau me montra le voile du sanctuaire, d'une étoffe flétrie, brodée de caractères d'or, l'autel tout poudreux

24

de vétusté, le chandelier mystique. Il me fit lire la prière traduite en hébreu et en allemand, que l'on chante pour l'empereur; enfin il me conduisit au lieu réservé pour les femmes. C'est un caveau obscur, qu'un soupirail met en communication avec la synagogue. Je m'éloignai de ce lieu l'âme plus accablée qu'en y entrant. Est-ce là que ces malheureux viennent chercher le soulagement dans la prière? Est-ce là qu'ils viennent consoler leurs cœurs et se rafraîchir aux eaux vives de la parole sacrée? Pour moi, je me rappelais involontairement les paroles de l'Évangile : « Ma maison est « une maison de prière, et vous en avez fait une « caverne de voleurs. » Souvenir injuste. Cette misère, cette antiquité, ces ruines sont pour eux vénérables. C'est ce qui leur reste de leurs ancêtres. Ces pierres ont vu leurs larmes, ont entendu leurs plaintes; et ce qu'elles entendent, c'est encore des plaintes et des larmes.

Du temple je me dirigeai vers le cimetière. Les guides appellent cela une *curiosité*. C'est plutôt un objet triste et sacré. Que de générations y sont ensevelies! Les pierres y sont entassées comme les épis dans un champ. Elles sont debout, enfoncées par leur propre poids dans la terre; quelques-unes à moitié disparues, d'autres penchées ou renversées. Des inscriptions en langue hébraïque, des symboles attirent le regard. Une grappe de raisin désigne les enfants de la tribu d'Israël ; deux mains enlacées, celle des Aaronites ; le lévite a une urne, souvenir de celle qu'il verse sur les mains du prêtre. Chaque pierre est chargée sur ses bords de petits cailloux, de fragments de briques rompues. Ce sont les offrandes des parents à la mémoire du défunt. Les Juifs témoignent ainsi de leur fidélité envers les morts. Un étroit sentier chemine entre les tombes. Il est obstrué d'herbes et d'arbustes, qui croissent en abondance dans ce lieu. Ce sont des sureaux et des viornes, dont les troncs noueux et contournés rampent et se tordent sous les pieds. Rien n'ajoute davantage à l'aspect lugubre des lieux. L'impression en est très-vive. Elle l'aurait été beaucoup plus sur moi, si j'avais joui de la solitude. Mais il me fallut subir la compagnie d'un gardien loquace, auquel m'avait livré mon guide. C'était un petit Juif, crochu par le dos et par les jambes, plus crochu par les mains. Ses doigts, maigres et velus, semblaient harponner dans mon portefeuille les chiffons de papier que j'apprêtais pour son pourboire. Son pied boiteux ne l'empêchait pas de courir d'un pas alerte parmi les tombes. Chaque fois que le frôlement de son habit faisait tomber une de ces petites pierres, il la ramassait pieusement et la replaçait. Il me montra la plus ancienne sépulture. S'il en faut croire les rabbins, elle remonte à l'année 632 de l'ère chrétienne. Tel est le chiffre gravé dessus ; mais l'authenticité est loin d'en être démontrée.

Depuis ma visite à Prague j'ai revu le ghetto sous un autre aspect, dans les récits d'un romancier, juif et bohême de naissance, M. Léopold Kompert [1]. Dans cette sentine infecte, dans ce bourbier où tout un peuple se consume, le narrateur a su, qui le croirait? faire éclore les fleurs de la plus suave poésie. Le ghetto s'embellit et se colore sous son pinceau. Elle a ses jours de fête, cette cité dolente, soit que le sabbat étende sur elle les plis de « son manteau royal », soit que le *Holemoëd* (c'est le nom d'une fête juive) ramène un jour de trêve et d'espérance dans le temps du jeûne.

« Est-ce que les oiseaux ne chantent pas plus haut qu'à l'ordinaire? Le soleil ne brille-t-il pas d'une manière plus joyeuse? Il jette ses rayons comme autant de pelotons d'or sur les pignons étroits et pointus du ghetto. Aujourd'hui la nature elle-même célèbre le Holemoëd. »

L'homme imite la nature. Il oublie ses maux ; au lieu des haillons de la semaine, il met ses habits de fête. « Voyez ce pauvre colporteur, comme

---

[1] *Scènes du ghetto* — *Juifs de la Bohême*, par L. Kompert, traduits tous deux en français par Daniel Stauben.

il s'en vient là les mains négligemment croisées derrière le dos, fredonnant un air qu'hier pour la première fois le chantre a entonné dans la synagogue; son chapeau de sabbat admirablement brossé sur la tête, vêtu de sa vieille redingote quelque peu râpée, et qui l'a suivi si longtemps dans ses tournées aux villages voisins, et sur laquelle cependant sa cravate blanche fait descendre comme la douce poésie du jour de fête. Avec cette figure souriante, calme et déridée, le pauvre colporteur n'est-il pas le Holemoëd vivant et incarné [1]? »

Ce livre, ai-je dit, m'a fait voir la ville juive sous un autre aspect. Oui, car dans ces pauvres toits d'où je me détournais, j'entre avec lui pour consoler des douleurs, pour essuyer des larmes. Chaque récit me livre le secret d'une affliction, et à la place du dégoût je sens naître une involontaire pitié, une profonde commisération.

M. Kompert me fait assister à des drames touchants. Les souffrances des épouses et des mères sont partout augustes et sacrées; partout elles obtiennent des larmes de la tendresse humaine. Quelles nobles figures traversent maintenant ces rues! Mais qu'elles sont tristes! Quel témoignage douloureux de l'affliction des âmes!

---

[1] L. Kompert, *Scènes du ghetto*.

Et ce n'est pas seulement les misères communes à toute l'humanité qui désolent le ghetto. C'est la condition de l'homme en tout lieu, de souffrir comme fils, comme père, comme époux, comme amant. Les Juifs souffrent, comme sujets, les plus cruelles blessures. Il y a cent ans, c'étaient des parias. C'était peu d'être enfermés dans cette ville maudite; ils portaient au bras droit un lambeau d'étoffe jaune, pour les distinguer des chrétiens. Ce dernier signe a disparu; il n'en est pas besoin pour reconnaître ces êtres tourmentés et inquiets. Les lois du moyen âge se sont pour tous les autres adoucies ou abolies; pour eux seuls elles subsistent dans leur implacable dureté. « La nouvelle législation de notre patrie a affranchi le sol; elle a appelé le peuple dans les champs et dans les conseils communaux; mais pour nous elle n'a pas su trouver une ligne, pas un mot. » Ainsi parle, dans M. Kompert, un Juif du ghetto.

Les rigueurs de la loi civile les frappent dans ce qu'ils ont de plus cher, dans la vie domestique, dans la famille. Un édit ancien fixe à quelques milliers le nombre de familles juives autorisées et reconnues sur le sol de la Bohême. L'aîné des fils hérite seul du droit de famille, et devient, selon le terme consacré, *familiant*. Les autres enfants achètent, moyennant une grosse somme, ce titre que le caprice des magistrats et des seigneurs peut refuser. Mais le pauvre colporteur, le pauvre paysan de campagne en demeure éternellement privé. La loi le reconnaît incapable de contracter mariage. En vain le rabbin bénit son union et bénit les fruits de cette union. Les époux sont rejetés de la société civile, et leurs enfants déclarés bâtards. Les Romains avaient imaginé le *concubitus* pour leurs esclaves; il y a en Bohême des milliers de familles, victimes de la même flétrissure.

M. Kompert s'est fait l'avocat éloquent de ces misères. Il a mis à nu ces plaies. Il a fait plus; il indique à ses coreligionnaires le moyen de les guérir. C'est par là que son livre acquiert un prix auquel peu de fictions peuvent prétendre. C'est plus qu'une protestation généreuse, c'est un manuel de sagesse pratique et de moyens réparateurs. Pour abaisser ces barrières d'inégalité civile et politique, pour arracher ces droits qu'on lui dénie, que le Juif de Bohême secoue ses préjugés, sorte de son ornière, qu'il cesse d'exercer des métiers décriés et des industries équivoques; qu'il entre par le travail dans le corps social; qu'il y soit utile et nécessaire; qu'il se fasse couvreur, charpentier, forgeron, charron. Une répugnance séculaire, de longues traditions l'en éloignent; qu'il en triomphe! C'est là qu'est pour lui le salut. « O jeune forgeron, continue à marteler « ainsi. Chaque coup qui tombe sur ton enclume

« brise un anneau de la chaîne d'esclavage de ton
« peuple, et résonne comme un salut donné à
« l'ère nouvelle. Martèle, martèle toujours. »

Personne n'ignore que Prague est arrosée par la Moldau. On traverse le fleuve sur un pont, qui est un des monuments les plus chers aux habitants. Il fut commencé sous le roi Charles, en 1358. Sa construction dura près d'un siècle et demi. Des portes crénelées et des tours aux pignons multiples, dans le goût slave, lui donnent un caractère féodal : on dirait une citadelle jetée sur le fleuve. Dans l'origine, le pont était nu. Au centre s'élevait seulement un grand crucifix de pierre, et en face une statue de la Justice. Une large dalle était scellée à ses pieds. On n'y pouvait passer sans horreur, car à certains jours elle était humide de sang. C'était le lieu des exécutions capitales. Là, le bourreau tranchait la tête aux condamnés; leur cadavre, précipité dans la Moldau, n'avait pas d'autre sépulture. Aujourd'hui le pont est orné sur toute son étendue de groupes de marbre, qui lui font, à droite et à gauche, une magnifique décoration. Tous représentent des sujets pieux; ce sont des trinités, des calvaires, des vierges glorieuses. Je n'ai pas compté moins de soixante personnages de grandeur naturelle qui pyramident sur le fleuve.

Une de ces statues est, entre toutes, l'objet de la vénération publique. C'est celle de saint Jean Népomucène. Que de pauvres gens j'ai vus déposer leur fardeau et s'agenouiller dans la poussière devant son image! Combien j'en ai vu allumer des lampes votives, suspendre des fleurs et des couronnes à ses pieds. Ils se relevaient plus sereins, portant plus légèrement le fardeau des peines intérieures. Saint Jean Népomucène est le patron révéré de toute la Bohême. Sa mort donne un admirable exemple de fermeté religieuse et de morale. Il était, sous Wenceslas l'Ivrogne, aumônier de la reine. Il refusa de livrer au prince le secret de la confession, et fut précipité par son ordre dans la Moldau. Le meurtre avait été commis secrètement; mais le lendemain le cours du fleuve s'arrêta, et une croix lumineuse formée par cinq étoiles apparut à la place où le saint avait péri. En mémoire de ce fait, la tête du martyr, dans toutes ses images, est couronnée de cinq étoiles d'or, et les lampes qui brûlent à ses pieds sont en forme d'étoiles. Son tombeau est dans la cathédrale de Saint-Witt. Le saint est représenté en prière sur sa propre tombe; quatre anges suspendent sur sa tête un dais de pourpre. Le monument, comme les personnages, est d'argent massif. Il n'attire pas moins d'affluence que la statue de la Moldau. Des pèlerins y viennent de toute la Bohême. Ils récitent avec ferveur les paroles que l'Eglise a consacrées pour l'office du saint :

« Reçois, ô bienheureux Jean, les prières sup-
« pliantes que nous t'offrons, ô toi notre conseil.
« Ne nous laisse pas devenir infâmes durant la
« vie; et, après notre mort, porte notre âme dans
« les cieux. »

La foi politique, qu'il ne faut jamais séparer en Bohême de la foi religieuse, a vu, dans le martyre du saint, une leçon et un exemple. Il était de la vieille souche des Tchèques, et il mourut victime de sa résistance à un maître injuste; c'est assez pour voir en lui le patron du patriotisme opprimé par la domination allemande. En 1848, dans cette insurrection qui ensanglanta la ville, quand le parti national eut succombé sous les balles des régiments autrichiens, une légende se répandit dans la ville. Saint Jean, disait-on, avait maudit ces hommes qui s'étaient laissé vaincre, et sa statue avait détourné la face d'une ville faite pour l'esclavage.

Aussi le Juif même se découvre et s'incline devant cette image, et l'un d'eux, le plus illustre (j'ai nommé M. Kompert), lui a rendu cet hommage : « De tous les saints de l'Église catholique,
« saint Jean Népomucène est celui dont la glo-
« rieuse auréole répand le plus loin son éclat. Des

« flots silencieux de la Moldau est sorti, il y a des
« siècles, un rayon lumineux qui, jusqu'à ce jour,
« se projette sur des milliers d'âmes. »

Au delà du pont, la rive de la Moldau s'escarpe; une colline, presque une montagne, s'avance dans le fleuve. C'est le Hraschin. On dirait une seconde ville en face de la première. Elle compte, peu s'en faut, autant de monuments, de places, de palais et de rues; mais que ces rues sont escarpées! Je ne sais comment les voitures peuvent aller jusqu'au haut. Des escaliers, presque des échelles, abrégent le trajet au piéton. C'est encore une pénible ascension. Je l'ai faite vingt fois, jurant toujours que c'était la dernière. Mais le panorama de la colline fait tout oublier. La vue s'étend sur le fleuve, sur la plaine, sur les coteaux, sur les ravins boisés de la Fosse-aux-Cerfs, sur Prague enfin, Prague, étalée le long de l'eau, couronnée de mille flèches, et d'où s'élève cette rumeur si douce à entendre, des grandes villes et des grands peuples.

« O capitale du monde! ô cité trois fois grande! triple ville! honneur de la Bohême! de la belle Libyssa, fille plus belle encore! » C'est ainsi qu'au siècle dernier un chroniqueur, du lieu où je suis, célébrait Prague et son millième anniversaire [1].

---

[1] Hammerschmidt, *Prodromus gloriæ Pragenæ;* 1723.

Le Hraschin est le berceau de Prague et de son histoire; histoire légendaire, dont quelques épisodes ont un grand charme de naïveté. J'en détache un seul : c'est le mariage de Przémysl avec Libyssa, reine des Slaves. Le voici d'après la chronique latine de Sylvius Æneas.

« Libyssa, fille de Crok, regardée comme magicienne, reçut de la faveur du peuple le gouvernement de la contrée, et éleva la citadelle de Wissehrad, dont la fondation est antérieure à celle de Prague. Son gouvernement fut très-agréable aux grands et au peuple. A la fin, pourtant, un acte, non de cruauté ni de tyrannie, mais de justice, lui fit perdre la faveur de ses sujets. Deux seigneurs se disputaient devant elle la possession d'un champ. La sentence, prononcée selon l'équité, donna raison au plus faible sur son rival plus puissant. Ce dernier se crut atteint par cette victoire du droit sur la force; il appelle ses concitoyens : « Il est honteux, il est indigne, leur dit-il, de voir une grande nation et de puissants seigneurs soumis à l'empire d'une femme! » Ses paroles ameutent la foule; elle maudit ce règne d'une femme, invoque l'exemple des nations voisines, et demande un roi. Libyssa impose silence, et prend la parole : « Elle a entendu, dit-elle, les vœux de son peuple, et ils ne seront pas trompés. Puis elle les convoque pour le lendemain. On lui obéit, et le lendemain le peuple accourt.

«Jusqu'à ce jour, leur dit Libyssa, mon sceptre a été doux et clément comme celui d'une femme. Je n'ai dépouillé, je n'ai violenté personne; vous avez eu plutôt une mère qu'une reine. Aujourd'hui mon règne vous déplaît; soit. Soyez libres, je ne vous jugerai plus. Vous voulez un homme pour vous juger, je vous le donnerai. Allez chercher mon cheval blanc; qu'on le harnache; qu'on l'amène dans l'immense plaine; qu'on lui ôte le frein, et qu'on le lâche ainsi, en le suivant partout dans sa course. Le cheval courra quelque temps, pour s'arrêter enfin devant un homme qui prend son repas sur une table de fer. Cet homme sera mon époux et votre roi. »

« Ces paroles furent agréables au peuple. On lâche le cheval, qui franchit au galop l'espace de dix mille pas. Enfin il s'arrête sur les bords du fleuve Béléna, devant un laboureur appelé Przémysl. Les grands et le peuple qui l'avaient suivi, voyant le cheval arrêté devant le laboureur qu'il flattait et qu'il caressait, s'approchent: « Salut, lui disent-ils, toi que les dieux nous ont donné pour prince. Détèle tes bœufs, monte à cheval, et suis-nous. Libyssa te veut pour époux, et la Bohême pour roi. » Et Przémysl, tout rustre qu'il est, leur répond avec douceur et se rend à leurs vœux: tant le désir du trône est grand chez les hommes, tant il n'est personne qui ne se croie digne de régner. Il détèle ses bœufs, qui furent, dit-on, enlevés en l'air, et ensevelis dans les flancs d'une caverne profonde, sans qu'on les ait jamais revus. L'aiguillon qui servait à les mener et était encore planté en terre, se couvre soudain de feuilles et produit trois branches de coudrier. De ces branches deux se séchèrent sur-le-champ ; la troisième grandit et devint un arbre immense...

« Przémysl, instruit de tout, retourne sa charrue, y pose son pain et son fromage, et mange en homme qui va faire une longue route. Ce fait confirma encore les Bohêmes, qui reconnurent dans cette charrue retournée la table de fer dont Libyssa avait parlé. On l'entoure avec une crainte respectueuse, et, son repas fini, on le fait monter à cheval. Chemin faisant, on lui demande le sens des deux rameaux flétris et de la branche couverte de feuilles. Przémysl, versé dans l'art divinatoire, répond qu'il aura trois fils, dont deux mourront prématurément, dont le troisième portera des fruits glorieux; que, s'il eût achevé de labourer son champ avant l'arrivée des députés, sa descendance mâle eût éternellement gardé le trône; mais, qu'appelé avant le temps, il devait renoncer à cette espérance. Comme on lui demandait pourquoi il emportait avec lui sa grossière chaussure de bois de chêne, il répondit qu'il fallait la garder dans la citadelle de Wissegrad et la montrer à la postérité, pour qu'on sût bien que le premier roi de Bohême avait été tiré de la charrue, et que cette vue corrigeât l'orgueil de quiconque, sorti de race obscure, s'élèverait jusqu'au trône. Cette chaussure est conservée en Bohême avec une grande vénération; et, au sacre des rois, les prêtres de Wissegrad la portent devant le prince que l'on couronne. »

Przémysl fonda, avec Libyssa, la ville de Prague pour être la capitale du royaume. La ville commençait à s'élever, et ils ne savaient quel nom lui donner. Un jour qu'ils visitaient les travaux, ils convinrent que le premier mot que dirait un ouvrier serait le nom qu'ils cherchaient. Ils s'arrêtèrent devant un charpentier. « Que fais-tu là? lui demanda la reine. — *Praha,* » répondit l'artisan, c'est-à-dire, en langue bohême, une porte. Et la ville fut appelée Praha. C'est encore son nom en langue tchèque; les Allemands en ont fait Praga, comme de Wissehrad ils ont fait Wissegrad.

Lorsque Prague fut terminée, la reine monta sur une des collines qui l'entourent, bénit la ville, et, dans un transport prophétique, lui découvrit sa grandeur future.

Sa prophétie s'est réalisée. Prague fut durant plusieurs siècles la capitale d'un puissant empire;

car c'était un grand peuple que ces Slaves gouvernés par une femme. L'Europe n'en vit pas de plus ardent, de plus impétueux, de plus hardi. « Comme la Bohême est sous l'influence du Lion, « dit un chroniqueur, de même ses habitants ont « les qualités de ce noble animal. Leur poitrine « élevée, leurs yeux étincelants, leur épaisse che- « velure, leurs membres vigoureux, leur force, « leur courage, leur résistance aux obstacles, tout « montre que le Lion est leur astre, comme il est « leur enseigne [1]. »

Nulle part le génie d'un peuple ne s'affirme avec autant de force que dans ses chants nationaux. Des fragments d'épopée en langue slave, découverts il y a peu d'années en Bohême, donnent un précieux moyen de connaître celui-ci. Parmi ces fragments il y a un chant de guerre comme peu de poésies primitives peuvent se flatter d'en avoir; on le dirait écrit sur le champ de bataille par un soldat ivre de sang et de victoire. Le nom du poëte a péri : tant mieux; il me plaît davantage d'en faire honneur à l'esprit de la nation. L'époque du poëme est l'invasion des Tartares-Mongols, sous le règne de Wenceslas (vers 1241) : date glorieuse pour la Bohême. Un intrépide général, Jaroslaw de Sternberg, avec une poignée d'hommes

---

[1] Dubravius, évêque d'Olmutz.

soutint le choc d'une armée formidable, leur fit mordre la poussière sous Olmutz, et, comme Charles Martel à Poitiers, sauva l'Europe du torrent de l'invasion.

« Malheur! un bruit s'élève, un long gémisse-
« ment! Malheur! déjà les chrétiens sont en fuite;
« après eux les Tartares accourent avec des cris
« sauvages. — Ah! Jaroslaw s'élance, l'aigle. Un
« rude acier entoure la poitrine du fort. Sous l'acier
« bondissent l'héroïsme et la valeur, sous le casque
« étincelle l'œil ardent du chef. L'héroïsme éclate
« dans son regard de feu. Dévoré de fureur comme
« le lion irrité quand il voit le sang chaud nou-
« vellement versé, quand, percé d'une flèche, il
« bondit sur le chasseur, ainsi il bondit sur les
« Tartares.

« Après lui les Bohémiens comme une nuée de
« grêle. Jaroslaw s'élance avec rage sur le fils de
« Kublay; un terrible combat commence. Ils bon-
« dissent avec leurs épées l'un sur l'autre. Toutes
« deux se brisent en éclats. Jaroslaw, sur son
« cheval baigné dans le sang, fouille avec son
« épée le fils de Kublay. Il lui partage les épaules
« et la poitrine, et le cadavre tombe à ses pieds.
« Sur lui les arcs et les carquois retentissent. »

Les hordes tartares s'enfuient épouvantées, et les Bohêmes s'excitent à la poursuite :

« Frères, les dieux nous ont donné la victoire.

« De notre bande, que les uns se partagent à
« droite, que les autres se partagent à gauche.
« Amenez les chevaux de toutes les vallées. Que
« les chevaux hennissent tout autour dans le
« bois. A cheval! à cheval! après l'ennemi! à
« cheval! A travers tous les sentiers, chevaux
« rapides, emportez-nous [1]. »

Ce peuple de guerriers eut à sa tête quelques princes dignes de le conduire. Qu'a-t-il manqué à Ottocar de ce qui fait les grands rois? Conquérant, il ajouta à son patrimoine les duchés d'Autriche, de Styrie, de Carinthie, la Moravie, la Carniole; des monts de Bohême à l'Adriatique, tout lui obéit. Les barbares, subjugués, l'appellent le *roi de fer,* et il refuse le don qu'on veut lui faire de la couronne impériale. Législateur, il rend d'utiles édits, réforme l'état intérieur, favorise l'émancipation de la bourgeoisie, fonde la grandeur de Prague dans les arts de la paix, comme il avait assuré son triomphe dans la guerre. Mais un revers terrible termine sa vie. Toute cette puissance s'écroule sur un champ de bataille. La fortune d'Ottocar cède à celle des Hapsbourg. Lui-même périt dans la sanglante journée de la Marchfeld. Dante a donné à ce grand nom une place dans sa *Divine Comédie.* Il représente Otto-

---

[1] Traduit par Edg. Quinet.

car assis près de son heureux rival, Rodolphe de Hapsbourg, et il ajoute cet éloge :

« Son nom fut Ottocar. Même au berceau, il fut
« meilleur que son fils Wenceslas le Barbu, qui
« se repaît de luxe et d'oisiveté. »

> Ottachero ebbe nome, e nelle fasce
> Fu meglio assai che Venceslao suo figlio
> Barbuto, cui lussuria ed ozio pasce [1].

Un des successeurs d'Ottocar, Jean de Luxembourg, ne fut qu'un soldat, mais héroïque; toute sa vie fut un combat. On le rencontre chevauchant sur tous les champs de bataille de l'Europe. Ce prince justifia le proverbe du moyen âge : « Rien « de fait sans le roi de Bohême. » *Sine rege Bohemiæ nemo valet expedire finaliter suum factum.* Il eut pour la France un goût décidé. Il préférait le séjour de Paris à celui de Prague, et la cour des Valois à sa propre cour. Son peuple en murmurait; mais il ne s'en souciait guère. La guerre de Cent ans offrit une occupation à son humeur guerrière. Ni l'âge ni la perte de la vue n'avaient pu le refroidir. Sa mort fut digne des guerriers antiques. Il combattait dans nos rangs à Crécy, et ne voulut pas survivre à la défaite.

---

[1] *La Divine Comédie : Le Purgatoire, VII.* — Saint-René Taillandier, *Études sur l'Allemagne.*

La France a payé sa dette à l'héroïque aveugle : la Chronique de Froissard immortalise son nom. Elle vaut la peine d'être citée.

« Quand il (qui étoit aveugle) entendit l'ordon-
« nance de la bataille, il dit : « Où est monsei-
« gneur Charles, mon fils? » Ses gens lui répon-
« dirent : « Nous ne savons. Nous cuidons qu'il
« se combatte. » Lors dit à ses gens : « Seigneurs,
« vous êtes mes gens et mes compaignons et amis
« à la journée d'huy ; je vous requiers que vous
« me meniez si avant, que je puisse férir un coup
« d'épée. » Les chevaliers répondirent qu'ils le
« lairraient en vis. Et adoncques (afin qu'ils ne
« le perdissent pas en la presse) ils le lièrent par
« les freins de leurs chevaux tous ensemble, et
« meirent le roy tout devant pour mieux accom-
« plir son désir, et ainsi s'en allèrent sur leurs
« ennemis. . . . .
« . . . Le roi alla si avant sur ces ennemis,
« qu'il férit un coup de son épée (voire plus de
« quatre), et se combattit moult vigoureuse-
« ment, et aussi feirent ceux de sa compaignie;
« et si avant se boutèrent, que tous y demou-
« rèrent, et furent le lendemain trouvés sur la
« place autour du roy, et tous leurs chevaux liés
« ensemble [1]. »

---

[1] Froissard, *Chronique CXXX*.

« Monseigneur Charles », fils du roi Jean, lui succéda sur le trône. Il brigua et obtint la couronne impériale refusée par Ottocar, et prit dans l'histoire d'Allemagne le nom de Charles IV.

Il fut impuissant contre l'anarchie qui déchirait l'Empire, et les historiens allemands l'ont accusé d'avoir dégradé la majesté impériale. Mais la Bohême, État héréditaire, objet de sa prédilection, atteignit sous son règne l'apogée de sa grandeur. Il imita Ottocar dans ses réformes et sa politique intérieure. Par son goût pour les lettres, par ses efforts pour les faire fleurir, il a mérité le beau nom de Charlemagne slave. Il fonda l'université de Prague, qui fut la plus belle de toute l'Allemagne. Nous avons vu qu'au temps de Jean Huss le nombre de ses écoliers s'élevait à trente mille. Lui-même parlait et écrivait plusieurs langues. Il a laissé quelques pages intéressantes sur son règne et celui de son père. Il aimait à visiter l'université, à exciter par sa présence le zèle des étudiants et le talent des maîtres. Il agrandit Prague d'un quartier nouveau : c'est celui qu'on appelle encore du nom de vieille ville (*Altstadt*); surtout il l'embellit de ses principaux monuments. Enfin les artistes qu'il appela à sa cour fondèrent l'école de peinture connue sous le nom d'école de Prague. Ces titres ont valu à Charles IV un renom qui dure encore parmi les siens. C'est le prince populaire de la Bohême. Ottocar n'a pas de statue; Charles IV en a une. Elle est sur une place voisine de la Moldau. L'effet en est agréable. L'artiste a donné au monarque une physionomie douce, un geste affable, un air de bonhomie. La couronne et le manteau annoncent que c'est un roi. L'expression le montre comme un père au milieu de ses sujets.

Les malheurs de la Bohême commencent sous le fils de Charles IV, l'ivrogne Wenceslas, meurtrier du saint prêtre Népomucène. Ce règne voit éclore les troubles religieux. Après lui la guerre éclate : nous en avons vu les sanglants épisodes. La Bohême fut noyée dans son sang, et la domination des Allemands s'imposa pour ne plus cesser. Après de longues années de soumission, les vaincus eurent un réveil terrible. Le contre-coup s'en est ressenti dans toute l'Europe, et s'est appelé la guerre de Trente ans.

Deux monuments, d'un intérêt singulier, rappellent cette époque : c'est la salle des états et le palais de Wallenstein; l'une sur le Hraschin, l'autre à ses pieds.

La guerre sortit encore des querelles religieuses. La réforme avait été accueillie avec ardeur chez les descendants de Jean Huss. Après de longs démêlés, l'empereur Rodolphe avait reconnu par un acte fameux, dit *Lettre de Majesté,* le libre exer-

LE DANUBE ALLEMAND ET L'ALLEMAGNE DU SUD.

STATUE DE CHARLES IV, A PRAGUE.

cice du culte protestant. La paix se maintint sous son successeur Matthias. Mais, après lui, Ferdinand irrita imprudemment les passions nationales. A Prague, son autorité était exercée par quatre lieutenants, odieux à la nation à cause de leur arrogance. Une grande fermentation commença à régner parmi les députés des états de Bohême ; des violences exercées contre les protestants la firent éclater. Des députés rédigèrent une supplique à l'Empereur. L'Empereur répondit par une lettre menaçante. Lecture en fut faite aux états assemblés. Il fut décidé par eux qu'on y répondrait. Ils avaient à leur tête un homme hardi et entreprenant, le comte de Thurn ; ce fut lui qui dirigea la conduite de l'affaire. Le lendemain, 23 mai 1618, les députés, armés et escortés d'une suite nombreuse, se présentèrent au château royal, et entrèrent en tumulte dans la salle où les lieutenants de l'Empereur étaient assemblés. Ils demandèrent d'un ton menaçant à chacun d'eux de déclarer s'il avait eu part à l'écrit impérial, ou s'il y avait donné son assentiment. Sternberg les accueillit avec modération ; Martinitz et Slawata répondirent fièrement : cela décida de leur sort. On conduisit par le bras hors de la salle Sternberg et Lobkowitz, moins haïs et plus redoutés. Ensuite Slawata et Martinitz furent saisis, traînés vers une fenêtre, et précipités d'une hauteur de vingt-cinq à trente mètres dans le fossé du château. Tout le monde civilisé s'étonna d'une justice si étrange; les Bohêmes alléguèrent l'usage national, et ne trouvèrent rien de surprenant dans cette affaire, sinon qu'on pût se relever si bien portant d'une telle chute. Un tas de fumier, sur lequel la lieutenance impériale eut le bonheur de choir, l'avait préservée de tout mal [1].

C'est ce qu'on a nommé dans l'histoire la *Défenestration* de Prague. Les Bohêmes, en leur langue, l'appellent le *Po starotshesku*, et ce terme désigne chez eux non pas un fait accidentel, mais une coutume et une institution.

Le lendemain toute la capitale prit les armes, et bientôt toute la Bohême. L'armée des révoltés, grossie dans sa marche, alla camper sous les murs de Vienne, et fit siffler des balles aux oreilles de Ferdinand, captif et tremblant dans son palais; mais là s'arrêtèrent ses succès. Secouru par l'Espagne et par la Bavière, Ferdinand reprit l'offensive. En vain les rebelles s'assurèrent des secours de l'électeur palatin Frédéric en lui donnant le trône de Bohême, ils furent taillés en pièces sous les murs de Prague par les troupes austro-bavaroises : c'est la bataille de la Montagne-Blanche. Les vainqueurs exercèrent d'implacables repré-

---

[1] Schiller, *Guerre de Trente ans*, liv. Ier (Trad. par A. Regnier.)

sailles, d'autant plus odieuses qu'ils mirent trois mois entre leur victoire et leur vengeance. Durant trois mois les fugitifs rentrèrent à Prague et n'y furent pas inquiétés. Au bout de ce temps l'Empereur ordonna une enquête. Elle fut suivie d'exécutions terribles. La place de l'hôtel de ville vit le même jour vingt-sept nobles décapités, dont les membres, écartelés, furent cloués aux portes de la ville. Dans le peuple les têtes tombèrent par centaines. On sévit contre les absents en confisquant leurs biens, en clouant leurs noms au pilori, en mettant leur tête à prix. Ce fut une longue proscription. Ferdinand déchira de sa main la Lettre de Majesté, et en brûla le sceau. Enfin l'électeur palatin, ce roi d'un jour, fut déchu de tous ses titres, et son électorat transmis au duc de Bavière.

Cette dernière violence engendra toutes celles qui suivirent. Elle souleva le nord de l'Allemagne. Le roi de Danemark prit les armes, la guerre s'engagea pour trente années. Elle a fait surgir deux grands hommes, deux rivaux de talent guerrier, mais non de vertu : Gustave-Adolphe et Wallenstein. Ce dernier appartient tout entier à notre sujet. Il naquit en Bohême, et il a laissé à Prague des traces de sa magnificence. C'est une imposante figure. Elle présente dans ses traits ceux d'une époque entière. Bizarre composé de noblesse et d'abjection, capable des plus grands traits et des plus bas, ballotté toute sa vie entre les vues d'une haute ambition et les vulgaires desseins d'un chef de bandes; cœur froid, résolu, et livré par moments à d'étranges faiblesses; seul artisan de sa fortune, et seul aussi de sa ruine; plein de vices fastueux et d'éclatantes qualités : tel m'apparaît Wallenstein. Dans l'histoire, comme dans la trilogie de Schiller, je vois en lui le génie incarné de la guerre de Trente ans.

Telle âme, tel corps. Maigre, de grande taille, le teint jaunâtre, les cheveux roux et courts, les yeux petits, mais étincelants, ainsi l'a décrit son historien. Laideur expressive, plutôt étrange que repoussante, et dont le pinceau de Van-Dyck a fait un chef-d'œuvre.

Une trahison fut l'origine de sa fortune. Il combattait contre ses frères à la journée de la Montagne-Blanche. Il reçut comme salaire la dépouille des proscrits. Il devint du même coup le plus riche gentilhomme de la Bohême. Excellent militaire, c'était encore un homme à expédients. L'Empereur n'avait ni soldats ni argent; Wallenstein se fit fort de trouver l'un et l'autre. Il tint parole. Par quel secret? Il appelle à lui, par l'appât des grades et de la guerre, vingt à trente mille aventuriers, et les conduit dans la plus riche contrée de l'Allemagne. Ils s'y gorgèrent; ce fut un pillage. Cette armée tripla de nombre, et lui-même prit le titre de généralissime de l'Empereur sur terre et sur mer; mais une telle clameur de l'Allemagne entière s'éleva contre lui, que Ferdinand fut obligé de le destituer. La mesure fut décidée dans la diète de Ratisbonne. Le père Joseph y siégeait pour Richelieu. Nous avons dit ailleurs quel fut son rôle [1]. L'Empereur se croyait libre en signant ce décret; c'était la main du moine qui conduisait sa plume.

Wallenstein vit plus clair. « L'Empereur est trahi, dit-il aux envoyés; je le plains, mais je lui pardonne. » Et il ne témoigna aucune amertume. Était-ce grandeur d'âme? Non. Wallenstein disgracié avait consulté son astrologue. C'était un Italien, nommé Seni, qui menait à la lisière, comme un enfant, cet esprit indompté. Il avait lu dans les étoiles que la carrière de son maître était loin de sa fin. Les étoiles avaient raison : Gustave-Adolphe venait d'entrer en Allemagne.

Wallenstein revint à Prague; il y vécut moins en exilé qu'en roi. « Six entrées conduisaient au palais qu'il habitait, et il fallut abattre cent maisons pour dégager la place du château. Des gentilshommes des premières familles se disputaient l'honneur de le servir, et l'on vit des chambellans

[1] Voyez ch. iv, p. 115.

de l'Empereur résigner la clef d'or pour exercer la même charge auprès de Wallenstein. Il entretenait soixante pages, qui étaient instruits par les meilleurs maîtres. Cinquante drabans gardaient constamment son antichambre. Son ordinaire n'était jamais au-dessous de cent services; son maître d'hôtel était un homme de grande qualité. S'il voyageait, sa suite et ses bagages remplissaient cent voitures de quatre à six chevaux; sa cour le suivait dans soixante carrosses, avec cinquante chevaux de main. Six barons et autant de chevaliers devaient constamment entourer sa personne, pour exécuter chacun de ses signes; douze patrouilles faisaient la ronde autour de son palais, pour en éloigner le moindre bruit. Aucun roulement de voiture ne devait approcher de sa demeure, et il n'était pas rare que les rues fussent fermées avec des chaînes [1]. »

J'ai visité cette fastueuse demeure. Aujourd'hui c'est un lieu morne et abandonné. Il semble qu'elle n'ait pas été habitée depuis la catastrophe du maître. L'impression en est étrange. Ces murs délabrés, ces tristes cours conviennent à cette grande ombre.

Cependant le moment vint pour lui de goûter sa vengeance. Cet homme, uniquement dévoré

---

[1] Schiller, *Guerre de Trente ans*.

d'orgueil et d'ambition, eut dans sa vie une heure de délices suprêmes et d'ivresse. Il vit l'Empire aux abois et l'Empereur à ses pieds. Gustave-Adolphe vainqueur, Tilly écrasé, le Danube, la Bavière, demain l'Autriche, en proie aux Suédois, tant de désastres avaient opéré ce changement. Il en usa comme Achille sous sa tente. Il fallut plusieurs ambassades et de longues prières pour fléchir cette âme altière. Il daigna enfin ramasser les titres, les dignités, l'épée de général et la dictature, qu'un ministre de l'Empereur lui offrait, pour ainsi dire, à genoux. Jamais, dans aucun temps, sujet n'exigea de son prince, même pour le sauver, une pareille rançon. Il était facile, dès ce moment, de prévoir que la tête tournerait à cet ambitieux, et que, le danger passé, incapable de rentrer sous le niveau d'une grandeur commune, ou bien un grand coup jetterait dans ses mains le dernier titre qui lui restait à envier, ou bien une grande catastrophe précipiterait sa chute. Le dernier sort lui était réservé.

La mort de Gustave-Adolphe, tombé sur le champ de bataille de Lützen, enseveli dans son triomphe, livre l'Allemagne à Wallenstein. On attend tout de son activité guerrière. Il trompe cette attente. Retiré en Bohême avec son armée, il demeure dans une longue et inexplicable oisiveté. Les ennemis sont à sa merci; d'un coup de sa redoutable épée il peut les écraser : il ne le fait pas. La surprise, puis le soupçon, et enfin la colère, éclatent contre lui, à la cour de Vienne. Ses ennemis, et à leur tête le duc de Bavière et l'Espagne, dessillent les yeux de Ferdinand. Des espions sont envoyés en Bohême; ils reviennent avec d'accablants témoignages. Plus de doute sur la trahison de Wallenstein. Sa perte est jurée.

Wallenstein trahissait, en effet. Ébloui par sa prodigieuse fortune, il avait, dans un rêve insensé, porté les yeux sur la couronne de Bohême. La révolte récente de Prague, le ressentiment de ce peuple sous le joug qui l'écrasait, la connivence du comte de Thurn, chef de la Praguerie, son propre rang et sa naissance lui paraissaient autant de circonstances favorables à son projet. Son plan était d'unir ses troupes à celles des Suédois, et, à la tête de cette armée formidable, de dicter des lois à l'Empereur. Le dessein était hasardeux, et une trahison, extrémité qui fait toujours hésiter le cœur d'un soldat, était le prix nécessaire du succès. Tandis qu'il flottait incertain, Wallenstein connut ce qui se tramait à Vienne contre lui. Plus de temps à perdre. Il dut exécuter pour son salut le plan conçu pour son élévation. Mais alors commença pour lui une suite de déceptions amères. Tous les appuis dans lesquels il mettait sa confiance lui manquent successivement. C'est le châtiment de la trahison d'enfanter des traîtres. Wallenstein en est entouré, et il ne les voit pas. L'orgueil, la fatalité, parlons mieux, Dieu, qui paraît à son heure dans ces grandes catastrophes, mettent d'épaisses ténèbres sur ces yeux jadis si clairvoyants. Un édit de l'Empereur le décrète d'accusation, et ordonne de lui courir sus. C'est le dernier coup porté à sa fortune. Les faibles, les indécis s'en séparent. L'armée est entraînée à leur suite : le sentiment de l'honneur militaire a parlé plus haut chez elle que la popularité de son chef. Wallenstein veut marcher sur Prague et mettre la main sur ce gage important de la guerre. L'Italien Piccolomini lui barre le passage avec des forces imposantes. Le séjour de la Bohême n'est plus sûr pour lui. Il court se jeter dans la place forte d'Égra, sur la frontière septentrionale, à portée de l'armée suédoise et saxonne, avec laquelle il entre sérieusement en négociations. A Égra, Wallenstein se croyait en sûreté. La garnison lui inspirait confiance. Elle avait pour chefs deux Écossais, Butler et Gordon, comblés de ses faveurs. Ce furent, avec Leslie, son confident et sa créature, les artisans de sa perte. Ces trois hommes travaillent ténébreusement autour de lui, changent l'esprit des troupes, et, comme dit Schiller, aiguisent presque sous ses yeux le fer qui devait le frapper. Toute l'affaire fut conduite avec une profonde habileté. Le colonel Butler donne un grand dîner dans le château d'Égra. Wallenstein, trop occupé de ses desseins, s'abstient d'y paraître; mais il y envoie trois généraux, aussi compromis que lui, et les seuls qui se soient attachés à sa fortune. Ils s'appelaient Illo, Terzky et Kinsky. Ce furent les premières victimes. Tandis qu'ils se livraient à la joie du festin, et que, dans la chaleur du vin, ils célébraient déjà le triomphe de leur maître, on entend pousser le cri de « Vive Ferdinand! » La chambre se remplit de soldats, et les trois convives, condamnés à périr, voient un glaive briller sur leur tête. Ils furent presque aussitôt massacrés. Un seul (c'était Illo) tenta de se défendre. Retranché derrière la table, acculé dans l'enfoncement de la fenêtre, il accablait Butler d'amères injures, et le provoquait à se mesurer avec lui, en ennemi loyal. Inutile résistance : il tombe percé de dix coups; mais lui-même avait abattu deux meurtriers à ses pieds.

Butler, Gordon et Leslie, disons-le à leur honneur, furent comme effrayés de ce qu'ils venaient de faire; un moment, la pensée de respecter la vie de Wallenstein, en s'assurant de sa personne, triompha dans leur esprit. Mais ce fut une émotion fugitive, et l'ordre fut donné au meurtrier (c'était

LE DANUBE ALLEMAND ET L'ALLEMAGNE DU SUD.

MORT DE WALLENSTEIN.

un capitaine irlandais nommé Deveroux) d'exécuter la sentence.

Tandis que son sort se décidait, que faisait Wallenstein?

« Wallenstein, en conversation avec Seni, était occupé à lire sa destinée dans les astres. « Le danger n'est pas encore passé, disait l'astrologue avec un esprit prophétique. — Il est passé, disait le duc, qui voulait faire prévaloir sa volonté jusque dans le ciel. Mais que tu sois prochainement jeté dans un cachot, continua-t-il, non moins prophète à son tour; voilà, pauvre Seni, ce qui est écrit dans les étoiles. » L'astrologue avait pris congé, et Wallenstein était au lit, quand le capitaine Deveroux parut devant sa demeure avec six hallebardiers. La garde, pour qui ce n'était pas une chose extraordinaire de le voir chez le général entrer et sortir à toute heure, le laissa passer sans difficulté. Un page, qu'il rencontre dans l'escalier, veut faire du bruit, il est percé d'un coup de pique. Dans l'antichambre, les meurtriers trouvent un valet qui sort de la chambre à coucher de son maître, et qui vient d'en retirer la clef. Le doigt sur la bouche, ce serviteur effrayé leur fait signe de ne point faire de bruit, parce que le duc vient de s'endormir. « Mon ami, lui crie Deveroux, le moment est venu de faire du bruit. » En disant ces mots il s'élance contre la porte, qui est aussi verrouillée en dedans, et l'enfonce d'un coup de pied.

« Wallenstein avait été réveillé en sursaut de son premier sommeil par le bruit d'un coup de mousquet, et s'était élancé vers la fenêtre pour appeler la garde. A ce moment il entendit, des fenêtres de la maison, les gémissements et les lamentations des comtesses Terzky et Kinsky, venant d'apprendre la mort violente de leurs maris. Avant qu'il eût le temps de réfléchir à ce sujet d'effroi, Deveroux était dans la chambre avec ses sicaires. Wallenstein était encore en chemise, comme il avait sauté du lit. Il se tenait près de la fenêtre, appuyé à une table. « Tu es donc le scélérat, lui crie Deveroux, qui veut faire passer à l'ennemi les soldats de l'Empereur, et arracher la couronne du front de Sa Majesté? Il faut que tu meures à l'instant même! » Deveroux s'arrêta quelques minutes, comme s'il attendait une réponse; mais la surprise et l'orgueil, qui brave la menace, ferment la bouche de Wallenstein. Les bras étendus, il reçoit par devant, dans la poitrine, le coup mortel de la hallebarde; et, sans faire entendre un soupir, il tombe baigné dans son sang [1]. »

Ainsi périt cette victime de l'orgueil et de l'ambition. Les premières larmes versées sur son ca-

---

[1] Schiller, *Guerre de Trente ans.*

davre le furent par l'astrologue Seni. Il vint aux pieds de ce mort, si longtemps servi par lui, méditer sur l'inconstance de la fortune et sur les vicissitudes dont il était lui-même menacé. La dépouille de Wallenstein fut ensuite remise aux mains de la comtesse sa femme, qui l'ensevelit honorablement.

CHAPITRE XII

LE DANUBE EN HONGRIE

Presbourg. — Komorn. — Gran. — Le paysan du Danube. — Pesth et Bude. — Le Rakos. — Arpad. — Mathias Corvin. — Semlin et Belgrade. — *Finis Germaniæ*.

Revenons au Danube. Ses bords au-dessous de Vienne ont peu d'intérêt pittoresque ; mais les grands noms s'y pressent. Constantin y bâtit une église ; Marc-Aurèle y écrivit ses pensées ; Dioclétien y résolut son abdication ; Soliman vint y camper ; Léopold et Sobieski s'y rencontrèrent ; Lannes y mourut ; la fortune de Napoléon y subit un échec, bientôt réparé à Wagram. Je passe rapidement devant ces lieux. J'ai hâte d'entrer en Hongrie. Presbourg est la première ville où je m'arrête.

Je me rappelle encore mon entrée à Presbourg, sur la fin de la journée, entre un Hongrois et un Tchèque, dont j'avais fait connaissance en route. Ils me firent les honneurs de la ville. Le premier surtout était d'une cordialité rare et d'une bonté expansive. C'était un professeur en vacances. Il enseignait la chimie dans une école de son pays. Il avait fait ses études scientifiques à Paris; de là pour la France une affection, une reconnaissance qu'il exprimait avec une vivacité singulière. Les noms de ses maîtres à la Sorbonne et au collége de France étaient restés gravés dans sa mémoire, ou plutôt dans son cœur. On n'imagine pas avec quelle chaleur et quelle effusion il m'en parlait. Il était fier de nommer pour ses maîtres ceux de la science moderne, les Biot, les Dumas, les Balard, et il en usait avec moi comme s'il eût voulu les honorer tous dans la personne d'un de leurs compatriotes. De tous les souvenirs de la patrie en pays étranger, celui-là m'a le plus touché. Il me rappelait des noms dont le dernier m'est bien cher. Il me montrait aussi l'empire de la France s'étendant au loin, non plus par la force des armes, mais par l'ascendant de la science et de la pensée. Ces milliers de jeunes gens qui viennent d'Europe et d'Amérique s'asseoir sur les bancs de nos écoles, ce sont, à leur insu, les soldats de notre cause, les instruments de nos conquêtes : conquêtes toutes morales et toutes pacifiques, dont la gloire est d'autant plus grande. Par elles l'esprit des temps modernes, dont la France est le foyer, se répand dans le monde, les vieux préjugés tombent, et avec eux tomberont ces barrières que la haine et la défiance élèvent entre les peuples.

Presbourg a perdu son principal attrait depuis qu'elle a cessé d'être le siége de la diète hongroise. Les Hongrois s'y trouvaient trop près de Vienne; le voisinage de la cour semblait menacer leur indépendance. Ils ont obtenu de transporter dans la capitale du pays madgyar la représentation nationale.

La ville ne mérite pas une mention très-longue. Le Danube fait toute sa beauté. Elle est dominée par une colline qui porte les débris d'un château : c'est le château de Marie-Thérèse. Il y a cinquante ans environ, il servait de caserne à des soldats italiens; ceux-ci, ennuyés d'une garnison qui était un exil, s'avisèrent d'y mettre le feu. Le Danube refléta pendant trois jours ce magnifique incendie. Les murs extérieurs et quatre tours sont restés debout. Quelques régiments habitent encore sous leurs voûtes noircies et calcinées, et des sentinelles font leur faction au-dessus des cheminées de la ville, en face d'une des plus belles vues du monde.

Le nom de Presbourg consacre un grand souvenir. Il rappelle un jour, jour également glorieux pour les deux peuples, où le cœur de l'Autriche et celui de la Hongrie battirent à l'unisson. Marie-Thérèse, à peine relevée de ses couches et dans le deuil de la mort de son père, attaquée à la fois par la Prusse, par l'Espagne, par la Bavière, par la France, près de perdre un à un tous ses États, chassée de Vienne, sa capitale, vint se jeter dans les bras des Hongrois. La diète était réunie à Presbourg. Elle y parut, pâle, en longs habits de deuil, portant son jeune fils dans ses bras (celui qui fut plus tard Joseph II). Elle adressa aux magnats une noble et touchante harangue. La pitié les saisit, puis l'enthousiasme. Ils se levèrent, tirèrent leurs sabres, et tout d'une voix firent retentir ce cri, entendu de l'Europe et immortalisé par l'histoire : *Moriamur pro rege nostro Maria Theresa!* (Mourons pour notre roi Marie-Thérèse !)

Montesquieu, lorsqu'il explique ce dévouement, me paraît trop subtil. C'est, dit-il, « que la no-« blesse tient à honneur d'obéir à un roi, mais « regarde comme la souveraine infamie de par-« tager la puissance avec le peuple. » Non, les Hongrois, ce jour-là, ne consultèrent d'autre loi que celle de leur cœur. Héroïque et chevaleresque, cette noblesse ne put entendre sans transport une héroïne invoquer son secours. Ce fut un mouvement admirable de spontanéité et, si je puis dire, d'irréflexion. Il n'y avait qu'une nation généreuse et poétique capable d'un pareil élan. Envions-la de compter dans ses annales un tel souvenir.

Montesquieu, d'ailleurs, lui a rendu un digne hommage.

« On a vu, dit-il, la maison d'Autriche tra-
« vailler sans relâche à opprimer la noblesse hon-
« groise; elle ignorait de quel prix elle lui serait
« quelque jour. Elle cherchait chez ces peuples
« de l'argent qui n'y était pas; elle ne voyait pas
« des hommes qui y étaient. Lorsque tant de
« princes se partageaient entre eux ses États,
« toutes les pièces de sa monarchie, immobiles
« et sans action, tombaient, pour ainsi dire, les
« unes sur les autres. Il n'y avait de vie que dans
« cette noblesse, qui s'indigna, oublia tout pour
« combattre, et crut qu'il était de sa gloire de
« périr et de pardonner [1]. »

Je me suis embarqué, pour une navigation de douze heures, sur le bateau qui descend de Vienne à Pesth. Le pont ressemblait, quand j'y montai, à un camp retranché. Un peloton d'infanterie se rendant à Komorn y était confusément entassé. Il y avait des postes, des piquets, des sentinelles, une consigne. C'était un cliquetis d'armes, un bruit de voix et de crosses de fusil posées à terre : l'aspect était peu récréatif. Ces fantassins étaient pour la plupart de pauvres hères, pâles, flétris, mal tenus, mal vêtus. Leur mine affamée faisait

---

[1] Montesquieu, *Esprit des lois*, livre VIII, ch. ix.

pitié, et leurs uniformes, plus que mûrs, criaient misère. L'un d'eux, ivre plus que de raison, amusait toute la bande. On se le renvoyait comme une balle, en se servant du pied comme de raquette. Il finit par aller rouler sous un banc, où on le laissa ronfler.

Des officiers venaient de temps en temps inspecter leurs hommes. Leur mine était martiale; leur tenue soignée jusqu'à la coquetterie. Ils portaient avec une grâce pimpante leur jolie tunique blanche à boutons d'or. On ne les eût pas crus les chefs de ces fantassins délabrés. Avec cela un air rogue et impérieux. L'officier autrichien est un maître hautain, qui ne se déride pas. Le soldat, devant lui, paraît toujours humble et craintif. Il lui fait le salut militaire, et n'en reçoit pas de retour : étiquette injurieuse, dont j'étais involontairement blessé. C'est un symptôme certain d'un état de choses fâcheux. Peu d'estime des chefs pour leurs soldats, peu de sympathie des soldats pour leurs chefs. J'en pourrais citer plus d'un trait, si l'instant était opportun. Que les choses vont différemment en France! Il en faut faire honneur à l'esprit de la nation, à notre goût de l'égalité, à notre humeur sociable et généreuse, à ce sentiment d'équité qui ne nous permet pas de traiter sans égards celui qui sous les mêmes drapeaux partage les mêmes périls.

Les rives du Danube restent longtemps plates et découvertes; leur seule beauté consiste dans leur tristesse et leur solitude. Sur le bord, de maigres forêts, et à leurs pieds, des grèves que la sécheresse a mises à nu. Des troupeaux de bœufs les traversent lentement, et viennent se désaltérer dans le fleuve. Accroupis sur le sable et penchés, ils en boivent avidement les eaux. Ce sont ces grands bœufs blancs, à longues cornes, qu'un berger à cheval mène par bandes innombrables dans les pâturages du Danube. Des moulins à blé, soutenus sur des radeaux à l'ancre, font tourner au fil de l'eau leurs roues édentées. Peu de navigation; peu de vestiges humains. C'est un tableau étrangement triste. A mesure qu'il se fait plus grand et plus vieux, le fleuve se fait plus morne et plus solitaire. On dirait un roi chargé d'années qui plie sous le fardeau de sa puissance, et s'achemine sans sourire et sans joie vers le terme de sa vie.

A Raab, notre première étape, nous recevons trois paysans. Trois paysans du Danube! quelle bonne fortune! Je n'en vis jamais qu'un : celui de la Fontaine.

. . . . Voici
Le personnage en raccourci :
Son menton nourrissait une barbe touffue;
Toute sa personne velue

Représentait un ours, mais un ours mal léché :
Sous un sourcil épais il avait l'œil caché,
Le regard de travers, nez tortu, grosse lèvre,
　　Portait sayon de poil de chèvre
　　Et ceinture de joncs marins [1].

Nos trois passagers ont un type un peu différent. Ils ont de grandes moustaches qui flottent au vent, mais rien de l'ours. Leur face est pleine et colorée, leur physionomie ouverte; leurs yeux jettent un feu vif et doux. Leur costume est pittoresque, mais point barbare. Deux ou trois peaux de mouton, cousues ensemble, composent leur manteau. Le collet est fait de la toison d'un petit agneau noir; le poil de la bête est tourné en dedans. Au dehors, sur le cuir lisse et poli, sont dessinées des arabesques de mille couleurs. Cela fait sur leurs épaules une composition compliquée d'oiseaux bigarrés et de fleurs fantastiques. Dans ce royal manteau, qu'aurait aimé un héros d'Homère, se drape un gaillard de six pieds de haut. Des bottes en cuir de bœuf lui montent jusqu'aux genoux; il a les talons cerclés de fer, comme un cheval. On entrevoit sous son manteau une ceinture de cuir large de six pouces et un gilet dont les boutons d'étain ressemblent à des boulets de menu calibre. L'un de ces géants vint

---

[1] La Fontaine, *Fables*, XI, 7.

s'asseoir assez près de moi. Il fit monter sur ses genoux une petite fille de quatre à cinq ans, d'une beauté sauvage et fière. Une peau d'agneau la couvrait presque en entier. Deux colombes roucoulaient dans une cage d'osier qu'elle tenait à la main, et bientôt les oiseaux et l'enfant s'endormirent, bercés sur les genoux paternels, par le léger roulis du bateau.

Komorn, sur la rive gauche, dessine les lignes grisâtres de ses bastions. C'est la porte de la Hongrie, le boulevard du Danube. Elle joua un grand rôle dans l'insurrection de 1849, et récemment encore un complot de garnison faillit l'enlever à l'Autriche. Le fleuve en baigne les murs. Sur ses bastions à angles droits, nous voyons en passant des canons allonger leur long cou. Les tambours s'exercent dans les fossés, et sur les glacis passent des escouades de soldats. Devant une poterne bardée de fer, une sentinelle promène mélancoliquement son fusil.

Au-dessous de Komorn, les rives s'escarpent. Le fleuve coule dans un lit étranglé par deux contre-forts de montagnes. Ce sont, à droite, les ramifications des Alpes Styriennes; à gauche, celles des Krapacks. Leurs cimes sont de calcaire âpre et nu. Mais à leurs pieds des prairies adoucissent le tableau, et vont mouiller leurs verts tapis dans le fleuve.

LE DANUBE ALLEMAND ET L'ALLEMAGNE DU SUD.

PEST II.

LE DANUBE EN HONGRIE. 413

La ville de Gran apparaît au pied de son rocher. Jadis capitale du saint roi Étienne, patron et législateur des Madgyars, Gran est encore la résidence de l'archevêque-primat du royaume. C'est la métropole religieuse de la Hongrie. La cathédrale, bâtie par les deux derniers prélats, est placée sur un roc élevé, d'où elle domine le fleuve et la contrée. Le style en est italien. C'est un grand dôme, assez lourd, soutenu par des colonnes. Le bâtiment est médiocre, mais le site est admirable. Sur la porte du temple, on lit cette belle inscription :

QUÆ SURSUM SUNT QUÆRITE.

Cherchez les choses élevées.

Au-dessous de Gran, quelques ruines se montrent. Leurs blocs écroulés et enlacés par la végétation sèment le porphyre de la montagne. Un instant je crois revoir les tableaux grandioses de Durrenstein et de Greifenstein. Mais ils ne durent pas. Les collines s'éloignent. Le fleuve s'épand à pleins bords dans une immense plaine, et après trois à quatre heures d'une monotone navigation, la nuit étant presque close, nous jetons l'ancre sous le grand pont de Pesth.

Pesth est une grande ville qui paraît née d'hier. Le Danube et la guerre ont deux ou trois fois renversé ses murailles. Elle s'est toujours relevée plus brillante. C'est, avec Prague, la plus belle ville de l'Autriche. Son quai est somptueux; le Danube n'en voit pas de plus magnifiques. Il est bordé d'hôtels, qui sont de véritables palais. De nombreux bâtiments à voiles et à vapeur sont amarrés sur le bord. Il y a un grand mouvement d'hommes et de marchandises. On reconnaît tout de suite une cité commerçante. Nantes est à peine plus animée, plus populeuse. Même aspect à l'intérieur. De larges rues, de grandes constructions, une opulence qui éclate dans les édifices publics et privés; un grand concours de monde. Ce dernier point m'enchante; car ce peuple, ce sont les Hongrois. Quelle vivacité dans leur allure! Que nous sommes loin de Vienne et de la lenteur allemande! Ici tout est agile et plein d'entrain; il y a quelque chose de la *furia francese*. Je me mêle à ces passants alertes. Depuis deux mois que je me promène au sein de populations indolentes et flegmatiques, j'ai plaisir à me jeter dans la cohue, à me faire heurter et coudoyer. J'aime à voir ces Hongrois turbulents courir, piétiner, gesticuler, crier. Ils ne font rien sans animation. Et avec cela, chose qui m'étonne, ils conservent un air de dignité; bien différents de l'Italien, qui se dépense tout entier en bruit et en mouvement, et ne garde rien pour le décorum.

Ajoutez que ces gens-là portent le plus charmant

costume. Un *attila*, sorte de redingote couverte de mille dessins brodés, fait valoir leur taille fine, leurs larges épaules, leur mâle poitrine. Une culotte, également brodée sur les coutures, serre leurs cuisses nerveuses. Elle s'engage à mi-jambe dans des bottes molles armées d'éperons. Un chapeau de feutre, à bords relevés, forme leur coiffure. Ils sont grands, sveltes, semblables pour le vêtement et pour la tenue à des cavaliers qui attendent le boute-selle. Leurs chevelures sont abondantes, leurs barbes touffues. C'est un signe de la race. J'ai vu des adolescents dont le visage tendre et blanc s'ombrageait déjà de moustaches imposantes. Leurs yeux pétillent d'ardeur et de vie. Assurément un sang jeune et bouillant circule dans ce peuple. Les femmes ont aussi leur costume. Il faut les voir, les jours de fête, avec leurs corsages brodés d'or, leurs longues manches flottantes, leurs écharpes, et leurs magnifiques chevelures. Dans les campagnes, leurs jupes courtes découvrent une jambe chaussée de bottines rouges, dont le talon résonne sur les dalles. Leur air a quelque chose de viril et de décidé, quoique leurs traits soient remarquablement fins et délicats. Dans la terrible insurrection de 1849, plus d'une fit le coup de feu auprès de son mari. Toutes partagèrent d'âme et de pensée les périls de la patrie. Un jour, le fameux révolutionnaire Kossuth s'était transporté dans un village pour le soulever. C'était le temps de la moisson. Les hommes étaient tous partis pour les travaux des champs. Il rassemble les femmes et les harangue. Celles-ci, électrisées, courent à leurs logis, y prennent les armes qui s'y trouvent, et vont elles-mêmes les donner à leurs maris.

C'est justement jour de foire. La foule est grande au marché. Je retrouve ces paysans que j'ai déjà vus sur le bateau. Ils portent, sous leur peau de mouton bigarrée, le même costume que le citadin; mais une toile grossière remplace le drap. Leurs grandes bottes laissent des marques sur le sol, et leurs éperons font un cliquetis formidable; car ils en ont tous : le laboureur pour conduire sa charrue, le berger pour mener ses moutons. J'ai vu de pauvres diables, moitié mendiants, moitié bohêmes, vêtus d'un attila en lambeaux, attacher des éperons luisants aux talons de leurs bottes éculées.

En revanche, les enfants vont à moitié nus, et leurs pieds sont en contact intime avec la poussière. Les petits mendiants de Murillo, j'ai cru les voir courir autour de moi, dans la grande rue du Marché. Leurs bras, leurs jambes, leurs poitrines, fermes et colorés comme du marbre brun, sortaient d'un lambeau de toile, qui forme leur unique vêtement. Tout Madgyars qu'ils sont, ces petits drôles sont

BUDE.

LE DANUBE ALLEMAND ET L'ALLEMAGNE DU SUD.

d'effrontés quêteurs de kreutzers. Il n'est service qu'ils n'imaginent pour gagner un pourboire. Au besoin, ils vous proposeront de porter votre canne. Ce qu'on leur donne, ils s'empressent d'aller le jouer à la roulette, — à la roulette en plein vent! La rue du Marché est pleine de ces machines. Le croupier ambulant (c'est d'ordinaire un Italien ou un Juif) pose une planche sur trois piquets plantés en terre. Un tapis vert, moitié taches et moitié trous, est étendu par-dessus; un jeu de cartes et des florins sont étalés sur la table : c'est l'amorce. On accourt, on se groupe; on met ses enjeux, la taille commence. Rien de plus étrange à voir : au premier rang des enfants, se haussant sur leurs pieds, et dont la tête atteint à peine le niveau de la table; au-dessus d'eux des femmes, et en dernier lieu des paysans, qui, montés sur leurs grandes bottes, dominent tout le cercle. Tout cela joue avec fureur. L'enjeu est de quelques kreutzers; un ou deux florins de perte feraient sauter la banque. Ces pauvres diables suivent leur obole avec une anxiété fiévreuse. Chez les enfants surtout, la convoitise est extrême. Elle envahit tout leur être. J'ai quitté ces tréteaux, assez peu édifié sur la moralité de l'institution.

Bude (en allemand *Ofen*) est bâtie sur la rive opposée du Danube. Du quai de Pesth l'on aperçoit, dans un tableau imposant, les flancs rocheux du Blocksberg, les murs gris et ternes de la forteresse, ses longs bastions, dont la base disparaît dans le feuillage. Un pont de fil de fer réunit les deux villes. C'est un ouvrage magnifique de hardiesse et d'élégance. Son arche centrale semble un arc de triomphe. Les câbles de fer qui suspendent le tablier paraissent de loin comme de menus fils; ils ont la grosseur d'un mât de vaisseau. Les bateaux passent par-dessous sans abaisser leurs mâts. Cette construction a coûté 4,500,000 florins et de longs travaux; car le Danube atteint ici une largeur de cinq à six cents mètres, et la profondeur de l'eau varie de dix-huit à vingt mètres. Sa solidité est à l'épreuve. En 1849, deux armées en déroute le traversèrent précipitamment, et il supporta sans fléchir le poids des chevaux, des canons et des hommes.

Bude forme avec Pesth le plus violent contraste. On sort d'une multitude, pour entrer dans un désert; après le tumulte d'une ville ardente et jeune, c'est le silence d'une ville morte. C'est que Bude est la ville allemande, le séjour officiel des administrations, du gouvernement, de la force militaire. Les Hongrois l'ont abandonnée pour aller se fixer sur la rive opposée, loin des maîtres, près du champ où se réunissaient en diètes leurs libres ancêtres. Bude est donc morne à voir. Ses rues ressemblent aux longs couloirs d'un ministère;

on y sent une odeur de bureaucratie autrichienne.
Chaque hôtel est une division administrative :
division du génie, division de la forteresse, division de l'artillerie. L'herbe croît sur les portes,
et l'on n'entend que le pas des sentinelles ou des
estafettes. En haut une grande place entourée
de casernes et de parcs d'artillerie, où des boulets en pyramides forment une perspective peu
attrayante.

A quelques pas s'élevait le palais de Mathias
Corvin, remplacé par celui de Charles VI. C'est
dans un pavillon de ce palais qu'était conservée la
fameuse couronne de saint Étienne. La couronne
de saint Étienne est le symbole de la royauté
madgyare. C'est elle seule qui confère le pouvoir
royal. Tant que le prince ne l'a pas posée sur son
front, il règne irrégulièrement. C'était un antique
joyau formé de deux couronnes : l'une donnée par
le pape Sylvestre, en l'an 1000 de notre ère, au
saint roi Étienne; l'autre, envoyée par un empereur byzantin. L'imagination des Hongrois en
avait fait une sorte d'être mystérieux et sacré.
Elle avait sa garde, composée de soixante-quatre
hommes. Deux officiers veillaient constamment à
sa conservation. Elle reposait, avec les pierreries
héréditaires, dans une chambre murée et grillée :
la lumière n'y pénétrait que par trois trous, où
étaient apposés cinq sceaux différents; et elle-

même reposait dans un coffre de fer, profondément scellé dans la pierre. Quatre dignitaires possédaient seuls la clef de la porte : l'archevêque-primat de Hongrie, l'archiduc palatin, et deux des plus nobles magnats, choisis pour être les grands officiers de la couronne. A chaque avénement de prince, on transportait la couronne à Presbourg, en grande pompe. Sa garde l'escortait, le sabre au poing. Deux officiers chevauchaient à la portière de la voiture. On eût dit la marche d'une princesse. Ses fortunes ont été diverses. Au moyen âge, elle fut plus d'une fois prise dans la guerre, et retenue en ôtage. Elle voyagea en Servie, en Transylvanie, même en Bohême. Joseph II la fit venir à Vienne; mais l'irritation que cet acte souleva fut telle, qu'il dut, peu de jours avant sa mort, la rendre à la nation. Les Hongrois lui firent l'accueil qu'on fait à un illustre prisonnier revenant de captivité. L'antique diadème rentra dans le palais du Blocksberg par des chemins semés de fleurs et sous des arcs de triomphe.

Elle a disparu on ne sait comment dans l'insurrection de 1849. Son palais lui-même a été écrasé sous les bombes. Bude et Pesth sont sorties en ruines de cette guerre terrible. Tandis que le général Gœrgey, maître des hauteurs qui dominent le Blocksberg, faisait pleuvoir la mitraille sur Bude, occupée par les Autrichiens, ceux-ci, par représailles, bombardaient Pesth, où les Hongrois étaient maîtres. La garnison autrichienne paya chèrement cette rigueur. Le général Hentzi et ses soldats périrent sous les ruines. L'Autriche leur a élevé un monument à Bude. C'est une manière maladroite de perpétuer les haines et les dissensions. Il n'y a pas un Hongrois qui regarde ce bronze sans un retour amer sur le passé.

Je n'ai pas fait un long séjour à Bude. J'avais hâte de revenir sur l'autre rive et de me replonger dans ce flot de peuple, dont la rumeur traversait le fleuve. J'attendais l'arrivée de cet ami hongrois qui m'avait introduit dans Presbourg, et qui devait se rendre à Pesth deux jours après moi. Je le trouvai effectivement. Il me conduisit au musée national et au Rakos. Le musée est un grand palais, récemment construit par souscription nationale. Le mot *national* est ici magique. Avec lui on fait tout faire aux Hongrois. Le théâtre, le musée appartiennent véritablement à la nation. Ce dernier contient une collection peu nombreuse, mais distinguée, de tableaux des maîtres de toutes les écoles. Les dernières salles sont réservées aux modernes, et remplies (j'ai regret de le dire) de toiles qui seraient mieux placées comme enseignes au-devant des boutiques ; mais elles sont signées de noms hongrois, et représentent des traits de l'histoire hongroise. Cela suffit ici pour les faire supporter, et même admirer. Une collection plus précieuse est celle des antiquités. C'est une des plus riches que j'aie vues. Elle s'est formée en quelques mois, et au premier appel fait aux particuliers. Coupes ciselées, armes du moyen âge, joyaux, statuettes, il y en a là un nombre infini, presque toutes aussi rares par la matière que par l'art. La plupart sont des pièces historiques. Mon compagnon me montrait avec orgueil les armes de Mathias Corvin, le sabre de Pierre le Grand à Pultawa, la selle de Soliman, une branche d'arbre coupée par Nelson, après Aboukir; mille autres objets curieux. Les colliers, les bracelets, les anneaux, les bijoux de toutes formes remplissent des vitrines entières.

« Vos femmes, dis-je à mon guide, se sont donc dépouillées de leurs écrins ?

— Non pas elles, me dit-il, mais nous-mêmes. Nos ancêtres aimaient les riches parures. Voici des brillants qui ont orné le cou de Mathias Corvin, et ces bagues énormes n'ont point été faites pour les doigts délicats d'une femme. »

Les Hongrois, en effet, ont gardé de leur origine asiatique ce goût singulier pour la parure. Au moyen âge, tout l'or et tout l'argent qu'ils retiraient du butin ennemi était employé à parer les selles, les brides de leurs chevaux, les manches de leurs poignards. Que de jeunes étudiants j'ai vus dans les rues de Pesth faisant étinceler leurs doigts chargés de bagues!

Nous sommes allés du musée au Rakos. Le Rakos est une grande plaine, moitié sable, moitié prairie, qui s'étend à une extrémité de la ville. Mon ami hongrois n'eût pour rien au monde manqué de m'y conduire. C'est le lieu le plus cher aux Madgyars, et le plus riche en traditions antiques. Là se tinrent, pendant toute la durée du moyen âge, ces diètes fameuses dans l'histoire de la Hongrie. Étranges assemblées! des guerriers à cheval, sous le vaste ciel, y délibéraient des plus graves intérêts de la nation. Ils s'y rendaient dans le plus magnifique costume, parés de tous leurs joyaux. Ce n'étaient que manteaux flottants, fourrures, aigrettes, étoffes de velours broché d'or. Ils avaient leur épée au côté, leur arc et leur carquois sur l'épaule. Plus d'une fois, quand les passions s'échauffaient, la délibération devenait sanglante. Les sabres sortaient du fourreau; les lames brillaient. Une flèche partie d'une main impatiente était suivie de vingt flèches. C'était une immense confusion de chevaux qui hennissaient, s'emportaient, se cabraient, et de cavaliers qui applaudissaient ou protestaient par de sauvages clameurs. Il n'y avait pas d'autre scrutin. Là on nommait les rois, on votait la paix ou la guerre. La guerre surtout y était acclamée avec ardeur.

Cette assemblée délibérante n'offrait-elle pas l'image de la nation entière prête à livrer bataille?

Aujourd'hui le Rakos est abandonné, et cet abandon dure depuis le jour où la Hongrie, vaincue par les Turcs, s'est donnée à l'Autriche. Les princes autrichiens eurent peur de ces assemblées tumultueuses, où des sujets votaient, les armes à la main, l'élection de leurs princes. La diète fut transportée à Presbourg. Mais le Rakos est resté cher au cœur des patriotes. Une croyance populaire, dont la trace se retrouve dans de vieilles chansons, veut qu'un jour cette plaine redevienne glorieuse. Le sang des Turcs, dit la légende, coulera sur le sable du Rakos, et ainsi sera effacé l'affront de Mohacz.

En 1849, les Hongrois, dans une bataille qui dura quatre jours, avaient reculé pied à pied devant les Autrichiens. Arrivés au champ du Rakos, un courage invincible s'empara d'eux. Ces soldats épuisés semblèrent avoir reçu des forces nouvelles. L'âme de leurs ancêtres était passée en eux sur ce sol sacré. Ils réalisaient la fable de ce géant fils de la terre qui reprenait ses forces chaque fois qu'il touchait sa mère.

Les souvenirs du Rakos, son abandon, sa tristesse, ont été chantés par un poëte madgyar. Ses vers s'appellent *l'air du Rakos*. La musique en est mélancolique comme la pensée. Il n'y a pas de

Hongrois qui ne l'entende avec émotion. Ce n'est pas une *Marseillaise*, c'est une élégie pleine de larmes, c'est le chant du passé. Un laboureur conduit sa charrue au bord de la plaine déserte, et voici les pensées qui l'assiégent :

« Ce que mon père racontait si tristement, qu'autrefois la vie était belle ici, mon cœur le sent. Je soupire en labourant la terre du Rakos.

« Où est Mathias le Juste? Tu l'as vu, heureux Rakos. Peut-être dans les vieux temps a-t-il couru à cheval là où maintenant je laboure !

« On dit qu'ici les vaillants se réunissaient et tenaient conseil. Quand la trompette sonnait la bataille, comme des aigles ils volaient pour combattre.

« Ils sont passés, et toi, Rakos, te voilà. Combien d'hommes vois-tu sur ton sol? Hélas! j'y trouve à peine un Madgyar, et je continue de labourer avec douleur.

« De Pesth et de Bude bien des gens sortent qui ne comprennent pas notre langue. Ah! bientôt les paroles hongroises seront rares ainsi que le corbeau blanc!

« Un vent froid souffle d'en haut, qui, sur son aile bruyante, apporte les brouillards sombres. Peut-être que la poussière de cette belle plaine vient de la cendre des nobles cœurs.

« Brune fille du village, ne bois pas des flots

du Rakos [1]. Ses eaux coulent sur les ossements madgyars, et sont amères de larmes.

« Rakos! Rakos! qu'es-tu devenu? Tu es tombé de ta belle gloire! A cette vue mon cœur souffre, et je laboure en pleurant le sol de ma patrie [2]. »

Nous avons dit comment la diète avait quitté Presbourg. Les Madgyars ont encore obtenu qu'elle siégeât à Pesth, et non à Bude. Toutefois la séance d'ouverture se fait dans cette dernière ville. La diète, quand j'arrivai, était dissoute depuis quelques jours; je visitai seulement la salle des séances, dans un pavillon du muséum. Elle était décorée de drapeaux aux armes hongroises. Un pupitre était encore tendu de noir. C'était celui de l'infortuné Ladislas Téléky, dont la mort tragique est restée environnée de mystère. La dissolution de la diète avait jeté un grand ferment dans les esprits. Dans les cafés, une foule nombreuse se livrait aux plus ardentes discussions. Je ne les comprenais pas; car la langue allemande, qui règne presque uniquement à Bude, est proscrite par les Hongrois de Pesth. C'est une des formes les plus sensibles de leur opposition à l'Autriche. Ils y mettent une obstination singulière. Au théâtre, ayant interrogé en allemand un jeune étudiant hongrois, mon

---

[1] Il y a une rivière qui porte aussi le nom de Rakos.
[2] *Charles Kisfaludy*, ap. Aug. de Gérando.

voisin, je n'en pus tirer aucune réponse, jusqu'au moment où je m'avisai de lui parler en français, ce qui nous mit tout de suite en bonne intelligence. J'assistais donc, sans les comprendre, à ces conversations politiques dans les jardins et les cafés. Mais la verve et l'animation de ces hommes m'enchantaient. Je sentais qu'une passion puissante et sincère faisait battre ces cœurs, et je m'associais sans les entendre à leurs vœux patriotiques, à leurs espérances. C'est un grand spectacle que celui d'un peuple qui combat par les armes du droit et de la justice pour sa liberté, et qui, par une conduite ferme et modérée, témoigne qu'il est digne de la posséder. J'y assistais en Hongrie. Un nom frappait souvent mes oreilles : c'était celui de M. Deak, le chef le plus populaire du mouvement libéral, le rédacteur de l'adresse qui a fait tant de bruit, il y a un an. J'eus le plaisir de le rencontrer lui-même. C'est un homme qui paraît âgé de quarante-cinq ans environ. Il a un embonpoint rare chez les Hongrois, qui se conservent longtemps minces et nerveux. Sa figure porte un caractère remarquable de résolution et d'énergie. Ses cheveux noirs et sa grande moustache en augmentent l'effet. Ses yeux jettent du feu, et sa parole brève et forte sort d'une bouche pleine de distinction. Il a joué le premier rôle dans la diète de 1861, et dirigé, on peut le dire, la conduite de la chambre. Sa popularité est très-grande, et ces mots : *Eljen Deak!* (vive Deak!) m'ont plus d'une fois frappé l'oreille.

Pesth m'a fait éprouver une impression presque unique dans mon voyage. Au bout de plusieurs jours, j'y trouvais un attrait de nouveauté aussi vif qu'au premier. L'œil se lasse de tableaux, de statues, d'édifices, de lacs et de montagnes. L'art et la nature ont leur satiété. L'homme offre seul aux regards de l'homme un spectacle inépuisable. Jamais, ni à Vienne, ni à Munich, je n'avais senti le désir d'y demeurer. J'aurais voulu vivre plusieurs mois à Pesth; j'aurais voulu m'initier aux mystères de cette langue, de cette civilisation, de cette politique; épouser autrement que par des vœux les espérances de ce peuple, me mêler à sa vie et à son activité passionnée. Vains désirs! je ne verrai de tout cela que l'écorce. Je ne pourrai non plus pénétrer dans ces campagnes où des familles de paysans mènent une existence si curieuse. Je ne connaîtrai pas cette hospitalité madgyare si célèbre, et, à ce qu'il paraît, si digne de l'être. Je traverserai la Hongrie au fil de l'eau, et ne la verrai que sur le bord de son beau fleuve. Le temps, la santé, l'argent, tout me manque. Amer regret! Mais du moins j'aurai senti, dans sa magnifique capitale, les plus forts battements de son cœur; et de ces choses dont beaucoup ne m'ont pas livré leur secret, j'emporterai cependant un souvenir ineffaçable.

La veille de mon départ, je repassai le pont, et je gravis les hauteurs qui entourent Bude, à l'endroit où s'élevait autrefois un observatoire. Les deux villes étaient à mes pieds; et, sous un ciel légèrement brumeux, le fleuve coulait entre elles dans toute sa majesté. Mon hôte madgyar m'accompagnait. Nous causâmes longuement de son pays et du mien : c'est une matière qu'on n'épuise pas. Sur le point de redescendre vers la ville :

« Eh bien! me dit-il, qu'allez-vous dire de nous à vos compatriotes?

— Une seule chose, répondis-je : que j'ai vu une grande cité et un grand peuple. »

Nous nous serrâmes la main, et ce furent nos adieux. Le lendemain, je continuais à descendre le Danube.

Son lit, jusqu'à Belgrade, est une plaine immense, où son eau se répand à pleins bords. C'est par là qu'il y a des siècles les Hongrois s'avancèrent à la conquête de la contrée qu'ils habitent. Leur histoire commence par une légende, qui a quelque rapport avec certains récits d'Hérodote :

« Ayant appris, dit un chroniqueur latin du xve siècle, que le sol était fertile, le Danube un fleuve excellent, et qu'il n'y avait pas au monde de terre meilleure, ils résolurent d'envoyer un messager nommé Kusid, fils de Kund, le chargeant d'aller, de regarder le pays, et d'en reconnaître les habitants. Kusid, étant arrivé au cœur de la Hongrie et descendu vers le Danube, vit une région agréable, une terre partout bonne et fertile, les rives du fleuve riches en pâturages, une eau excellente. Il se rendit près du chef de la contrée, qui se nommait Zwatapoluz (Zwentibold, duc de Moravie), le salua de la part de ses maîtres, et lui découvrit la cause de son voyage. Ces paroles remplirent Zwatapoluz d'une grande joie; il les prenait pour de rustiques peuplades venues pour cultiver ses terres. Il leur fit donc une réponse favorable. Quant à Kusid, il remplit une bouteille de l'eau du Danube, mit de l'herbe des rives dans un sac, prit une poignée de cette terre noire et grasse, et revint vers les siens. Le récit de son voyage, tout ce qu'il avait vu et entendu leur plut extrêmement. La bouteille d'eau, la terre et l'herbe leur furent présentées. Ils y goûtèrent, et reconnurent que la terre était fertile, l'eau douce, les prés propres à la nourriture des chevaux. Alors Arpad (c'était leur chef) verse dans une urne l'eau du Danube; puis, en présence des Hongrois assemblés, il appelle sur cette eau la bénédiction du Ciel, et demande à Dieu de lui donner la possession éternelle de cette terre. A ces mots, les Hongrois tous ensemble poussent à trois reprises le cri :

« Dieu! Dieu! Dieu! » Ainsi naquit cet usage, encore en vigueur chez eux. Puis, d'un commun accord, ils envoient un messager à Zwatapoluz, pour lui offrir, en échange de sa terre, un grand cheval blanc avec une selle ornée d'or et un frein doré. A cette vue, la joie du chef s'accrut encore. Il pensait que c'était le présent envoyé par ses nouveaux sujets, en échange d'une portion de territoire. Le messager demande au roi la terre, l'herbe et l'eau.

« Le roi se met à rire. « Qu'ils en prennent, dit-
« il, autant qu'ils en veulent pour ce présent. » Et le messager revint vers les siens. Cependant Arpad entra en Pannonie, et il envoya un troisième messager au roi de la contrée, chargé de cette ambassade :

« Arpad et les siens te somment de quitter cette
« terre, qu'ils ont achetée de toi. Ils ont payé la
« terre avec le cheval, l'herbe avec le mors, l'eau
« avec la selle. »

« Le roi se mit à rire, et dit : « J'assommerai
« le cheval avec une massue ; je jetterai le mors
« dans l'herbe des prés, et la selle d'or dans l'eau
« du fleuve. »

« Le messager reprit : « Qu'est-ce que cela
« nous fait ? Tue le cheval ; il servira de pâture
« aux chiens. Jette le mors dans les prés ; les fa-
« neurs le trouveront. Jette la selle dans le fleuve ;
« les pêcheurs la ramèneront à la rive. »

« Le roi se décida alors à rassembler une armée. Il demanda des secours à ses alliés, et marcha avec toutes ses troupes à la rencontre des Hongrois[1]. »

Les Hongrois, vainqueurs, devinrent maîtres de tout le pays. Pendant plusieurs siècles, ces fils des Huns et d'Attila se firent, par toute l'Europe méridionale, une réputation de férocité presque égale à celle de leurs aïeux. Leur grande taille, leur impétuosité, leur mode de combattre, les rendirent l'épouvantail de leurs voisins. Les chroniques du moyen âge sont pleines de récits de combats contre les géants hongrois. Dans notre langue, le mot d'*ogre* pourrait bien venir de *Hongrois*. Peu à peu cependant ils se policèrent. Saint Étienne fut le saint Louis de ce peuple. Il est en même temps leur premier roi et leur premier législateur. Deux siècles après lui, André II accorda aux nobles la *Bulle d'Or*. C'est dans le même temps que saint Louis donna ses *Établissements,* et le roi Jean la *Grande-Charte* anglaise. Puis le trône devient électif. La Hongrie doit à la monarchie élective ses malheurs et la perte de son indépendance. Mais quelle gloire ne lui doit-elle pas aussi? Jean Hunyade et Mathias Corvin, comme Ottocar et Charles IV, en Bohême, sont des noms dont un

---

[1] *Thuroczi Chronica.*

peuple a raison d'être fier. Sous Mathias Corvin, la Hongrie me semble avoir atteint l'apogée de sa grandeur. Sentinelle victorieuse sur le Danube, elle met son héroïque épée au service de l'Europe contre les Turcs. Conquérante, elle plante son drapeau sur les murs de Vienne, et fait subir aux Slaves de la Bohême, comme aux Allemands de l'Autriche, l'empire de la couronne de saint Étienne. Sous ce règne, la race madgyare a l'ascendant sur les deux autres. Corvin eut aussi le génie qui gouverne et administre. Il compléta les lois de sa patrie, fonda l'université de Bude, la bibliothèque, policia son peuple par la culture des lettres.

Je ne sais s'il existe des monuments de la littérature nationale de son temps; mais plus d'un chroniqueur a fait de la langue madgyare à cette époque un grand éloge. L'un d'eux est frappé de sa dignité et de sa noblesse naturelle; il observe qu'elle est aussi correcte dans la bouche du paysan que dans celle du magnat. Une tradition fidèlement suivie conserve dans sa pureté la prononciation, l'accent, le sens des mots[1]. Un autre, la confrontant avec les autres langues de l'Europe,

[1] Hungari, sive nobiles, sive rustici sint, eadem fere verborum conditione utuntur, sine ulla varietate loquuntur. Eadem enim pronuntiatio, eadem vocabula, similes accentus ubique sunt..., etc. (Ap. Galeottum Martium.)

la met bien au-dessus de l'allemand, qu'il compare au « rugissement d'une bête », et bien au-dessus de l'italien, « dont le murmure ressemble au gazouillement de l'hirondelle [1] ». Mathias avait lui-même tous les goûts d'un lettré. La cour de ce soldat couronné offrait ce singulier contraste de conversations savantes, interrompues par le bruit des armes. A table, dit le chroniqueur de ses faits et gestes, l'entretien roulait toujours sur quelque sujet agréable ou sérieux. Un vers de Térence, de Virgile, de Lucain, servait de texte de dissertation. Ou bien des chanteurs, s'accompagnant sur la lyre, faisaient entendre quelques chants nationaux, composés à la gloire des ancêtres et des triomphes remportés sur les Turcs. Peu de chants amoureux; plus souvent des disputes théologiques. Le roi les aimait, et sa mémoire prodigieuse lui donnait les moyens d'embarrasser ou d'étonner ses adversaires [2]. Joignez à ces goûts une force physique incroyable. Ce dernier trait n'est pas indifférent en Hongrie. Il fallait à ce peuple vigoureux et un peu sauvage, comme aux Francs de Pepin le Bref, un prince qui les dominât par le double ascendant de l'esprit et du corps. Mathias

---

[1] Ap. *Thuroczi Chron.*

[2] Voir dans Galeottus Martius (*de Dictis et Factis Mathiæ regis*, p. 385) une curieuse dispute avec un théologien renommé.

tenait extrêmement à ce dernier empire, et d'autant plus que sa petite taille l'exposait, comme Pepin, aux dédains de sa noblesse. « Un jour, raconte Galeottus Martius, un Allemand nommé Holubar, renommé pour sa force et son adresse dans les tournois, vint en Hongrie. Il y était précédé de la réputation d'invincible. Mathias, ayant appris son arrivée et les détails de ses exploits, résolut de se mesurer avec lui. L'Allemand s'en défendit par respect pour la majesté royale. Pressé par le roi, il consentit pourtant, mais en se promettant de lui rendre la victoire facile. Mathias, pénétrant son dessein, lui fit jurer sur les saintes reliques de ne pas l'épargner, et de combattre avec lui comme avec le dernier des chevaliers. Holubar jura. Le jour venu, en présence de toute la cour et de la chevalerie de la contrée, les deux champions, montés sur les ardents coursiers du pays, s'élancent l'un contre l'autre la lance en arrêt. Holubar, frappé au front, est renversé avec son cheval... Cette victoire fut agréable au roi. » Elle le fut à toute la nation; elle le serait encore aujourd'hui. Les Hongrois ont gardé de leurs ancêtres la force, l'adresse, l'agilité, le goût des exercices du corps. Un jour, un agitateur célèbre, embarrassé par un adversaire qui, du haut d'une table d'auberge pérorait contre lui, enlève la table, et aux applaudissements du peuple fait disparaître la tribune et l'orateur. Tout le monde a vu, à Pesth, l'illustre comte Szechéni traverser à la nage la vaste et rapide nappe d'eau qui s'étend entre Bude et Pesth. C'était pour le peuple une joie aussi grande que s'il remportait quelque victoire sur le cabinet autrichien.

Mathias Corvin est donc, à tous ces titres, le héros populaire de la Hongrie. Son image est dans toutes les chaumières, et je l'ai vue à Pesth dans tous les lieux fréquentés des Madgyars. Ils l'appellent encore Mathias le Juste, et conservent ce proverbe : « Depuis le roi Mathias plus de justice. » Quelques traits de cette justice, conservés par l'histoire, ont bien le droit de nous étonner, et l'on peut penser que ce fils d'Attila avait gardé quelque chose de la duplicité de son ancêtre. Mais cet air de famille est loin de déplaire aux Hongrois; le nom d'Attila ne les effraie pas; ils le dépouillent de sa sinistre renommée; ils lui laissent son incontestable grandeur.

J'essayais par ces souvenirs d'animer les bords du fleuve et de peupler la vaste plaine qu'il parcourt; car c'est un assez triste voyage que cette fin du Danube hongrois. Tous les voyageurs ont été saisis de la tristesse, de l'abandon de ces contrées. « Ce qui frappe tout d'abord dans ce pays, dit l'un d'eux, c'est le désert. Ce sont ces

LE DANUBE ALLEMAND ET L'ALLEMAGNE DU SUD.

BELGRADE.

steppes infinis qui se déroulent sous un ardent soleil. On douterait que ce sol étrange fût habité, si quelquefois un cavalier aux vêtements flottants n'apparaissait à l'horizon, si l'on n'apercevait ailleurs de vastes champs de blé, dont les épis touffus ondulent par grandes vagues; si l'oreille n'était frappée du son de la trompe d'un berger ou d'une cloche lointaine[1]. »

A de longs intervalles des lieux connus réveillent l'attention. Voici Mohacz et le champ de bataille où la Hongrie avec sa fortune tombe sous le cimeterre turc. Elle s'en relève sujette de l'Autriche. Voici Peterwardein, dressant sa haute forteresse.

Enfin Semlin et Belgrade, l'une autrichienne, l'autre turque, s'étalent en face l'une de l'autre, sur les deux rives.

> Allons, la Turque et la chrétienne,
> Semlin, Belgrade, qu'avez-vous ?
> On ne peut, le ciel me soutienne,
> Dormir un instant, sans que vienne
> Vous éveiller d'un bruit jaloux
> Semlin et Belgrade en courroux [2].

On peut écrire ici : *Finis Germaniæ*.

---

[1] Aug. de Gérando, *Steppes de Hongrie*.
[2] V. Hugo, *Orientales*.

Au delà, le Danube arrose une contrée, des peuples tout différents. Que Dieu nous prête vie, nous irons quelque jour achever ce voyage, et suivre le fleuve jusqu'au terme de sa course, non loin des lieux où Stamboul mire ses marbres et ses palmiers dans les flots enchantés du Bosphore.

CHAPITRE XIII

TRIESTE ET VENISE

Les grottes d'Adelsberg. — Trieste et Marseille.
— Croquis de Venise.

Deux lignes de fer unissent le Danube à l'Adriatique : l'une, partie de Bude, traverse les plaines occidentales de la Hongrie, longe le grand lac Balaton, dont les rives sont plates, mais bien cultivées ; l'autre, venue de Vienne, franchit par de magnifiques tranchées les Alpes de Styrie ; toutes deux se réunissent à Pragerhof, et par une voie unique se dirigent sur Trieste. Avant de me rendre dans cette ville, je me suis arrêté à Adelsberg.

Adelsberg est un méchant village perdu dans la montagne. Mais on y visite des grottes qui sont les plus belles de toute l'Allemagne. Elles s'étendent sur une surface de plusieurs lieues, dans les flancs d'une montagne aride et pelée. On s'y rend muni d'un guide et d'un sauf-conduit. Ce dernier est délivré par le directeur de la grotte :

c'est son titre officiel. Vous reconnaissez la bureaucratie autrichienne. Après un quart d'heure d'attente dans son cabinet, ce fonctionnaire daigna me donner audience, assisté de sa femme et d'un futur petit directeur âgé de trois ans. Il m'en coûta quatre à cinq florins. Il m'en eût coûté bien davantage, si je n'eusse rencontré chez M. le directeur une famille anglaise, laquelle m'octroya, quoique non présenté, la faveur de m'adjoindre à elle. Je partis donc avec le père et la mère, et deux jeunes ladies, si parfaitement semblables, qu'on eût dit deux sœurs jumelles.

Cette grotte d'Adelsberg est un des plus étonnants ouvrages de la nature. La stalactite y produit les formes les plus imprévues, les plus ingénieuses combinaisons. Une végétation de marbre et d'albâtre couvre les murailles, de grands lustres pendent aux voûtes, des arbres en fleur s'épanouissent dans l'ombre. Des voiles de dentelle et de longues draperies de pourpre ou de safran tombent jusqu'à terre, et la torche du guide, agitée par derrière, en fait ressortir la délicatesse et la transparence. De capricieux arbustes, lierre, vigne, chèvrefeuille, grimpent aux corniches, et disparaissent dans une ombre que rien ne dissipe.

D'autre part, la stalactite semble lutter avec l'art humain. Une colonne s'élance. Son fût poli

LE DANUBE ALLEMAND ET L'ALLEMAGNE DU SUD.

GROTTE D'ADELSBERG.

et jaspé soutient une voûte régulièrement arrondie : c'est un portique. Les chapiteaux en fleurs rendraient Corinthe jalouse. Plus souvent des arceaux gothiques forment l'ébauche d'une antique cathédrale. Ébauche mystérieuse, inachevée ; car l'étrange architecte, la nature, travaille par caprices et sans suite. Sans cesse elle modifie son plan : rien ne se termine sous sa main. Tout, chez elle, tient du rêve et de la fantaisie, et ses rêves se mêlent d'une étrange façon. Elle fait comme l'enfant avec son crayon : elle ajoute les images les unes aux autres, sans se soucier de l'unité ni de la proportion, jusqu'au jour où, comme l'artiste mécontent de son œuvre, elle efface sans en laisser une trace, ses imparfaites conceptions.

Il y a deux endroits particulièrement beaux dans cette grotte : c'est la *Salle de bal* et le *Calvaire*. La salle de bal est un grand cirque, surmonté d'une haute coupole, que décorent les plus bizarres sculptures. Ce sont comme des serpents et des lézards gigantesques, entrelacés autour de troncs d'arbres noueux et tordus. On dirait un plat de Bernard Palissy, accru de proportions gigantesques. Au fond de la salle, une sorte de scène attend des musiciens ou des acteurs. Tout autour, ce sont des gradins naturels, des galeries soutenues par de grands piliers cannelés, des loges aux parois d'albâtre, des candélabres à vingt branches. C'est un coup d'œil très-curieux. Pour rendre l'illusion plus complète, on avait allumé deux ou trois lustres de fer scellés dans le rocher, et disposés à cet effet. Nos jeunes ladies battirent des mains de plaisir, puis, se prenant la taille, se mirent à danser au son d'une valse fredonnée par elles-mêmes. Pour moi, je me croyais plutôt dans un théâtre, et, ma mémoire ne me fournissant rien d'assez fantastique, j'ébauchais moi-même un drame impossible; et, à défaut de paroles, je prêtais à ces personnages de ma fantaisie les mélodies les plus suaves de l'*Oberon* de Weber.

On a donné le nom de Calvaire à une colline qui surgit dans le propre sein de la montagne; car cette grotte est un microcosme. Elle a des vallées et des montagnes, des plaines et des lacs dont l'eau, éternellement noire et glacée, ne s'éclaire que des lueurs fauves de la torche des guides.

On gravit ce Calvaire par un sentier étroit et montueux. De petites lumières sont disposées tout le long. A droite et à gauche, des formes blanches, debout ou agenouillées, comme des femmes en prière, accompagnent la marche du pèlerin. On dirait ces saintes femmes de l'Évangile qui suivaient le Christ au terme de sa Passion douloureuse. Au sommet s'élève une grande croix, naturellement formée par la stalactite, entre deux autres croix plus petites. En vérité, ce lieu est solennel et religieux. On s'y sent naturellement porté au silence et au respect.

Au pied de la croix, l'œil plonge dans une vallée étroite et profonde. Elle n'a pas reçu de nom; je lui ai donné celui de *vallée de Josaphat,* car du sein de son ombre je voyais distinctement des tombes, des pierres lentement soulevées, et des ombres humaines dans leurs blancs suaires. « Réveillez-vous, ô morts, et paraissez au jugement ! »

Je me rendis le lendemain à Trieste. Trieste, cette Marseille de l'Adriatique, m'a frappé par un grand air de ressemblance avec sa rivale française. C'est comme elle une ville animée, populeuse, bigarrée, bruyante. C'est presque la même configuration topographique. La vieille ville, la cité romaine s'était plantée sur l'un des mamelons de la chaîne de montagnes qui serre de très-près le rivage. Peu à peu les maisons ont quitté les hauteurs, et ont glissé le long des pentes jusqu'à la mer. Comme Marseille, Trieste s'est avisée un jour que son aspect extérieur ne répondait pas à sa prospérité, que ses rues sentaient un peu trop la misère et le moyen âge. Aussitôt des hôtels, des théâtres, des églises, des palais publics et privés se sont élevés, alignés, décorés. De grandes places, des rues et des quais somptueux se sont formés. On y circule sur de grandes dalles, où les pieds des chevaux font un bruit superbe. Les mendiants, les *facchini,* les matelots, parfois les jeunes villageoises venues au marché, y montrent leurs pieds nus, dorés par le chaud soleil du Midi.

Le port a par lui-même peu de sûreté, étant tout artificiel et protégé seulement par un môle bâti du temps de Marie-Thérèse. Quelques bassins pénètrent, comme au Havre, dans le cœur de la ville. Il y règne un grand mouvement, et l'oisif a fort à faire pour s'y garer contre les ballots de marchandises qui roulent de tous côtés. Il s'en faut pourtant que j'ose comparer cette activité à celle de Marseille. La fortune de Marseille, quelque temps balancée par celle de Trieste, a pris un essor qui va toujours croissant; elle a depuis longtemps dépassé sa rivale. Les chiffres suivants établiront dans quelle proportion.

Trieste compte 92,000 habitants, dont 71,000 dans la ville et le reste dans sa banlieue. En 1858, le mouvement maritime était de 20,631 navires, composant un tonnage de 1,531,765 tonneaux (entrées et sorties réunies).

Le mouvement maritime de Marseille représente un tiers du mouvement général des ports de France. Et quant à sa population, voici le tableau de ses progrès à chaque recensement, depuis 1789 :

En 1789. . . . 77,222 habitants.
— 1821. . . . 109,483 —
— 1831. . . . 148,830 —
— 1841. . . . 154,035 —
— 1856. . . . 185,649 —

On monte de la nouvelle ville à l'ancienne par une des plus rudes échelles que j'aie gravies. Tandis que je m'essuyais le front, un cortége funèbre vint déboucher à côté de moi sur la route. C'était le convoi d'un jeune enfant. Le prêtre marchait le premier, précédé de la croix d'argent; deux jeunes garçons suivaient, portant la bière. Ils avaient aux bras, au lieu de crêpe noir, de longs rubans de tulle blanc. Leurs forces pliaient sous le pénible fardeau. Un lambeau d'étoffe rouge couvrait la bière, et quand le vent le soulevait, on voyait le bois sombre et nu du cercueil. Quelques femmes suivaient en pleurant; l'une d'elles portait la croix de bois blanc qu'on devait planter sur la fosse. Elles s'arrêtaient souvent, avec tout le cortége, pour reprendre haleine et s'essuyer le front et les yeux : c'était lugubre à voir.

La cathédrale, où j'entrai avec eux, est une vieille basilique toute minée de vétusté. On la dit bâtie avec les pierres d'un temple païen. On a scellé dans la façade des pierres sépulcrales de prêtres et d'évêques, et parmi elles des bustes d'une grande antiquité. L'un d'eux remonte assurément aux premiers siècles de l'Église, et semble contemporain du martyr qu'il représente.

La terrasse de la cathédrale offre une vue magnifique. J'avais sur ma tête les bastions de la forteresse, plantés de vive force sur le granit de la montagne. A droite et à gauche, un demi-cercle de montagnes arides, dont les créneaux dessinaient leur ligne dentelée sur le ciel éblouissant. Des maisons de campagne, des bastides blanches y cherchent une ombre rare, et s'entourent d'une maigre et poudreuse verdure. Cette campagne est brûlée comme celle de Provence. Sous mes pieds se pressaient un amas de pauvres maisons, couvertes de tuiles, entourées de petits jardins, de vignes en berceaux, de figuiers chargés de fruits mûrs, et à leurs pieds de grands concombres, dont le ventre étincelait comme du jaspe. De là, par mille gradins, l'œil descendait jusqu'au port. Je voyais la mâture des grands vaisseaux dont le corps m'était caché, j'entendais la rumeur des marchands et des matelots; surtout je noyais mes regards dans l'immensité bleue de la mer; je suivais les barques qui s'en vont et celles qui arrivent; et par delà le voile d'une brume légère, je rêvais à Venise.

Cette terrasse, magnifique observatoire de l'Adriatique, fut le lieu de sépulture du fameux Fouché. On a mis sur la tombe d'un guerrier cette inscription expressive :

STA, VIATOR, HEROEM CALCAS.

Arrête-toi, voyageur, tu foules un héros.

On devait écrire sur celle de Fouché :

Éloigne-toi, voyageur, tu foules un traître.

Cet homme fut le génie même de la trahison. C'est la plus odieuse figure qui se rencontre dans l'histoire de notre révolution. Il a servi toutes les causes, il les a toutes trahies; et il l'a fait froidement et avec calcul.

Il y a, si je puis dire, des trahisons éclatantes. Celles de Fouché furent toujours basses et ténébreuses. Elles venaient non de l'orgueil, ni de la passion, ni de la colère. C'était l'acte d'une âme vile et corrompue, qui s'était fait du cynisme une habitude et un besoin; pareil à ces animaux impurs qui ne peuvent supporter l'air que nous respirons, et qui vont chercher dans l'ombre une infecte pâture.

Du plateau culminant où s'élève la cathédrale je redescends dans la ville par un dédale de ruelles, d'escaliers, de passages sans forme et sans nom. Je me crois de nouveau dans le ghetto de Prague. Une misérable population se traîne à mes pieds, accroupie sur les portes, le long des bouges, sur les dalles humides, dans la boue du ruisseau. Des femmes et des enfants flétris, livides, couverts de lèpres hideuses, rongés de vermine, me regardent avec un étonnement malveillant. L'étranger ou le citadin ne s'aventurent guère dans ce cloaque. Quelques-uns me tendent la main, et je m'enfuis bien vite, en leur laissant quelques oboles. Pauvres gens! à deux pas de cette plage et sous ce beau ciel, qui donc les condamne à cette incroyable et repoussante misère? Que ne vont-ils dans l'Océan, qui se brise sous leurs pieds, plonger leurs haillons et purifier leurs corps! Mais quoi!

La mer y passerait sans laver la souillure.

Je me suis embarqué pour Venise à minuit. Heure fâcheuse; mais je n'avais pas le choix. La mer était sans vague, et la nuit admirable. Pas un souffle dans l'air. Au lieu de descendre dans la cabine encombrée de buveurs, de joueurs et de ronfleurs, je restai sur le pont, étendu sur un banc, enveloppé dans mon manteau, et, bercé par la tranquille Adriatique, je m'endormis à l'air tiède de la nuit, sous un ciel étoilé d'or.

A l'aurore, Venise se lève dans la mer. Le soleil l'inonde de lumière et de pourpre. Ses clochers,

VENISE.

ses dômes, ses coupoles nous font signe de loin. Mais avant de les atteindre il faut faire de longs détours dans la lagune, longer des batteries, raser des forteresses, éviter des bancs de sable. Le palais de cette reine de la mer a de perfides entrées. Nous arrivons enfin, et nous jetons l'ancre en face du palais des doges, dont la longue et belle ligne se développe en arcades sculptées, à quelques pas de la rive. Les gondoles et les gondoliers battent les flancs du vapeur. Le commissaire impérial monte à bord et vérifie nos papiers : le signal est donné. Les gondoliers s'emparent de nous. Je tombe pour ma part aux mains d'un grand drôle, noir comme du bronze. Il me rappelle le More de Venise. Il est coiffé d'une chevelure qui se hérisse sur sa tête comme la crinière du lion de Saint-Marc. Avant que j'aie pu dire un mot ou faire un signe, mon bagage est lancé dans la gondole. Je le suis de près, et, sans trop savoir comment, je me trouve transporté sur le quai des Esclavons, à l'*Albergo reale del signor Danieli* (Hôtel-Royal Danieli).

Il signor Danieli et toute sa maison, en cravate blanche et en habit noir, me reçoivent sur le seuil. Je m'aperçois que je suis logé dans un palais, à la droite des doges. Tout bas ma bourse en murmure, et me prédit un quart d'heure de Rabelais fatal. Mais ma chambre est si belle, j'ai sur la mer une vue si splendide, que j'en prends mon parti, et me résigne à vivre pendant huit jours comme un prince.

Tomber à Venise après deux mois de séjour dans les bonnes et graves cités du continent allemand, c'est passer de la réalité au rêve. Le temps que j'ai passé dans cette ville me fait, quand j'y pense, l'effet d'un rêve. De tout ce que j'y ai vû de magnifique, ma mémoire n'a gardé qu'une idée confuse, comme d'un spectacle éblouissant dont l'œil n'a pu se rassasier. Il règne une telle mollesse dans ces lieux, l'âme y respire partout tant de langueur, qu'elle s'y relâche et s'y endort. Les ressorts de l'attention se détendent; aux joies mâles que donne ailleurs l'activité de l'esprit qui juge, raisonne et compare, succèdent ici d'autres joies plus énervantes, et, le dirai-je, aussi douces. Ici, on ne raisonne pas, on jouit; les pensées, comme les objets, n'apparaissent à l'esprit que voilées et confuses, comme, à travers la brume orangée du matin, apparaissent sur l'Adriatique les dômes de Saint-Marc. La vue de la mer favorise et nourrit cette rêverie. La mer entre partout dans la ville. C'est merveille de l'entendre se briser sur les degrés de marbre des palais, dans le grand canal. Des gondoles y sont amarrées et se balancent vides, attendant que la fraîcheur fasse sortir les hôtes de ces demeures. D'autres sont là pour le voyageur. Le prix est minime. Tout le jour, couché sous la tente dressée dans la gondole, je me fais conduire à travers les méandres de l'Adriatique, dans les mille ruelles de la ville. Je passe sous ces ponts de marbre dont l'arche anguleuse unit les rives étroites. Je rase de mystérieux logis; je voudrais soulever les tentures éclatantes qui ferment les balcons, et voir apparaître ces patriciennes que le pinceau de Véronèse nous montre si fières, si riches et si belles. Je vais au Lido, plus beau dans les romances que dans la réalité; j'escalade le Rialto, dont la grande arche encadre si majestueusement la belle perspective du grand canal. Si la chaleur est trop forte, je reste au logis, et, accoudé devant ma fenêtre, je noie mes regards dans l'azur de la mer; je suis les voiles qui louvoient à l'entrée du port; je bois l'air chaud qui m'arrive imprégné d'humidité marine; je sens se dilater tout mon être; je m'enivre d'une délicieuse paresse et d'une ravissante oisiveté. Je ne croyais pas qu'il pût exister un état de béatitude où la pensée prît si peu de part. C'est plus que du bien-être physique, et ce ne sont pas les jouissances de l'esprit. C'est quelque chose d'indescriptible, qui tient de l'un et de l'autre, et dont le charme est infini.

Le soir, le quai des Esclavons se remplit de menu peuple. Ce sont des ouvriers, des matelots, des gondoliers. Les marchands de limonade et de pastèques font fortune. Les marionnettes en plein vent dressent leurs tréteaux. Les coups de bâton pleuvent sur le dos de Polichinelle ou de Pierrot; les lazzi pleuvent avec, et d'une voix nasillarde l'impresario invisible les entremêle du mot *canaglia,* qui a le don de soulever toujours un large rire dans la foule.

La belle société se réunit sur la place Saint-Marc. C'est un grand rectangle, dont les quatre ailes d'architecture grandiose sont entourées d'arcades. Tout le soir, elles sont illuminées *a giorno*. On y prend des glaces et des sorbets qui n'ont pas leurs pareils au monde. La musique autrichienne joue sur la place; on l'écoute peu. Pour quelques-uns même, l'arrivée des musiciens et les premières fanfares sont le signal de la retraite. C'est une forme d'opposition à laquelle les Allemands sont, dit-on, fort sensibles. Quand l'orchestre officiel s'est tu, cent petits orchestres ambulants lui succèdent, se composant de quatre ou cinq exécutants, qui forment d'ordinaire une famille. Le grand-père joue de la basse, la femme de la harpe, le mari du violon. Les enfants battent la mesure. On plante trois chandelles en terre; on étale des cahiers de musique graisseux sur des pupitres vermoulus, et l'on exécute avec un ensemble et une harmonie incroyables les concertos des maîtres. De ces violons tenus par des mains avinées, j'ai entendu sortir des chants d'une admirable pureté. Ces bohémiens mal vêtus, dont les voix sont rauques et les faces dégradées, ont un vrai sentiment de l'art et des traditions magistrales.

Pendant le jour, la place Saint-Marc est livrée aux mendiants de toutes sortes qui pullulent dans la ville. La mendicité est la plaie de Venise. C'est, à mon avis, la condamnation du gouvernement étranger. Le voyageur est assailli par ces parasites; on ne le laisse pas respirer. A peine débarqué, il est signalé. Au premier pas hors de son hôtel, il tombe aux mains d'un guide. Il n'y a pas de rebuffades que n'essuient les drôles de cette classe. Je voulus voir jusqu'où irait l'acharnement de l'un d'eux. Pendant une demi-journée, je le traînai attaché à mes talons. Vingt fois par heure il m'offrit ses services, vingt fois je lui répondis, comme les Anglais, *No no,* dont parle Topffer. Ma patience se lassa avant la sienne, et je m'en délivrai par un pourboire. Il tourna le dos. Ce fut comme un signal. Un cortége d'industriels commença à défiler devant moi. Vinrent d'abord une demi-douzaine de bouquetières, puis les marchands de gondoles en ivoire, les vendeurs de coquillages, les cigares de contrebande, les montreurs de bêtes, etc. J'allai visiter un jour une fabrique de perles. J'admirais l'empressement des ouvriers à me montrer leurs ouvrages et à m'en expliquer la fabrication. Je m'aperçus dès la seconde salle que tous ceux qui m'avaient parlé se rangeaient à ma suite. Au sortir de la fabrique, ils étaient plus de trente, les mains tendues, qui me donnaient de l'Excellence et réclamaient un pourboire. Je battis prudemment en retraite vers ma gondole. Quand j'y fus, je donnai une honnête rétribution aux plus proches, et d'un coup de pied je m'éloignai du bord. Ce que voyant, les autres firent une grande huée, et saluèrent mon Excellence de ce cri poussé en chœur avec une rageuse unanimité : *Ah ! che gran canaglia ! Mala bestia !*

Toutes les villes ont un monument caractéristique, qui est comme le symbole de leur vie passée. Là c'est une église, ailleurs une forteresse. A Venise, c'est le palais des doges. Je ne connais pas de monument plus intéressant et pour l'art et pour l'histoire. Sa colonnade, sur le quai des Esclavons, offre une merveilleuse efflorescence de courbes, de chapiteaux sculptés, d'arabesques. Je n'attends de l'Orient lui-même rien de plus beau, et songez que la mer se brise à ses pieds. L'intérieur est d'une extrême magnificence. L'escalier des Géants conduit à des salles dont le pinceau des maîtres vénitiens a décoré les parois et les voûtes. C'est une splendeur et une magie ; on est enivré de lumière et de couleurs, on est ravi de tant de beauté qui éclate et qui triomphe sous mille formes dans ces lieux.

Le même monument contient le pont des Soupirs, la salle des Dix, la gueule de lion, boîte aux lettres toujours ouverte pour les délateurs; les Plombs, et dans ses fondements d'horribles et ténébreuses prisons qu'on visite en frissonnant. Le gardien m'y conduisit, armé d'une lanterne. C'était un singulier petit vieillard, centenaire pour le moins, et qui avait vu tomber l'ancienne république et le dernier doge. Il baragouinait un jargon impossible à comprendre. Il appelait cela parler français. Asthmatique et cacochyme, il montait et descendait les escaliers tortueux en toussant. Nous étions au plus noir et au plus profond des souterrains, lorsqu'il fut pris d'une quinte si forte, que je crus qu'il allait rendre l'âme. Il en fut quitte pour cracher sa dernière dent. Mais vous jugez si j'étais rassuré. Je voulus abréger la visite; mais l'enragé petit vieillard ne me fit pas grâce d'une grille ni d'un verrou. J'allais derrière lui comme un prisonnier qui suit son guichetier.

La grande galerie était, quand nous remontâmes, pleine de gens affairés et inquiets. Je me mêlai à la foule; elle me conduisit dans une grande salle. C'était une chambre de justice. Les tribunes étaient garnies de dames et d'officiers; l'enceinte, de spectateurs impatients, tous appartenant aux premières classes de la société. On devait prononcer l'arrêt, dans une affaire politique qui venait de se dénouer Les commissaires impériaux entrèrent, au milieu d'un grand murmure, qui s'apaisa quand l'un d'eux commença la lecture de l'arrêt. Il n'y avait pas moins de trente à quarante inculpés, tous présents, impassibles et élégamment vêtus. Ils furent condamnés pour la plupart à de longues années de *carcere duro*. A chaque arrêt étaient régulièrement ajoutés ces mots : « Par effet de clémence extraordinaire. » *Per via d'estraordinaria clemenza*. C'est la formule; elle est cruelle. Laissons leurs noms aux choses. Appelons clémence l'acte du souverain qui fait grâce; appelons sévérité ou justice l'acte du magistrat qui châtie. Les condamnés se retirèrent entre plusieurs files de soldats autrichiens. L'un d'eux fut salué par les applaudissements de toute la salle. Ce fut la seule explosion bruyante des sentiments de l'assemblée. On se retira, tel qu'on était venu, avec je ne sais quoi de morne sur le visage et dans le cœur. C'est l'expression qui domine à Venise : il est impossible de n'en être pas frappé, surtout dans les réunions d'hommes cultivés; car le peuple, plus insouciant, ou ressent moins, ou témoigne moins haut sa passion. La conspiration contre l'Autriche y est permanente, sinon de fait, au moins d'intention et de désir. Les Autrichiens se sentent mal à l'aise, au sein de populations qui ne leur épargnent pas l'outrage. Ces officiers si pimpants et si fêtés à Vienne, ici le vide se fait autour d'eux; et à l'heure de la parade et de la musique la place Saint-Marc serait déserte, sans le concours des étrangers.

CHAPITRE XIV

TYROL

Vallée de l'Adige. — Trente. — Botzen. — Le Brener. — Inspruck. — Le tombeau de Maximilien. — Le musée. — Idylle sur la montagne. — Le héros national du Tyrol.

Si l'heure du retour n'eût impérieusement sonné pour moi, et si, d'autre part, la main d'il signor Danieli eût été moins rapace, je ne sais si j'eusse sitôt songé à plier bagage. Malgré sa tristesse accablante, c'est un si beau séjour que celui de cette reine de l'onde! « Voir Naples, et puis mourir, » dit le proverbe; j'y consens, pourvu qu'en m'y conduisant vous me fassiez passer par Venise.

Quant à la Vénétie, il m'a semblé que c'était pour l'heure une vaste caserne, une sorte de camp retranché, habité et gardé par des soldats. Je parle des villes; car les campagnes sont florissantes, agréables à voir, malgré la sécheresse, grâce surtout à ces berceaux de vignes dont les arcades transforment la plus méchante chaumière en un palais de verdure. Un tel bruit de tambours m'assourdit à Vérone, qu'entré par la porte vieille je me hâte de sortir par la porte neuve, non pourtant sans avoir fait connaissance avec ses vieilles rues pavées de galets, ses ponts crénelés, ses maisons moyen âge, ses curieuses églises et ses vénérables arènes. Je manque le tombeau de Roméo et Juliette, non sans dépit; mais mon dépit se change en applaudissement, quand j'apprends d'un touriste que ce tombeau est une mystification, un piége tendu à la crédulité sentimentale.

De Vérone à Trente j'ai suivi la belle vallée de l'Adige. L'Adige roule son eau torrentueuse dans un grand lit de sable et de galets, mais ses bords sont couverts de superbes cultures. Ce sont tantôt, comme à Roveredo, des massifs d'orangers, de citronniers et d'oliviers, admirables vergers qui, pour l'habitant de nos climats, éveillent toujours une idée d'Orient et d'âge d'or. Tantôt de grands carrés de maïs s'étendent, hérissés de leurs épis jaunes et gonflés comme des quenouilles chargées de laine. C'est le temps de la moisson. Un grand mouvement règne dans les champs. Des bœufs traînent de lourds chariots chargés d'épis. L'attelage, accablé par la chaleur, courbe patiemment la tête. Une branche d'arbre qui tombe sur leurs naseaux sert à chasser les mouches. De temps en temps les braves bêtes ramassent sur leur passage quelque tige oubliée, et la traînent lentement après elles : bonne aubaine et grasse pâture, si elles en pouvaient jouir à leur aise ! Mais l'aiguillon du maître, en leur piquant les flancs, leur rappelle que l'heure de paître n'est pas venue. Quelques chansons de moissonneuses, qui s'en reviennent au déclin du soleil, me frappent agréablement l'oreille. La musique, surtout la musique agreste et populaire, berce merveilleusement un rêve. Me voici donc parti pour le pays de la chimère ; ces voix de paysannes sont comme des ailes qui emportent l'âme. Je renonce au retour, à ma patrie ; je me fais moissonneur dans ces champs, et pour demeure je choisis une de ces cabanes tapissées de pampres, embaumées d'arbres en fleur. Qui n'a, une fois dans sa vie, envié ce calme de la vie champêtre, et souffert de ne s'y pouvoir fixer? « Heureux laboureurs ! » s'écriait Virgile.

C'est le cri des rêveurs. Qu'adviendrait-il, s'il était écouté? un grand mécompte, sans doute. Ni la vie des champs ni la vie des villes ne suffisent, séparées, au bonheur de l'homme. Il a besoin de les goûter successivement l'une et l'autre. Dans l'une, son âme se rafraîchit et se repose; dans l'autre, elle remplit son rôle actif et passionné. Et qui voudrait changer celui-ci avec toutes ses agitations contre la langueur d'une éternelle idylle? Laboureur, j'aime ta chaumière, et dans ta vallée

PAYSANS TYROLIENS.

LE DANUBE ALLEMAND ET L'ALLEMAGNE DU SUD.

l'air pur qui vivifie tout mon être! Mais j'aime aussi ma mansarde enfumée, au-dessus des toits de la grande ville, près de ces palais où s'étalent pour moi les merveilles des arts, de l'industrie, de la pensée. « Dieu habite avec moi, dit le laboureur. — Il habite avec moi, dit le citadin. » Et tous deux ont raison. Ce sont de grandes preuves de sa présence, que les montagnes et les glaciers! Mais je ne la sens pas moins, au sein des villes, parmi ces œuvres qu'enfante le génie de l'homme, formé du souffle immortel de Dieu!

La ville de Trente m'a plu par je ne sais quel charme original, que j'aurais peine à définir, ayant eu peine à en démêler la cause. Il n'est tout entier ni dans le site, quoique favorable; ni dans la ville, quoique bien bâtie; ni dans les habitants, quoique d'une belle race et de mœurs hospitalières. Et pourtant tout cela y concourt. Un fort beau point de vue se présente au voyageur qui arrive par la rive gauche de l'Adige.

On aperçoit le vieux pont rongé par l'eau; de grandes tours noires et carrées rappellent l'époque féodale et dominent la ville, groupée sur la rive. Une riche végétation s'étale autour des maisons; enfin un cirque de montagnes élève ses gradins de marbre et coupe brusquement l'horizon. Elles limitent l'étendue du tableau, mais elles lui prêtent une sévérité imposante. Leurs couleurs et leurs formes sont austères, si ce n'est quand les clartés pimpantes de l'aurore font étinceler les angles du rocher, ou quand le soleil couchant les teint de ses pâles violettes.

Une forteresse est juchée sur une hauteur, au nord de la ville. C'est l'ancien palais épiscopal. Les évêques de Trente furent de ceux qui portaient la crosse et l'épée. La cathédrale a encore ce double caractère. C'est un singulier mélange d'architecture moitié militaire, moitié religieuse. Elle a pour clocher une tour crénelée comme un donjon. Le nom de Trente est inséparable de celui du concile. Il fut plus long que celui de Constance, mais n'eut pas sa fin tragique [1]. Il acheva de marquer nettement la séparation entre la réforme et le dogme catholique, et consomma à cet égard l'œuvre de ses devanciers.

La vallée de l'Adige conserve, au-dessus de Trente et jusqu'à Botzen, le caractère que nous avons déjà décrit, avec quelque chose de plus sauvage. Le chemin de fer s'arrête à Botzen. Il doit aller jusqu'à Inspruck; mais ce ne sera pas sans d'énormes difficultés et de grandes dépenses, si l'on songe qu'il faudra franchir les masses alpestres qui séparent l'Allemagne du Sud et l'Italie du Nord. Je ne suis pas fâché, pour mon

---

[1] De 1545 à 1563.

LE DANUBE ALLEMAND ET L'ALLEMAGNE DU SUD.

TRENTE.

compte, de laisser la locomotive et de parcourir à l'antique manière les gorges pittoresques du Tyrol. Je me mets donc en quête d'un véhicule. Chemin faisant, j'eus le bonheur de recruter un jeune étudiant de l'université de Heidelberg, qui s'occupait du même soin. Nous nous rencontrâmes au marché, qui est une petite place ombragée d'arbres. Botzen est moitié italienne, moitié allemande. Les deux langues s'y parlent, mais avec une pureté douteuse. Je marchandais des figues, et le hasard m'avait adressé à une Allemande, dont le patois n'apportait à mon oreille aucun son connu. Mon Allemand, de son côté, achetait des raisins à une matrone, qui se trouvait ne parler que l'italien, à quoi l'autre n'entendait mot. Grand embarras des deux parts. Je m'aperçus le premier du sien, et mis à son service le peu que je savais d'italien. Il me rendit la pareille et me tira d'affaire. Nous nous assîmes sur un banc de pierre, près d'une fontaine où était attaché un gobelet public. Un grand platane ombrageait le lieu. Nous y fîmes un repas frugal et exquis, que n'eût pas dédaigné Pythagore : des figues pour entrée, du raisin pour dessert; pour boisson, l'eau claire du bassin. Nous convînmes d'aller ensemble à Inspruck. Il restait, à la poste, une dernière berline attelée de deux chevaux; car l'affluence des voyageurs est extrême dans cette saison. Nous la retînmes. Mais voici qu'au moment de partir, un monsieur et une dame s'élancent vers nous, et se prétendent premiers possesseurs de la berline. Nous rétorquons, sans succès. Je dis au postillon de fouetter. Mais le monsieur, qui est un gros Allemand bilieux et colérique, se jette à la bride des chevaux, tandis que sa femme, matrone assez vigoureuse et non moins emportée, nous tire par les jambes pour nous faire descendre. Ce bruit attire du monde. Les palefreniers, les valets d'écurie, les postillons s'amassent autour de nous, et la scène allait devenir assez ridicule, lorsqu'il se présente un commis, la plume sur l'oreille, les lunettes sur le nez, un registre sous le bras : c'était le préposé à la poste. Nous le suivîmes dans son cabinet, et, grâce à ses soins, la question devint beaucoup plus embrouillée qu'avant. Ce que voyant, mon compagnon proposa à nos compétiteurs deux places dans notre berline, qui en contenait quatre. Ils acceptèrent, et nous partîmes en laissant le gros commis continuer sa harangue.

Nous couchâmes le soir à Brixen, et, devenus les meilleurs amis du monde, nous convînmes de partir vers six heures du matin. A quatre heures, un bruit de voiture sur les cailloux de la route me réveille en sursaut. Je cours à la fenêtre : c'est notre berline qui s'en va. Impossible de courir

LE DANUBE ALLEMAND ET L'ALLEMAGNE DU SUD.

STERZINGEN.

après, dans le costume où je suis. J'appelle; mais le postillon fait la sourde oreille. Traître! coquin! me disais-je; fiez-vous donc à la bonhomie allemande! Mon compagnon dormait, dans la même chambre, d'un sommeil d'étudiant qui se croit au cours. Je l'éveille à grand'peine; il ne conçoit rien à mon récit, et, quand je suis parvenu à me faire entendre : « Eh bien, nous n'avons plus qu'à dormir! » Et il se rejette sur sa couchette. Que faire? l'imiter? J'y réussis. A six heures, un nouveau bruit me réveille. «Levez-vous, » me disent trois ou quatre voix à la fois. Ce sont nos gens de la veille, suivis du postillon. Je fais l'étonné; ils n'y comprennent rien. Mon compagnon s'éveille à son tour, plus surpris que nous tous. Enfin tout s'explique, et l'on reconnaît que l'erreur vient d'une chaise de poste semblable à la nôtre, partie de bon matin avec ses légitimes locataires.

Nous partîmes à notre tour, mis en bonne humeur par cette aventure. Notre route quitte l'Adige pour suivre les rives escarpées et verdoyantes de l'Eisach. La petite ville de Sterzing est sur notre passage. Nous y trouvons toute la population en émoi. Un incendie, qui a éclaté la dernière nuit, a dévoré plusieurs maisons. La foule s'extasie autour des ruines fumantes. Heureusement personne n'a péri. La ville est curieuse par la structure de ses maisons. Elles semblent toutes prêtes à vous choir sur la tête, tant elles sont chargées de balcons et de tourelles en saillies. Certaines rues voient à peine le soleil : on dirait de longues et tortueuses arcades. L'existence de Sterzing remonte à une haute antiquité. Les mines qui sont dans le voisinage y attirèrent les Romains. Les montagnards de ces contrées furent vaincus, et la colonie de Vipitenum s'éleva. C'est d'elle, ou plutôt de ses ruines, que sortit Sterzing.

A quelques milles de Sterzing, trois routes forment une étoile : ce sont les chemins de l'Italie, de l'Allemagne, et de la Carinthie. Une forteresse, toute de granit et de fer, commande ces trois passages. Ses feux rasants balaieraient tout ce qui se présenterait dans cette gorge.

C'est le *Franzensfeste*, un des plus formidables ouvrages que l'Autriche ait élevés, tant par sa construction cyclopéenne que par son assiette inexpugnable. Le Brenner, où nous parvenons péniblement, est le point culminant du trajet. C'est le col le moins élevé du Tyrol. Il mesure environ mille trois cents mètres au-dessus du niveau de la mer, tandis que plusieurs s'élèvent à mille neuf cents, deux mille cent, et même trois mille deux cents mètres. C'est principalement une route marchande. Tout le jour c'est une procession d'énormes chariots traînés par huit à dix forts chevaux, que conduisent deux ou trois rouliers. Leur voisinage (je dis celui des chariots) est incommode au voyageur par la poussière qu'ils soulèvent sur la route. Presque tout le commerce de l'Allemagne avec l'Italie passe par là. Les touristes préfèrent le Stelvio. Malgré l'élévation du sol, la température est fort chaude. La végétation est riante. C'est que nous sommes encore sur le versant méridional, et que nous recevons les vents et le soleil d'Italie. Mais, quand on a franchi le passage et qu'on descend le revers septentrional, il se fait un brusque abaissement de température et un grand changement dans le paysage. De riante et fleurie qu'elle était, la nature se fait âpre; les rocs surgissent dénudés, les neiges blanchissent les cimes lointaines, les torrents bondissent dans un lit étroit et encaissé, qu'aucune verdure ne pare. Voilà le vrai Tyrol, le Tyrol allemand. Celui qu'on appelle italien a trop pris, selon moi, de la mollesse des contrées du sud : j'aime mieux ces sauvages beautés. Je reconnais les Alpes, et je salue ces vierges, mornes gardiennes de la région qu'elles occupent.

Le reste de la route, jusqu'à Inspruck, se fait avec quelque langueur. Steinach, Mattrey et Schœnberg sont presque les seuls lieux habités; à nuit close, nous roulons sur le pavé d'Inspruck.

Entre deux lignes de montagnes qui s'arrondissent en ovale, s'étend, sur un espace de près de trente-deux kilomètres de long, une prairie d'une fraîcheur et d'un éclat admirables. L'Inn, avec mille sinuosités, coule sur le bord, et son eau garde la couleur des torrents alpestres. Une ville couvre les deux rives : c'est Inspruck. Ainsi m'est-elle apparue le lendemain matin. Je m'étais levé de bonne heure, et j'avais voulu contempler la ville du haut des gradins inférieurs de la montagne. Je montai les premières pentes semées de pelouses fleuries, et j'arrivai dans un petit bois de sapins, sur la lisière d'un champ de blé, dont les épis en plein mois de septembre étaient encore debout.

La ville dressait à mes pieds les nombreuses flèches de ses églises; les laboureurs se rendaient aux travaux des champs; les fermières, montées sur leur âne, allaient au marché; quelques feux de bergers, allumés pour la nuit, fumaient encore sur les hauteurs; et à perte de vue s'étendait dans la plaine cette nappe de verdure, fraîche et limpide comme un lac. Le charme de ce tableau était infini, et m'arrêta longtemps. Assis sur un tronc d'arbre abattu, en attendant que le soleil eût séché la rosée, je jouissais de ce calme profond qu'on ne goûte bien qu'en voyage, parce que c'est en voyage seulement que les soucis sont suspendus. Tandis que la ville s'éveillait à peine, tout dans la montagne prenait ses ébats. J'y assistais en témoin discret et charmé. Le voyageur solitaire a ses ennuis; bien des fois, dans ses longues journées de marche, il lui manque une main amie à presser, un cœur en qui verser la confidence de ses émotions. Reconnaissons pourtant qu'il a des joies uniques. La plus grande est cette intimité étroite qui s'établit entre la nature et lui. Son esprit, toujours alerte et libre, ne laisse rien échapper. Il voit les rapports cachés des choses; il entend les mille voix des êtres; il leur en prête au besoin. Je jouissais donc de mon loisir, l'œil fixé sur les objets d'alentour, l'oreille attentive à tous les bruits, l'âme ouverte aux impressions et aux rêves. Une source filtrait en murmurant sous mes pieds; sur ma tête, parmi les branches d'un pin, un écureuil faisait des gambades; des oiseaux se répondaient d'un arbre à l'autre; voisin débonnaire, je les regardais faire, et voici, en écoutant ces êtres divers, ce que j'ai entendu de leurs paroles :

LA SOURCE.

J'ai quitté ma grotte profonde
A l'ombre du rocher natal,
Et ma naïade vagabonde
A brisé, pour courir le monde,
Les flancs de l'urne de cristal.

Depuis le temps que je chemine,
Je suis bien loin de mon berceau,
Et si Dieu veut que je termine
Mon voyage sur la colline,
Je deviendrai petit ruisseau.

J'étais petit ruisseau la veille,
Me voici fleuve. — Sur son flanc,
La goutte où buvait une abeille
Va conduire, étrange merveille!
Des navires à l'Océan!

En attendant je coule à peine,
Et le voyageur altéré
Tarirait d'une seule haleine
Toute l'eau que ma coupe pleine
Verse sur le sable doré.

L'ÉCUREUIL.

Je suis l'écureuil, j'ai des ailes
Pour atteindre au plus haut rameau,
Et mon corps sur les branches frêles
Ne pèse pas plus que l'oiseau.

J'habite sous le vert feuillage,
Dans l'ombre des pins palpitants,
Et la rude main de l'orage
Berce mes pénates flottants.

Quelle volupté, quelle joie
De sentir au vent de la nuit

La branche qui vibre et qui ploie
Avec elle emporter mon nid!

Je suis l'écureuil, j'ai des ailes
Pour atteindre au plus haut rameau,
Et mon corps sur les branches frêles
Ne pèse pas plus que l'oiseau.

―――

L'OISEAU.

Puisque l'écureuil a des ailes,
Qu'il quitte donc son noir sapin,
Et du pays des hirondelles
Qu'il prenne avec nous le chemin.

S'il est oiseau, qu'il fasse entendre,
Quand l'aube rit dans le ciel clair,
Un chant mélodieux et tendre
Qui mette la gaîté dans l'air.

Non, dans la sphère où je m'enivre
D'un air libre et pur comme moi,
Nul autre ne pourrait me suivre,
O poëte, si ce n'est toi.

Rampez, habitants des vallées;
Rampez comme le vermisseau;
Il n'est que deux choses ailées :
Le cœur du poëte et l'oiseau.

―――

A ces entretiens, seules, les fleurs de l'herbe
Ne mêlent pas leur voix ou modeste ou superbe,
Mais chacune sommeille ou feint de sommeiller.
Voici par quels propos je sais les réveiller.

AUX FLEURS.

Sur ces sommets, voisins des neiges éternelles,
Pour qui donc croissez-vous si fraîches et si belles?
Pour qui déployez-vous l'éblouissant trésor
De vos robes d'hermine et de vos colliers d'or?
Car je ne croirai pas, ô petites coquettes,
Que vous fassiez pour rien d'aussi riches toilettes.
Mais plutôt quelque sylphe, hôte mystérieux,
De vous seules connu, se cache dans ces lieux.
Né du baiser charmant du zéphyr et des roses,
Il est digne de vous, ô sœurs fraîches écloses.
Si l'herbe autour de vous s'agite doucement,
Ce sont les pas légers de l'invisible amant.
Incliné sur vos fronts, le soir, sous la ramée,
Il aspire en rêvant votre haleine embaumée.
Il est jeune, il est beau; son cœur tremble, et sa voix
Expire en chants d'amour sous les arceaux des bois.
Voilà, voilà pourquoi si fraîches et si belles,
Habitantes des monts aux neiges éternelles,
Vous déployez, ô fleurs, l'éblouissant trésor
De vos robes d'hermine et de vos colliers d'or.

LES FLEURS.

N'en déplaise à ta poésie,
Voyageur plein de fantaisie,

Il n'est pas de sylphe amoureux
Qui s'en vienne sous la ramée,
Dans notre retraite embaumée,
Nous faire en chantant les doux yeux.

Interroge la jeune fille,
D'où vient l'éclat dont son front brille
Et la splendeur de son œil bleu?
La jeune fille va te dire
Qu'elle doit à Dieu son sourire,
Qu'elle doit son regard à Dieu.

Ainsi des mains de la nature
Nous recevons notre parure :
Le lis a son royal manteau,
La rose est de pourpre vêtue,
La violette demi-nue
Se blottit au pied du coteau.

Nous donnons à pleines corbeilles
Notre miel aux essaims d'abeilles,
Nos parfums au zéphyr ailé :
Au poëte une rêverie;
Un souvenir de la patrie
Au voyageur, à l'exilé.

Tout l'intérêt d'Inspruck ne réside pas dans sa campagne. La vieille ville a quelque caractère. Une grande rue la traverse, toute bordée de curieuses maisons, avec des balcons en saillies, des tourelles, des pavillons pointus, des arcades que soutiennent de lourds piliers. De distance en distance s'élèvent des fontaines, des croix, des statues saintes. La dévotion est très-grande au Tyrol; mais l'art qu'elle inspire ne s'élève pas au-dessus du pire. A l'extrémité de la rue, un vieux logis sculpté est recouvert d'un toit doré. C'est une construction du duc Frédéric (1425). Surnommé par ses contemporains « l'homme à la poche vide, » il voulut, par cette munificence, démentir le sobriquet. Grâce au démenti, le sobriquet vit encore. Le reste de la ville a été livré aux architectes, qui ont percé des boulevards, et fait triompher, sous le nom d'hôtels, la brique et le moellon. Si elle n'avait pas sa vieille rue, et au-dessus d'elle cette couronne de montagnes chenues, la capitale du Tyrol ne différerait guère d'un chef-lieu de département.

Inspruck a un musée, et un musée très-original. Il s'est formé, comme celui de Pesth, de dons nationaux. Mais les montagnards tyroliens n'ont pas, il s'en faut, l'opulence des magnats hongrois : leurs dons ont été modestes comme leur fortune. Cette collection me plaît davantage par sa naïveté. Vous vous rappelez ces joyaux héréditaires amassés dans les vitrines du musée de Pesth. Ici, l'on ne voit que les objets, quelques-uns grossiers, que produit l'industrie du pays. Le charron a donné une charrue; le tisserand, une pièce de ses plus belles étoffes ; la ménagère, une quenouille de son lin le plus fin ; un montagnard, faute de mieux, a donné une paire de souliers ; pièce curieuse, chaussure formidable qui servirait au besoin d'arme offensive et défensive, tant elle est bardée de fer, hérissée de clous, munie de pointes et de crampons. Une salle contient de belles sculptures sur bois, dues à de simples paysans. L'un d'eux est ce vieillard aveugle, dont parle M. Marmier dans un touchant récit [1]. Ses bustes, — car il s'est élevé au-dessus de la sculpture d'ornement, — ont presque tous cette expression vague et indécise qui paraît sur la figure de l'aveugle. On voit à côté une sphère céleste construite par un berger, à qui la vue du ciel dans la montagne avait appris l'astronomie.

Inspruck n'a qu'une seule église digne de remarque : c'est celle de la Cour. Encore l'édifice est-il médiocre ; mais il renferme deux monuments du premier ordre : l'un est le tombeau de l'empereur Maximilien, second prince à la poche vide, qui fut roi quelquefois, et chasseur toute sa vie ; vrai enfant du Tyrol, sinon de naissance, au moins d'humeur, d'affection et d'habitudes, et qui se dédommageait dans ses montagnes héré-

---

[1] *Du Rhin au Nil,* p. 47.

ditaires de l'ennui qu'il éprouvait dans les capitales de ses nombreux États. Son mausolée s'élève au milieu de la nef centrale. Il est de marbre blanc. Sur les côtés, vingt-quatre bas-reliefs, du plus pur carrare, représentent des traits de la vie du prince. Ils sont d'une admirable exécution, quoique un peu trop finis, à la manière flamande. On peut regretter pour eux, comme pour le tombeau de saint Sébald à Nuremberg, qu'il n'y en ait pas une reproduction dans nos musées. Il y a quelque chose de supérieur à ces bas-reliefs, ce sont vingt-huit statues de bronze qui les environnent. Elles représentent des guerriers, des princesses, des rois, presque tous d'origine allemande. Debout entre les piliers de la nef, assez loin pour ne pas écraser de leurs proportions colossales celles du cénotaphe, elles semblent une escorte placée là pour veiller éternellement sur le sommeil du prince. Impression chimérique, car le tombeau est vide, et ne contient pas la dépouille de celui qu'il honore. L'effet de ces statues n'est pas moins imposant : l'âme est saisie d'abord, et l'on contemple avec une sorte de respect ces vieillards aux longues barbes, ces guerriers dans leurs armures, ces reines aux robes flottantes, tous ces personnages modelés dans un style puissant par des maîtres allemands du XVIe siècle.

Dans un coin de la même église, un monument

moins pompeux est plus cher aux Tyroliens. C'est la statue d'André Hœfer, le héros du Tyrol, l'âme de l'insurrection de 1809. André Hœfer était un simple aubergiste du Passeyer-Thal. La guerre avec la France le fit venir sous les drapeaux. Quand la défaite de l'Autriche, suivie d'une paix humiliante, eut enlevé le Tyrol à ses maîtres séculaires, pour le faire passer sous la domination détestée des Bavarois, les montagnards des vallées de l'Inn et de l'Eisach furent licenciés; mais ils revinrent dans leurs chaumières avec un ardent amour de la patrie perdue et une haine violente contre les maîtres étrangers. L'Autriche, résignée en apparence, attisa habilement le feu de ces colères. Les patriotes s'appelèrent, des conciliabules se tinrent dans les gorges les plus sauvages des montagnes, une vaste conspiration fut tramée contre la Bavière et sa puissante alliée, la France. Le Tyrol, comme autrefois la Suisse, eut son Ruttly. André Hœfer en fut le Guillaume Tell. Cet homme, par son courage, son éloquence passionnée, sa vertu un peu mystique, était fait pour commander à une nation armée pour son indépendance. Ajoutez un extérieur imposant, une grande taille, des formes athlétiques, et la *barbe d'un saint*. Ainsi disaient ses compagnons. La barbe d'André Hœfer joue un grand rôle dans son histoire. L'ennemi l'appelait tantôt le *Diable de feu,*

tantôt le *Diable barbu*. Son cri de guerre était :
« Saint-Georges et ma barbe, en avant! » Quand
sa tête eut été mise à prix, et qu'il dut se cacher
dans les retraites de la montagne, on lui conseillait de se raser, pour être moins facilement reconnu. Mais lui : « Couper ma barbe! Jamais : un
soldat n'ôte pas son uniforme la veille d'une bataille. Ma barbe ne tombera qu'avec ma tête [1]. »
Aussi dans tous les portraits d'André Hœfer,
suspendus dans les chaumières du Tyrol, l'artiste
populaire a-t-il eu soin d'orner son menton d'une
barbe touffue.

Ce diable barbu, général d'une poignée d'hommes, dans la nuit du 10 avril 1809, donna le signal
de la révolte. Elle se propagea de montagne en
montagne avec une effrayante rapidité. De tous les
côtés accoururent des laboureurs armés de faux,
des chasseurs armés de carabines, des femmes
même, qui se donnaient pour tâche de soigner les
blessés et de préparer la nourriture des combattants. Inspruck, cernée de près par eux, dut
capituler; la garnison franco-bavaroise se retira
devant ces soldats improvisés. La guerre pouvait
devenir sérieuse, si l'Autriche eût soutenu efficacement ces champions volontaires d'une cause qui

---

[1] Ces détails et les suivants sont tirés en grande partie du livre
de F. Mercey, *Le Tyrol*, etc...

LE DANUBE ALLEMAND ET L'ALLEMAGNE DU SUD.

ANDRÉ HŒFER.

était la sienne. Mais, après avoir attisé l'incendie, elle n'osa rien faire pour le nourrir ou pour l'accroître.

Après des prodiges d'activité, de valeur, d'énergie morale et guerrière, après avoir écrasé des détachements de nos troupes sous des avalanches de rochers, dans des gorges escarpées, Hœfer, abandonné de ses lieutenants, abandonné des habitants des villes et des châteaux, presque désavoué par la cour de Vienne, Hœfer renvoya les derniers fidèles de sa cause, et lui-même, poursuivi par un arrêt de mort qui mettait sa tête à prix, se déroba par la fuite. Cet enfant des montagnes en connaissait les moindres retraites. Il en choisit une inaccessible et ignorée. Il le croyait du moins. Elle fut révélée par un traître. Hœfer en fut prévenu, et refusa de fuir. « Je veux voir, dit-il, s'il y a vraiment un traître dans le Tyrol. » Le 8 janvier 1810, un peloton de soldats français se présente. Il marche droit à eux, et se livre sans résistance, demandant grâce seulement pour sa femme et ses enfants. On le conduit à Botzen. Baraguay-d'Hilliers, qui le vit et l'interrogea, fut frappé de sa noblesse et de sa grandeur d'âme. « Il y a, dit-il, quelque chose d'antique dans cet homme. Je crois voir un brave chevalier du temps de l'ermite Pierre. » L'ordre vint de le transporter à Mantoue. Sa femme et ses enfants l'avaient accompagné jusqu'à Botzen. Il leur fit de mâles adieux, et ce ne fut qu'après qu'ils furent éloignés qu'il laissa éclater ses sanglots et ses larmes. A Mantoue, un conseil de guerre le condamna à la peine de mort, pour être exécuté dans les vingt-quatre heures. Ses juges, soldats, lui avaient accordé l'honneur de mourir en soldat: il devait être fusillé. Prévenu de son arrêt, et entendant battre la générale sur les bastions de la forteresse, Hœfer s'écria : « Voici ma dernière marche! » Et il ajouta, dans son langage mystique: « Israël, à tes tentes! » Le funeste cortége vint à passer devant un groupe de Tyroliens, pris dans la guerre et détenus à Mantoue. Ces hommes, reconnaissant leur général, se jetèrent à genoux en pleurant. Il les bénit, et leur dit d'une voix solennelle ces paroles prophétiques : « Je vais mourir; mais le Tyrol, sachez-le, ne doit pas mourir avec moi. » Arrivé au lieu du supplice, il se tourne vers les montagnes du Tyrol, et cette âme près de s'évanouir les salue d'un dernier regard d'espérance et d'amour. On veut lui mettre un bandeau; il le repousse avec dédain. On lui ordonne de s'agenouiller; il refuse fièrement. Comme le César antique, il veut mourir debout, sans fléchir devant la mort. Les soldats lui font face; les fusils s'abaissent. On attend l'ordre, qu'il doit prononcer lui-même. Il le donne d'une voix assurée, et au mot: « Feu! » il tomba percé de balles.

Sa dépouille fut enterrée avec honneur, comme celle d'un chef illustre. Son pays n'a pas été ingrat pour sa mémoire. Un mausolée lui a été élevé dans l'église qui contient le tombeau d'un empereur. On conserve religieusement au musée d'Inspruck les armes qu'il portait. Mais la pièce la plus précieuse est une lettre écrite à Mantoue, peu d'heures avant sa mort. Elle est d'un chrétien fervent et d'un cœur vraiment héroïque. En voici la traduction, d'après une copie que j'ai fait prendre sur les lieux. Je ne puis plus dignement clore ce livre :

« Très-cher Monsieur et frère,

« C'est la volonté de Dieu qui m'a fait quitter
« la terre ici à Mantoue, pour aller au séjour des
« bienheureux; mais, grâces soient rendues à
« Dieu de sa divine assistance, le départ m'a paru
« si peu pénible, que je pensais partir pour toute
« autre destination. Dieu me conservera encore
« sa grâce jusqu'au dernier moment, pour que
« je puisse arriver là où mon âme pourra à tout
« jamais se réjouir d'être avec tous les élus, où
« j'adresserai mes prières à Dieu pour tous les
« hommes, et surtout pour ceux pour lesquels
« j'ai le plus d'obligations à prier, comme pour
« vous et votre chère épouse, à cause du petit

« livre et d'autres bienfaits; tous mes bons amis,
« qui demeurent encore ici, devront prier pour
« moi et tâcher de me faire sortir des flammes
« ardentes, si toutefois j'ai à expier mes péchés
« dans le purgatoire. Ma chère femme devra faire
« célébrer le service funèbre à Saint-Martin [1],
« dans l'église *Au sang rose,* et faire faire des
« prières dans les deux paroisses [2].

« Aux amis il faudra faire donner, dans l'au-
« berge en aval, de la soupe et de la viande, ainsi
« qu'une demi-chopine de vin.

« L'argent que j'avais sur moi, je l'ai distribué
« aux pauvres. De l'argent qui se trouve encore
« à la maison, tu en prendras la somme néces-
« saire pour régler les comptes avec Mayerhauser;
« il est probable qu'il parlera de l'argent pour les
« pauvres. Du reste, règle les comptes avec tout
« le monde aussi honnêtement que tu le pourras,
« pour que je n'aie pas à en souffrir.

« Cher monsieur Pichler, allez, je vous prie,
« chez mon cousin l'aubergiste de Saint-Martin,
« et faites votre déclaration de ce qui arrive; il
« prendra bien les mesures nécessaires; mais ne
« parlez à aucune autre personne de cette affaire.

---

[1] Petit hameau dans la vallée de Passeyer, près de l'auberge *am Sand,* non loin de Saint-Leonhardt.

[2] Saint-Martin et Saint-Leonhardt.

« Que l'on vous donne les cinquante florins, et
« que l'on vous paie tous les frais.

« Adieu, vous tous qui restez ici-bas, jusqu'à
« ce que nous soyons réunis au ciel, et que nous
« y chantions les louanges de Dieu. Que tous les
« habitants du val de Passeyer, et que toutes mes
« connaissances se souviennent de moi dans leurs
« saintes prières, et que ma femme ne se lamente
« pas trop. Je prierai auprès de Dieu pour vous
« tous.

« Adieu, monde vain et futile! La mort me
« paraît si facile, que mes yeux ne se mouillent
« même pas.

« Écrit à cinq heures du matin, et à neuf heures
« je partirai pour aller, avec l'aide de tous les
« saints, vers Dieu. »

Mantoue, le 20 février 1810.

ANDRÉ HŒFER,

du Sand en Passeyer,

que tu as aimé pendant sa vie.

Au nom du Seigneur j'entreprendrai
mon voyage avec Dieu.

CHAPITRE XV

GUTBRAND, RÉCIT DU TYROL

(Imité de l'allemand 1.)

Dans un canton peu fréquenté
De cette rustique contrée,
Où l'antique hospitalité
Loin des villes s'est retirée,
Au Tyrol, puisque c'est son nom,
J'ai lu qu'il habitait naguère
Un paysan, franc compagnon,
Hardi chasseur, et le meilleur garçon
De ce peuple buveur de bière.

Il s'appelait Gutbrand, mais comme sa chaumière,
— Chaumière de Tyrol, sans recherche et sans art,
Murs d'argile et toit de bruyère, —
Sur le sommet d'un mont s'élevait comme une aire,
On l'avait surnommé Gutbrand le Montagnard.

Gutbrand était heureux, et l'était sans étude;
Cette science, hélas! on l'apporte en naissant;
C'est un secret du cœur, des mœurs, de l'habitude,
Et tout l'esprit du monde y serait impuissant.

---

[1] L'original est norwégien. Il a été traduit, il y a dix ans, dans *le Conseiller de l'Instruction publique;* plus récemment, dans *les Débats*.

Souvent le Bohémien étendu dans la rue
Et que notre mépris heurte d'un pied moqueur,
Ou le rustre qui chante en poussant sa charrue,
Sans autre habileté que de suivre leur cœur,
En savent sur ce point plus long qu'un philosophe.

Du bonheur donc notre homme avait l'étoffe;

Ce n'était pas d'ailleurs l'argent qui l'étouffait,
De son avoir le compte est bientôt fait.
Trois arbres au soleil, un arpent de prairie,
Un verger et des fruits, une vache et du lait,
Sur un tapis de neige ou de mousse fleurie
Un ruisseau toujours pur et qui toujours coulait,
En faut-il plus pour être satisfait?
Et parmi ces trésors, j'oublie
Le plus aimable, une femme jolie.
Jolie, est-ce le tout? — Nenni, car la beauté
Au Tyrol comme ailleurs n'est rien sans la bonté.

Aimable, avenante et polie,
Ni prude ni coquette, et jalouse encor moins
(La Fontaine dirait de noter ces trois points).
Elle avait un talent rare chez une femme :
Dans un juste équilibre elle tenait son âme;
Joie ou chagrin, pleurs ou gaîté,
Elle en usait avec sobriété.
Surtout elle avait la sagesse
De prendre le destin avec docilité;
Et comme toute chose, encor qu'il n'y paraisse,
A toujours quelque bon côté,

Et qu'où l'un se lamente un autre trouve à rire,
Elle fêtait le mal dans la crainte du pire.

Gutbrand, qui rumine et conspire,
S'avise un jour que son veau se fait gras,
Qu'il serait au marché d'excellente défaite,
Et que le prochain jour de fête,
C'était tout justement le cas.

Dame Gutbrand jugea le conseil assez sage.
Le maudit veau donnait plus d'embarras
Que de profit : vendu, le lait et le fromage,
Dieu merci, ne manqueraient plus,
Sans compter les dix-huit écus
Qu'il devait rapporter, si ce n'est davantage.

Dès que le jour fut arrivé,
Gutbrand, par sa femme approuvé,
Va prendre l'animal qui paît dans la prairie;
Son bâton d'une main, de l'autre le licou,
Il part, et tous les deux s'en vont de compagnie.

Après avoir marché beaucoup,
On arrive à bon port. L'homme se met en quête,
Va, vient, propose, crie, et du haut de sa tête :
Messieurs, dit-il, venez vers moi.
Cette bête est parfaite et digne de la table
D'un évêque ou d'un roi.
C'est l'honneur du troupeau, c'est l'orgueil de l'étable!

Le pauvre homme en fut pour ses frais;
Il eut beau faire, il eut beau dire,

Nul n'écouta ses quolibets ;
Le sort était fâché contre le pauvre sire.

Las d'attendre et de s'enrouer,
Ne sachant plus à quel saint se vouer,
Il se lève en branlant la tête : —
Ma foi, Messieurs les délicats,
Gardez donc vos écus, je garderai ma bête,
Et m'en retourne de ce pas. —
A ces mots, il se met en route,
Le veau par derrière trottant.

L'animal affamé n'en perd un coup de dent,
Tond les herbes du chemin, broute
Les tiges de gazon nouveau,
A chaque pas bronche et s'arrête.
Le montagnard maudit son veau,
Tire la bride, en perd la tête,
Et jure qu'il n'a vu plus détestable bête.

Tout juste en ce moment passait un métayer,
Qui, le fouet à la main, le pied dans l'étrier,
Marchait au petit trop de son petit coursier
Qui n'était pas d'Andalousie.

L'autre ne put le voir sans jalousie :
— Qu'on est heureux, dit-il au cavalier,
D'avoir un bon cheval qu'on mène à son envie,
Que vous pouvez faire sauter,
Marcher, galoper et trotter,
Au gré de votre fantaisie ! —

Le métayer, bon homme et riche compagnon,
        De son état peu maquignon,
Consent à ce marché, descend de sa monture,
Prend la bride de l'autre et cède le bidet.

Le nouvel écuyer, fier de son aventure,
Monte, pique des deux et fait claquer son fouet ;
Il n'a pas fait dix pas qu'il est sur la poussière
        Mal en point et n'en pouvant mais ;
Tandis qu'il se ramasse, et jure au grand jamais
Qu'on ne le prendra plus d'humeur si cavalière,
        Eût-il une meute au derrière,
        Nouveau passant, nouveaux souhaits.

Cette fois-ci, c'était, si j'ai mémoire,
        Un cochon qu'on mène à la foire,
Un vrai cochon de Saxe et gras et reluisant.
        — Oh ! le trop heureux camarade,
        Se dit Gutbrand en l'avisant,
S'il fût venu d'abord je serais moins malade.

Il s'approche en boitant, et, taisant l'incartade,
Propose le marché, fait valoir son cheval ;
Il servait de monture ou de bête de somme,
        Pour la douceur il n'avait pas d'égal,
        Un peu vif parfois, mais en somme
            C'était un vrai mouton !
Cet enfant du Tyrol était un vrai Gascon !

    L'autre crut voir une excellente affaire,
Et le troc fut conclu sans l'aide du notaire.

Il s'en va, l'animal grognant
    L'accompagnant.
Mais bientôt histoire nouvelle :
Dom pourceau ne veut plus marcher.
Gutbrand s'emporte de plus belle,
Envoie au diable le porcher,
Et tandis que le cochon beugle
Comme s'il était égorgé,
Il s'aperçoit qu'il a changé
Cheval borgne contre un aveugle.

    Un dindonnier passait,
    Qui devant lui chassait
    Un nombreux troupeau d'oies ;
    Gutbrand n'a de repos
Qu'il n'ait changé le porte-soies
    Pour un de ces oiseaux.

J'y perds un peu, dit-il, mais, sur mon âme,
Ce rôti succulent consolera ma femme. —

Le sire comptait mal en comptant sur ce troc.
    Comme il s'en régale d'avance,
    Et qu'il admire en espérance
    La volaille pendre à son croc,
    Pour l'heure, la faim le tourmente.

Non loin de là, tout justement s'offrait
Du Pot-d'Étain le fameux cabaret,
    Où mainte marmite écumante,
    Mainte rôtissoire fumante

Exhalait une odeur douce et pleine d'appas
A donner appétit à qui n'en aurait pas.
Le pauvre diable avait une faim dévorante,
Je l'ai dit ou dû dire : il entre de ce pas,
   Et n'ayant de monnoie
    Que son oie,
Il troque l'avenir de son rôt pour du lard,
  Mange bien, boit mieux, et gaillard
  Gagne d'une course légère
  Le logis de sa ménagère.

  Comme il suivait un frais sentier
Qui bordé de houblons et de tiges grimpantes
Parmi des pois en fleurs se cachait à moitié,
Et des monts escarpés adoucissait les pentes,
Il rencontre un ami qui, sans autre dessein
  Que de rire en vidant un verre,
Du succès du marché s'informe en bon voisin.
Gutbrand lui conte tout, et par quelle misère
  En peu d'instants il a vu tout son bien
S'envoler en fumée et se réduire à rien.

Par ma foi, dit l'ami, la chose est singulière,
Et c'est pour s'enrichir un étrange moyen ;
Mais le pis du destin, c'est l'aveu qu'il faut faire
A madame ta femme, et je ne voudrais pas
  Pour cent écus me trouver dans ce cas.
Une femme à gronder goûte un plaisir extrême,
La contradiction pour elle a tant d'appas,
Qu'eût-on dix fois raison, elle n'en convient pas.
On rit d'un sot marché, mais gare le troisième :
Gutbrand, mon bon ami, tes yeux sont en danger.

— Pierre, mon bon ami, cesse de t'affliger,
Et te mets seulement en peine de toi-même.
Je ne sais pas quel fâcheux souvenir
Tous ces propos te fait tenir :
Ta prophétie a l'air d'une réminiscence.
Ris de moi, si tu veux, et de mon innocence,
Moi je rirai de ta science.

Ainsi parla Gutbrand, et le voisin piqué
Au même instant a répliqué.
Enfin, comme il arrive en pareille rencontre,
Les deux amis, encor plus convaincus
Que tout à l'heure, engagent cent écus,
L'un pour sa femme et l'autre contre.

Nos gageurs donc, tous deux sûrs de leur fait,
S'en vont, l'un, l'autre satisfait,
Et se grugeant en espérance.
Arrivés, l'un se cache, et le digne marchand
N'entrerait pas avec plus d'assurance
Quand il aurait sur lui tout son pesant d'argent.

Dès qu'il paraît : Eh bien ! notre homme,
Dit sa moitié, que nous rapportes-tu ?
Combien le veau s'est-il vendu,
Et de quel poids est cette somme ?
Il faut t'en décharger ici. —
Pas encor, dit l'autre, et pour cause.
Alors vient le récit
Et la métamorphose
Du fils de vache en un cheval.

— Un cheval! par ma foi, l'affaire n'est mauvaise,
Et le dos du digne animal
Nous portera tout à notre aise
Au bourg, à l'église, au manoir,
Et nous ferons crever de dépit la meunière,
Qui ne fera plus tant la fière
Dessus le dos pelé de son vieux mulet noir.
Où donc est-il? et me l'amène. —
Non pas encor! dit l'autre moins pressé.
Et le cochon est annoncé.

— Un cochon gras! la bonne aubaine!
C'est une mine d'or pour nous qu'un cochon gras.
Le lard ni les boudins ne nous manqueront pas,
Sans compter les boyaux que l'on pourra revendre
A Thibault le ménétrier,
Et les jambons que je veux pendre
Tout l'hiver, au feu du foyer.
Ce cher cochon, que je le voie! —

Gutbrand encor coupe court à sa joie,
Et voilà la volaille en jeu.
Pour le coup la dame prend feu,
Et prépare déjà broches et rôtissoire,
Quand le troqueur, poursuivant son histoire,
Et plus qu'à moitié sûr de gagner son enjeu,
Arrive au dernier point : c'était le difficile.
Du cheval au cochon, du porc au volatile,
Les goûts à la rigueur pouvaient bien varier ;
Du volatile à rien, c'était une autre affaire.
Aussi notre ami Pierre

Se trouva bien surpris d'entendre s'écrier
    Sur ce nouvel échange :
— Que c'est bien dit! je t'allais conseiller
De faire ainsi! ce serait trop étrange
    De se laisser mourir de faim
    Avec son dîner dans la main.
    Toute autre chose était sottise.
Si notre veau s'est fondu, c'est tant pis;
Que me font veau, cochon, volaille, marchandise,
    Quand je te vois de retour au logis! —

    Qui fut penaud, si ce n'est l'homme
    A la gageure? Il fallut bien,
    Bon gré mal gré, payer la somme :
Il y perdit la moitié de son bien.
— Oh! oh! dit-il en vidant l'escarcelle,
Ami Gutbrand, ta femme est un trésor.
    Pour moi, je sais plus d'une belle
    Qu'on n'eût pas satisfaite encor
    En lui portant la toison d'or.

FIN

TABLE

LIVRE I

DU RHIN AU DANUBE

CHAPITRE I

STRASBOURG ET LE RHIN

La France à vol d'oiseau. — Les Vosges. — La ville et le dôme de Strasbourg. — Gutenberg et la statue de David d'Angers. — L'Allemagne en 1660 et en 1860. — Croquis de Bade. 1

CHAPITRE II

BALE ET FRIBOURG (EN BRISGAU)

Bale. — Le tombeau d'Érasme. — Le musée. — Holbein, peintre de portraits et peintre d'enseignes. — La danse des morts. — Fribourg (en Brisgau). — Le Munster. — Le Schlossberg. 29

CHAPITRE III

LA FORÊT NOIRE ET LES SOURCES DU DANUBE

Route de Fribourg à Donaueschingen. — Mœurs et paysages de la forêt Noire. — Le Val-d'Enfer. — La danse du coq. — Les mariages. — Le Romancier de la forêt Noire. — Donaueschingen. — Le parc de Furstenberg. — La source du Danube. — Cours et destinées du Danube. 59

LIVRE II

LA BAVIÈRE

CHAPITRE IV

LE DANUBE EN BAVIÈRE

Bassin supérieur du Danube. — Beuron. — Sigmaringen. — La Sainte-Vehme. — Une scène de Goethe. — Ulm. — La capitulation d'Ulm en 1805. — Ratisbonne. — Les prisons au moyen âge. — Napoléon à Ratisbonne. — La Walhalla ou Panthéon germanique. — Straubing, histoire d'Agnès Bernauer. — Passau. 86

CHAPITRE V

LE LAC DE CONSTANCE (RIVE ALLEMANDE)

La ville de Constance. — Le Concile. — Mort de Jean Huss. — Le lac. — Les ports allemands. — Lindau, miniature de Venise. — Une scène de la vie bavaroise. 132

CHAPITRE VI

AUGSBOURG ET NUREMBERG

Augsbourg. — Triomphe de la bourgeoisie. — Une famille de tisserands. — Les mémoires d'un dandy au xvie siècle. — Nuremberg. — Les maisons et les rues. — Reliques du moyen âge et de la renaissance. — La châsse de saint Sébald. — Hans Sachs, poëte et cordonnier. — Albert Dürer et son œuvre. 157

CHAPITRE VII

MUNICH

Vue générale. — Monuments nationaux : la Résidence, la Bavaria, etc. — Monuments religieux : une basilique romaine, une église byzantine, une église gothique. — Les musées : la Pinacothèque et la Glyptothèque. — La nature en Bavière. 190

LIVRE III

AUTRICHE (Ire PARTIE

CHAPITRE VIII

SALZBOURG ET SES ENVIRONS

La ville et le château de Salzbourg. — Les deux Mozart. — L'Untersberg. — Descente dans une mine de sel. — De Salzbourg à Lintz. — Ischl. — Le Salzkammergut, mœurs et coutumes. 232

CHAPITRE IX

LE DANUBE EN AUTRICHE

Lintz. — Retour au Danube. — Le Strudel et le Wirbel. — Les pèlerins de Maria-Taferl. — L'abbaye de Mœlk. — Aggstein et Durrenstein. — Souvenirs et légendes. — Nussdorf; arrivée à Vienne. 277

CHAPITRE X

VIENNE

Vienne et Paris. — La ville et les faubourgs. — Le Prater. — Saint-Étienne. — Le papier-monnaie. — Le tombeau de Joseph II. — Deux chefs-d'œuvre de Canova. — La galerie de peinture. — La vie à Vienne. — Le théâtre, la musique et la danse. — État politique en 1862. — Le Reichsrath. 304

LIVRE IV

AUTRICHE (IIe PARTIE)

CHAPITRE XI

PRAGUE

La Moravie. — Brünn. — Le Spielberg et Silvio Pellico. — Prague. — Souvenirs des Hussites et de Jean Ziska. — Le ghetto et le romancier du ghetto. — La Moldau. — Le patron de la Bohême. — Le Hradschin. — Légendes. — Souvenirs historiques. — Ottocar, Jean l'Aveugle, et Charles IV. — Guerre de Trente ans. — *Défenestration* de Prague. — Wallenstein. 354

CHAPITRE XII

LE DANUBE EN HONGRIE

Presbourg. — Komorn. — Gran. — Le paysan du Danube. — Pesth et Bude. — Le Rakos. — Arpad. — Mathias Corvin. — Semlin et Belgrade. — *Finis Germaniæ*. 404

CHAPITRE XIII

TRIESTE ET VENISE

Les grottes d'Adelsberg. — Trieste et Marseille. — Croquis de Venise. 439

CHAPITRE XIV

TYROL

Vallée de l'Adige. — Trente. — Botzen. — Le Brener. — Inspruck. — Le tombeau de Maximilien. — Le musée. — Idylle sur la montagne. — Le héros national du Tyrol. 458

CHAPITRE XV

Gutbrand, récit du Tyrol (imité de l'allemand). 484

Tours.— Impr. Mame.

www.ingramcontent.com/pod-product-compliance
Lightning Source LLC
Chambersburg PA
CBHW060510230426
43665CB00013B/1461